Knaur

Über den Autor:

Erich Schaake lebt als freier Schriftsteller in Lacanau-Océan an der französischen Atlantikküste. Er ist Autor mehrerer Romane, Biographien und Sachbücher, u. a. einer 2000 erschienenen Untersuchung über *Hitlers Frauen*.

ERICH SCHAAKE

Die Frauen
der Diktatoren

Knaur

Besuchen Sie uns im Internet:
www.droemer-knaur.de

Originalausgabe 2003
Copyright © 2003 bei Droemersche Verlagsanstalt Th. Knaur Nachf.,
München

Redaktion: Berthold Clewing
Umschlaggestaltung: ZERO Werbeagentur, München
Umschlagabbildung: DIZ/SZ-Archiv, München
Satz: Ventura Publisher im Verlag
Druck und Bindung: Clausen & Bosse, Leck
Printed in Germany
ISBN 3-426-77679-0

2 4 5 3

Für Alinda

INHALT

VORWORT

Die Frauen tragen die Hälfte des Himmels«, prophezeite Mao seiner vierten und letzten Frau, der Schauspielerin Tschiang Tsching. »Du kannst den Gipfel erreichen. Wenn es dir nicht gelingt, wirst du in einen bodenlosen Abgrund stürzen.«

Der Große Vorsitzende – bekannt dafür, dass er eine Schwäche für schöne und intelligente Frauen hatte – behielt Recht. Tschiang Tsching stieg zur mächtigsten Frau Chinas auf. Loyal gegenüber ihrem Mann, unerbittlich gegenüber ihren Feinden. Ihre große Stunde kam als Chefin der »Viererbande«. Zehn Jahre lang galt sie als der »Hund des Vorsitzenden Mao«: »Wen er zu beißen befahl, den biss ich.«

Nicht nur Mao Tse-tung hatte eine starke Gefährtin an seiner Seite, mit der er das Bett und die Macht teilte. Auch andere Diktatoren wurden von fanatischen Frauen geliebt, beraten, unterstützt und angetrieben. Und manche dieser Frauen waren genauso gefährlich und machtbesessen, skrupellos und raffgierig wie ihre despotischen Männer.

Wer waren die First Ladys der Diktatoren? Aus welchem Milieu kamen sie? Wie verlief ihr Leben an der Seite der Alleinherrscher? Welchen Einfluss hatten sie? Welche Rolle spielten sie offiziell, welche hinter den Kulissen? Waren sie für die mächtigen Führer nur anonyme, unpolitische Anhängsel, Frauen »für bestimmte Zwecke«, oder Komplizinnen, die auch hinrichten ließen?

Die Droge Macht und was sie aus den Frauen machen kann – das vorliegende Buch geht diesen Fragen nach. Basierend auf Aussagen von Zeitzeugen, biographischen Aufzeichnungen und umfangreichem Archivmaterial entstanden die intimen Porträts von neun Frauen, die sich an Männer der Gewalt banden.

Ihre Lebensgeschichten lassen die Legende von den »kleinen, unbedeutenden Frauchen« im Schatten der Diktatoren in einem anderen Licht erscheinen. Nicht wenige feilten im Geheimen an ihrer Karriere und spielten hinter dem Thron mit der Macht. Sie standen als Gewaltherrscherinnen ihren Männern in nichts nach. Einige waren die tragenden Säulen der Diktatur.

Auch werden zum Teil bizarre und neurotische Details aus dem Leben dieser Paare aufgedeckt: Geschichten von Hörigkeit und Fanatismus, Machtbesessenheit und Nibelungentreue, Verblendung und Mittäterschaft, Personenkult und Größenwahn, quasireligiöser Verehrung und Menschenverachtung, Sex und Macht.

Tschiang Tsching: Sie nannte sich »Blauer Apfel« und kam aus Schanghai, der dekadentesten und verrufensten Stadt im Fernen Osten. Schon früh lernte sie als Schauspielerin die Kunst, das Publikum für sich zu gewinnen. Als sie Mao eroberte, war sie 24 Jahre alt. Als vierte und letzte Frau des Revolutionsführers und 21 Jahre jünger als ihr ideologischer Mentor, erkämpfte sie sich einen Platz in dem von den Männern beherrschten Olymp der revolutionären Machthaber.

Elena Ceausescu: Sie war die Stellvertreterin von Nicolai Ceausescu, der heute als einer der grausamsten Staatsmänner der neueren Geschichte angesehen wird. Fast ein Vierteljahrhundert lang bis zu seinem Sturz spielte sie eine dominierende Rolle an der Seite des meistgehassten Mannes Rumäniens. Die ehemalige Textilarbeiterin war die Nummer zwei in der »Diktatur der Vampire«. Ihr Name stand für Raffsucht, absurden Personenkult und luziferischen Machtinstinkt.

Mirjana Markovic: Sie hat Partisanenblut in ihren Adern und gilt als Hardlinerin, Ideologin und Motor ihres Mannes Slobodan Miloševic, der vier Kriege anzettelte. Aber nicht nur in der Politik, auch im trauten Heim hatte Mirjana die Hosen an.

10

Slobodan, so Kenner der Szene, war ihr gänzlich hörig. Wenn Gäste kamen, kommandierte sie ihn in die Küche. Dann musste der Kriegsherr Stullen schmieren. Er nannte sie meine kleine »Pussykatze« oder »Häschen«.

Imelda Marcos: Ihr steiler Aufstieg von der Schönheitskönigin in die Galerie der mächtigsten und umstrittensten Herrscherinnen Asiens markiert eines der schwierigsten Kapitel in der neueren Geschichte der Philippinen. Für viele Beobachter war der »Eiserne Schmetterling« die heimliche Herrscherin in Manila. Sie soll mit ihrem Mann zusammen einen der größten Goldschätze der Welt zusammengerafft haben: Angeblich 4000 Tonnen, ein Vermögen so groß wie das Schweizer Jahresbudget.

Soraya und Farah Diba: Die beiden »Märchenkaiserinnen« spielten eine tragische Rolle, obwohl sie für Mohammad Reza Pahlawi, den Diktator auf dem Pfauenthron, vermutlich mehr erreicht haben als alle persischen Diplomaten zusammen. Als charmante »Aushängeschilder« des Schahs legten sie indirekt den Grundstein für seine anfängliche Erfolgsstory. Doch ein orientalischer Herrscher braucht einen männlichen Erben. Als der sich nicht einstellte, war für Soraya kein Platz mehr im kaiserlichen Palast in Teheran. Und auch Farah Diba, die Frau, die nach Soraya kam, erlebte einen Alptraum, der in der Einsamkeit des Exils endete.

Elisabeth von Toro: Sie schmückte als schwarze Prinzessin die Titelseiten der internationalen Modemagazine, dann wurde sie von Idi Amin für den diplomatischen Dienst engagiert. Der »Schlächter von Uganda«, der seine politischen Gegner den Krokodilen im Nil zum Fraß vorwarf, ernannte sie zu seiner Außenministerin. Fortan reiste sie für den »Schwarzen Hitler« durch die diplomatische Welt und verhalf ihm zu internationalem Ansehen. Erst spät erkannte die Königstochter, dass Amins Herrschaft geprägt war von Rassismus und Folter, Menschenjagd und Kannibalismus, Geisterglauben und schwarzer Magie. Da war sie bereits in Ungnade gefallen und musste aus Uganda fliehen.

Natalia Fernández: Sie suchte Abenteuer, träumte von großen Gefühlen und einem Revolutionär. Fidel Castro entsprach genau diesem Bild. Die Arztgattin nähte Uniformen für ihn, tippte seine Umsturzbefehle und stellte ihm eine konspirative Wohnung zur Verfügung. Der Comandante schrieb ihr bezaubernde Liebesbriefe. Als er im Triumphzug in Havanna einzog, stand »Naty« jubelnd am Straßenrand. Mit dabei war auch die gemeinsame Tochter Alina. Aber da wollte der Comandante plötzlich nichts mehr von seiner Revolutionshelferin wissen. Seine Liebesschwüre sind heute Legende, zugleich aber doch hochinteressante Zeitdokumente einer *amour fou* in den Zeiten der kubanischen Revolution.

Clara Petacci: Sie war für die einen ein »hinreißender Engel«, für die anderen die »Hure des Duce«. Schon als Teenager verehrte sie den Faschistenführer Benito Mussolini. Während ihre Schwester Bilder von Filmhelden sammelte, dekorierte Clara ihr Zimmer mit Fotografien des Duce. Sie schrieb Gedichte für ihn und ging regelmäßig zu den Treffen seiner Partei. 1932 wurde sie seine Geliebte und war dem meistgehassten und mächtigsten Mann Italiens bis in den Tod ergeben. Als er unterging, wollte auch sie nicht länger leben.

Geli Raubal: Sie war Hitlers Nichte, Engel und Lolita zugleich und diente ihrem Onkel als Aktmodell. Er versteckte sie nicht wie seine spätere Braut Eva Braun hinter einer Mauer der Geheimhaltung, sondern fuhr mit Geli im offenen schwarzen Mercedes zu ausgelassenen Waldpartys und zeigte sich mit ihr in seinen Stammlokalen und auf Parteiversammlungen, wo sonst nur Männer zugelassen waren. 1931, als sie 23 war, erschoss sich Geli mit Hitlers Pistole im Appartement des Diktators.

Hardlinerin oder Hure, Stellvertreterin oder Schattenfrau, Domina oder Muse, Täterin oder Mitläuferin: So unterschiedlich die Gesichter und Rollen dieser Frauen auch waren, eine Gemeinsamkeit verband sie alle: die Faszination, die sie angesichts der Macht empfanden. Einige mussten für diese Sucht einen hohen Preis bezahlen und stürzten – wie Mao es Tschiang Tsching prophezeite hatte – in einen bodenlosen Abgrund.

I. Die Genossin

Tschiang Tsching:
Maos vierte Ehefrau

»Ich war der Hund des Vorsitzenden Mao.
Wen er zu beißen befahl, den biss ich.«
Tschiang Tsching

»Die Frauen tragen die Hälfte des Himmels.«
Mao Tse-tung

Es waren revolutionäre Zeiten und der Weg nach Jenan im äußersten Nordosten Chinas war lang und gefährlich. Die junge Frau wusste, dass überall unberechenbare Banditen, Warlords und Geheimagenten des Kuomintang-Führers Chiang Kai-shek lauerten. Aber nichts konnte sie aufhalten. Um nicht aufzufallen und um Überfällen und Verhaftungen zu entgehen, hatte sie sich wie eine gewöhnliche Arbeiterin verkleidet. Sie trug ein einfaches blaues Gewand aus grobem Stoff, das um ihre schlanke Taille von einem Gürtel zusammengehalten wurde. Ihr schwarzes Haar war kurz geschnitten. Die bloßen Füße steckten in Holzsandalen.

Im Jahr 1938 waren viele tausend junge Flüchtlinge auf dem Weg nach Jenan, der verbotenen Stadt im Nordwesten Chinas. So auch Lan Ping (»Blauer Apfel«). Sie war 24 Jahre alt und eine schöne, intelligente und ehrgeizige Filmschauspielerin aus Schanghai. Als die Japaner die verrufenste Stadt des ganzen Ostens bombardierten, war sie aus dem Hexenkessel geflohen.

Ihr richtiger Name lautete Luan Shu Meng. Unter dem Künstlernamen Lan Ping hatte sie als Komparsin und Starlet in verschiedenen Filmen mitgewirkt. Dann war sie Kommunistin geworden und hatte ihre Karriere an den Nagel gehängt. Jetzt wollte sie nach Jenan, in die gelobte Stadt, um sich dem »chinesischen Moses« anzuschließen.

Jenan galt als das Zentrum der Revolution. In der Höhlenfestung in den Bergen von Jenan hatte Mao Tse-tung nach dem »Langen Marsch« von fast 10 000 Kilometern sein politisches Hauptquartier aufgeschlagen und sich dem Griff seines Gegenspielers Chiang Kai-shek entzogen. Der Oberbefehlshaber der Kuomintang-Armee trug den Beinamen »harter Fels«. Er war in der Tat ein harter Felsbrocken und hat Mao das Leben schwer gemacht.

Dieser Marsch, eine ganz außergewöhnliche Leistung in der Geschichte der Menschheit, begann im Herbst 1934 mit dem Rückzug von 100 000 chinesischen Kommunisten aus der Provinz Kiangsi im Süden. Fast alle mussten ihre Familien zurücklassen. Unter den Teilnehmern gab es nur dreißig Frauen, meist Ehefrauen von Führern der Roten Armee. Der Marsch führte durch elf Provinzen über tosende Flüsse und schneebedeckte Berge, durch Sümpfe und Wälder. Die Teilnehmer erduldeten Kälte, Durst und Hunger. Sie ernährten sich von Wurzeln und schliefen im Schnee. Aber sie marschieren weiter, kämpften gegen die nationalistischen Armeen, gegen die Truppen lokaler Kriegsherren.

Der Zug der revolutionären Kolonnen endete nach zwei Jahren und praktisch ununterbrochenen Gefechten in der Provinz Schensi am Jenan-Fluß. Überlebt hatten nur 20 000 zerlumpte kommunistische Kämpfer, weniger als 30 Prozent von Maos Truppe. Aber der »Lange Marsch« führte schließlich zum Sieg der Kommunistischen Partei Chinas und ging als unvergleichliches Abenteuer verbissenen Mutes, von Entschlossenheit und Opferbereitschaft in die Geschichte ein.

Schon damals war Mao eine Legende. Die Botschaft des »roten Robin Hood« faszinierte auch Lan Ping. Nach einer Odyssee von fast 1500 Kilometern traf sie in Sian ein, das vor tausend Jahren einst die Hauptstadt von elf Dynastien gewesen war. Die Kommunistische Partei Chinas (KPC) hatte hier das Hauptquartier der 8. Roten Armee eingerichtet. Zugleich war die Stadt ein Sammellager Tausender junger Mao-Anhänger, die wie die junge Schauspielerin auf dem Weg in die geheimnisumwitterte Hauptstadt der Revolution waren.

Aber der schwierigste Teil der Reise lag noch vor Lan Ping: Die letzten 500 Kilometer führten durch unwegsames Gebirge.

Transportmöglichkeiten gab es kaum. Außerdem hatte sie fast ihr ganzes Geld aufgebraucht. Schließlich konnte sie einen Platz auf einem Armeelastwagen ergattern, der Reis transportierte. Aber auf halbem Weg musste der Wagen umkehren. Wegen eines Unwetters war die Straße nicht mehr passierbar. Von ihren letzten Ersparnissen besorgte sich Lan Ping ein Pferd. Sie hatte überhaupt keine Ahnung, wie man reitet. Reiten war für eine Chinesin etwas Ungewöhnliches. Sie hatte große Furcht davor, abgeworfen zu werden und sich dabei sämtliche Glieder zu brechen. Aber irgendwie schaffte sie die letzten Kilometer bis nach Jenan. Der erste Blick auf die alten Mauern der verbotenen Stadt entschädigte sie für alle Entbehrungen und Strapazen der Flucht. Sie sah, dass auf dem Südtor zwei Zeichen geschrieben waren: an-lan – »die Wellen glätten«. Sie war am Ziel ihrer Träume.

Jenan war kein gewöhnlicher Ort. Drei Jahrtausende lang wurde die Stadt immer wieder von barbarischen Horden angegriffen. Aufstände und Naturkatastrophen hatten ihre Spuren hinterlassen. Die Mauern der Stadt waren weitgehend zerstört. Aber die Bewohner ließen die Hoffnung auf bessere Zeiten nie fahren. Jetzt diente die Stadt dem Bauernsohn Mao als Bastion gegen seinen Widersacher Chiang Kai-shek. Als der Revolutionsführer in Jenan eintraf, lebten hier 3000 Menschen. In den nächsten Jahren sollte ihre Zahl auf 100 000 anschwellen.

Lan Ping ging langsam durch die geheimnisvolle Stadt. Sie sah, dass menschliche Hände Hunderte von Höhlen in den harten Boden der Löß-Klippen gehauen hatten. Im Zickzack verlaufende Fußwege verbanden die Behausungen miteinander. Manche besaßen gewölbte Türen und Holzgitter an den Fenstern, die mit Papier bespannt waren. Die schönsten Höhlen hatten dicke schwarzgelackte Türen und erschienen Lan Ping komfortabler als die meisten chinesischen Wohnungen.

Nach dem Rundgang suchte sie das Büro des Organisationskomitees der Partei auf, um ihre Zulassung zur renommierten Parteischule zu beantragen. Sie war nicht der einzige Neuankömmling. Viele junge Studenten und Intellektuelle drängten sich vor dem Büro. Die Aufnahmebedingungen waren streng. Jeder Kandidat wurde unter die Lupe genommen. Nur wer seine politische Zuverlässigkeit in der Vergangenheit nachweisen konnte, hatte Chancen, zugelassen zu werden. Das letzte Wort hatte das Zentralkomitee.

Stellvertretender Leiter des Organisationskomitees der Partei war Li Fu-tschun, der mit Tsai Tschang, einer berühmten Führerin der Frauenbewegung, verheiratet war. Lan Ping war sehr aufgeregt, als sie sein Büro betrat. Aber als Schauspielerin hatte sie gelernt, das Publikum zu gewinnen. So bereitete es ihr schließlich keine großen Probleme, den Leiter des Organisationskomitees von ihrer politischen Zuverlässigkeit zu überzeugen.

Sie berichtete ihm von ihrer Karriere als Schauspielerin in Schanghai und wie sie diskriminiert worden sei: Monatelang habe sie darum gekämpft, mit der Schanghaier Untergrundorganisation der Partei Kontakt aufzunehmen. Aber man habe sie daran gehindert. Jetzt wolle sie nicht länger untätig sein. Sie sei fest entschlossen, die Parteischule zu besuchen.

»In Ordnung«, sagte Li Fu-tschun. Da wusste Lan Ping, dass sie sein Vertrauen gewonnen hatte.

Aber zunächst musste sie sich mit dem Leben in Jenan vertraut machen. Frauen waren in der revolutionären Stadt in der Minderheit. Auf 18 Männer kam in Jenan eine Frau. Und nicht wenige Genossen standen ihnen skeptisch gegenüber, vor allem den neuen Genossinnen.

Mao erfuhr schon bald von ihrer Ankunft. Lan Ping, so wurde ihm berichtet, sei eine attraktive Schauspielerin aus Schanghai. Tillmann Durdin, Korrespondent der *New York Times,* der sie 1944 kennen lernte, beschrieb sie als eine klassische chinesische Schönheit, »als sei ein chinesisches Gemälde zum Leben erwacht«.

Der Große Vorsitzende war bekannt dafür, dass er eine Schwäche für schöne und intelligente Frauen hatte. Die Journalistin Nym Wales nannte Mao den »König Arthur von China (...) den Vorsitzenden der Tafelrunde«. Seine Männer seien Ritter und seine Frauen wahre Damen.

»Mao gehörte zu den Männern, die besonders Gefallen an Frauen finden – allerdings nur an außergewöhnlichen Frauen«, schreibt Wales. »Er wollte eine feminine Frau, die ihm ein schönes Zuhause bereitete, und er schätzte auch Schönheit, Intelligenz und Geist sowie Treue – ihm selbst und seinen Ideen gegenüber. Er fürchtete keine selbstständig denkenden Menschen, und gegen Lippenstift und gekräuseltes Haar hätte er nichts einzuwenden gehabt.«

»Blauer Apfel« entsprach dem Frauenbild, das Mao faszinierte. Sie war schlank und bewegte sich mit ungewöhnlicher Geschmeidigkeit und Anmut. Sie hatte zarte Hände und eindrucksvolle kastanienbraune Augen. Das rosafarbene Muttermal am unteren rechten Mundwinkel verlieh ihrem schmalen Gesicht mit dem olivenfarbenen Teint einen besonderen Reiz. Sie war außerordentlich intelligent und verfügte über geschliffene Umgangsformen. Und sie sprach ein ausgezeichnetes kuo-yü (Mandarin) wie fast alle chinesischen Schauspielerinnen.

Schon bald begann Mao die junge Schauspielerin aus Schanghai zu hofieren. Er bot ihr eine Eintrittskarte für einen Vortrag an, den er am Institut für Marxismus-Leninismus hielt.

Genosse »Blauer Apfel« nahm die Einladung an. Höchst unkonventionell für die Kleiderordnung in Maos Höhlenstadt erschien sie in einem auffallend eleganten Dress und hatte ein verführerisches Make-up angelegt. Normalerweise trugen die Frauen der Genossen einfache pyjamaartige Gewänder.

Dann landete »Blauer Apfel« den entscheidenden Coup: Sie setzte sich genau dem Vorsitzenden gegenüber und begann ihn mit dem süßen Duft Schanghais zu becircen. Die Signale waren eindeutig: Sie applaudierte überschwänglich, so ein Augenzeuge, und schrieb mit den »überlangen Fingern ihrer Lilienhände« Notizen in ein Heft.

Mao fing Feuer. Er verschaffte der Genossin aus Schanghai eine Arbeit im Archiv der Zentralen Militärkommission gleich neben seiner Höhle und gab ihr einen neuen Namen: Tschiang Tsching, zu deutsch »Grüner Fluss«.

Es war der Beginn einer Beziehung, die Tschiang zu einer der mächtigsten Frauen der Welt machen sollte. Als vierte und letzte Frau Maos, 21 Jahre jünger als ihr ideologischer Mentor, erkämpfte sie sich einen Platz in dem von Männern beherrschten Olymp der revolutionären Machthaber.

»Blauer Apfel« wurde im März 1914 unter dem Namen Luan Shu Meng geboren: Es war einer von mehreren Namen, die sie trug, bevor sie den Namen Tschiang Tsching annahm. Wie Mao war sie ein Kind des Volkes und wuchs in gefährlichen Zeiten auf. In ihrem Geburtsjahr brach der Erste Weltkrieg aus.

Die Stationen ihres Lebens hat sie im Detail ihrer amerikanischen Biographin Roxane Witke geschildert. Danach verbrachte Tschiang die ersten Jahre ihrer Kindheit in Tschu-tscheng, einer Stadt von ungefähr 80 000 Einwohnern in der Provinz Schantung. Diese Provinz zwischen dem Golf von Tschihli und dem Gelben Fluss war in der Vergangenheit wieder und wieder das Ziel von Raubzügen fremder Kolonialisten gewesen. Im Ersten Weltkrieg besetzten die Japaner Schantung, das vorher in der Hand der Deutschen gewesen war. Die japanische Besatzung führte in der Folgezeit ständig zu blutigen Unruhen.

Schon früh begann Tschiang die »fremden Teufel aus dem Osten und aus dem Westen« zu hassen, die das Volk herumzukommandieren pflegten: »Uns fehlten Nahrung und Kleidung. Die Ausländer sahen auf uns herab und nannten China den kranken Mann im Osten.«

Tatsächlich war der Lebensstandard der Bevölkerung katastrophal schlecht. Einfache Familien konnten sich höchstens zwei richtige Mahlzeiten in der Woche leisten. Viele Menschen litten unter Darmkrankheiten und starben vor Hunger. Auch Tschiangs Eltern – der Vater ein Stellmacher, die Mutter eine Konkubine – waren arm. Der Familie fehlte es an fast allem. Als Kind musste Tschiang die getragenen Sachen von einem ihrer Brüder anziehen. Für Mädchenkleider fehlte das Geld.

Ihr Vater stellte Räder für Schubkarren her. Er war bei ihrer Geburt bereits sechzig Jahre alt, ihre Mutter über vierzig. »Weil wir arm waren und nicht genug zu essen hatten, schlug oder beschimpfte mein Vater ständig meine Mutter«, berichtet Tschiang. »Sein Benehmen brachte ihm den Spitznamen ma-jen i-schu-tschia ein, Künstler in der Kunst der Beschimpfung.«

Der »Drachenvater« hinterließ deutliche Spuren in Tschiangs Kindheitserinnerungen. Auch sie blieb von seinen Wutanfällen nicht verschont und wurde nach ihren Angaben häufig von ihm geschlagen. Einmal griff er ihre Mutter mit einem Spaten an. Als Tschiang sich ihm in den Weg stellte, schlug der Vater ihr so heftig auf den Mund, dass sie einen Zahn verlor. Ihre Mutter behielt von der Attacke eine verkrüppelte Hand zurück.

Später relativierte Tschiang Tsching etwas ihre Meinung über den rabiaten Vater: »Erst dachte ich, wenn ich sah, wie mein Vater meine Mutter und uns Kinder tyrannisierte, dass alle Männer schlecht seien. Aber in Wirklichkeit hat ihn nur die drückende Armut dazu gebracht.«

Doch ihre Mutter hatte eines Tages genug von dem Haustyrannen. Sie band sich Tschiang auf den Rücken und floh mit ihr. Als Dienerin fand sie zunächst bei einem Grundbesitzer eine Anstellung. »Meine Mutter ging arbeiten, damit ich die Schule besuchen konnte«, erinnert sich Tschiang. »Und doch konnte ich die Grundschule nur beenden, weil der Unterricht und die Schulbücher frei waren. Trotzdem hatte ich noch oft Hunger oder bekam nur Kaltes zu essen, was zu einer chronischen Magen-Darm-Verstimmung führte.«

Später trat ihre Mutter in die Dienste eines anderen Grundbesitzers, der allerdings pleite war. Ihre Situation wurde noch hoffnungsloser. In dem Haus gab es kaum etwas zu essen. Tschiang teilte sich ein winziges Zimmer mit der Mutter. In den Fenstern fehlte die Papierverkleidung und es regnete herein. Als einzige Licht- und Heizquelle diente eine kleine Petroleumlampe.

In der Grundschule erhielt Tschiang einen neuen Namen: Yün-ho – Wolkenkranich. Der Name passte irgendwie zu ihrer Außenseiterrolle. Denn die Schule wurde hauptsächlich von den Töchtern vermögender Grundbesitzer besucht. Sie trugen adrette Uniformen. Tschiang kam in den abgewetzten Sachen ihres Bruders zum Unterricht. Sie wurde deswegen immer wieder von den besseren Töchtern verspottet. Tschiang schämte sich, dass man ihrer Kleidung ansah, woher sie kam – aus dem Arbeitermilieu. Aber ihre Mutter war zu arm, um ihr eine Uniform kaufen zu können.

Tschiang lernte in der Schule, dass China eine tausendjährige Kultur hatte und während langer Perioden der Geschichte anderen Zivilisationen in Europa und im Mittelmeerraum weit voraus gewesen war. Aber im täglichen Leben sah sie nur Schreckensbilder des Niedergangs und der Barbarei. Banditen trieben überall in der Provinz Schantung ihr Unwesen. Zur Erntezeit überfielen sie die Bauern und plünderten sie aus. Wer gefasst wurde, kam ins Gefängnis, wurde erschossen oder enthauptet.

In Tschiangs Erinnerung prägte sich auch ein, dass viele Unschuldige von den lokalen Militärgouverneuren zum Tode verurteilt wurden. Man führte die Gefangenen auf einen kleinen Platz am Osttor der Stadt. Jeder Delinquent trug ein Plakat auf dem Rücken. Dann musste er niederknien und mit einem breiten Schwert wurde ihm der Kopf abgeschlagen. Viele »reiche Leute«, so Tschiang, verfolgten das Schauspiel. Sie klatschten am lautesten, wenn die Köpfe rollten. Diese wurden anschließend auf der aus Ziegeln errichteten Stadtmauer als Trophäen der Abschreckung ausgestellt.

1929 zog Tschiang mit ihrer Mutter nach Tsinan. Es war ein schicksalhafter Augenblick in ihrem Leben. Die Provinzhauptstadt war seit der Ming-Dynastie ein Kulturzentrum, berühmt vor allem wegen seiner Theater. Hier entdeckte Tschiang ihre Liebe zur Schauspielerei. Und dieses Erlebnis sollte ihr weiteres Leben prägen.

Sie war 15 Jahre alt, als sie am Schantunger Provinztheater für Experimentelle Kunst in Tsinan zugelassen wurde. Die Hochschule war eine Art Internat. Schulgeld brauchte Tschiang nicht zu bezahlen, und auch die Mahlzeiten waren frei. Monatlich bekam sie ein Taschengeld von zwei Yüan, nach heutigem Wert knapp anderthalb Euro.

»Ich wurde nur deshalb aufgenommen, weil es in der Schule zu wenig Mädchen gab«, erzählt Tschiang. »Ich studierte dort nur ein Jahr, lernte dabei aber sehr viel. Ich studierte alles, wozu sich Gelegenheit bot. Ich stand vor Tagesanbruch auf und bemühte mich, so viel wie möglich zu lernen.«

Ihre Hingabe zum Lernen und Schwärmen fand reichlich Nahrung. Mit großer Leidenschaft studierte sie die chinesischen Klassiker, lernte traditionelle Opernpartien singen, spielte modernes Theater und übte unermüdlich Klavier. Ihr Lehrer war streng. Wenn sie beim Klavierspiel aus dem Takt kam, schlug er ihr mit einem Stock aufs Handgelenk.

Trotz der rigiden Regeln war sie glücklich und ging ganz in

ihrem Studium auf. Sie hatte sich vorgenommen, die Bühnen zu erobern. Aber um auftreten zu können, musste sie zuerst die offizielle Theatersprache, den Pekinger Dialekt, lernen. Der Jargon ihrer Heimat galt als ordinär und bot ihren Mitschülerinnen immer wieder Anlass, sich über sie lustig zu machen. Aber mit eiserner Energie lernte Tschiang Texte in der vornehmen Mandarinsprache zu rezitieren.

Als sie 16 Jahre alt war, ging Tschiang mit einer Theatergruppe auf Tournee nach Peking: »Meine Ausstattung war dürftig und ich besaß nicht einmal Unterwäsche. Obwohl ich die beste Steppdecke von zu Hause mitgenommen hatte, zitterte ich vor Kälte, weil die Wattierung mit der Zeit dünn geworden war. Zu dieser Jahreszeit herrschten in Peking schwere Sandstürme, und die Nächte waren furchtbar. Von Politik wusste ich noch nichts. Ich hatte keine Ahnung, was Kuomintang und Kommunistische Partei bedeuteten. Ich wusste nur, dass ich mir meinen Unterhalt selbst verdienen wollte und dass ich fürs Theater schwärmte.«

Eine weitere wichtige Station in ihrem Leben war die Universitätsstadt Tsingtao. Tschiang traf dort im Frühjahr 1931 ein und arbeitete zunächst in der Bibliothek. Als im September die Japaner in Nordostchina eindrangen und drei Provinzen besetzten, rollte eine Protestwelle durch ganz China. Auch Tschiang war empört: »Das konnten wir nicht hinnehmen. Wir durften nicht die Sklaven einer fremden Nation werden.« Von der allgemeinen Stimmung mitgerissen, schloss sie sich der »Liga Linker Dramatiker«, einer kommunistischen Tarnorganisation, an. Zum ersten Mal kam sie mit der Politik in Berührung und sollte ein neues Ziel für ihre außerordentliche Energie finden.

Tschiang tingelte mit einer Schauspieltruppe über Land und trat in Schulen und Fabriken auf. Auf dem Programm standen vor allem Propagandawerke gegen die Japaner, also Theaterstücke, die zur Rettung des Vaterlandes aufriefen. Auf dem Land erlebte Tschiang die unvorstellbare Armut der Bauern. Sie war entsetzt über das Elend und die Rückständigkeit. Besonders betroffen machte sie die durch alte Traditionen diktierte Ungleichheit der Frauen. Viele wurden von ihren Eltern zu einer Heirat wider Willen gezwungen.

In jener Zeit schrieb Tschiang Kurzgeschichten und Theaterstücke. Sie versank in der Welt der Bücher und verschlang den romantischen Roman »Vom Winde verweht«. Aber sie las auch andere amerikanische Autoren: Jack London, John Steinbeck und Upton Sinclair.

Im Februar 1933 trat Tschiang in die Kommunistische Partei Chinas ein. Nach ihren Angaben musste die Mitgliedschaft oft mit Bargeld oder von Frauen sogar mit Liebe bezahlt werden. Ihre Freunde gaben ihr damals den Spitznamen Erh Han-tze – Zwei Stelzen, weil ihre Beine so dünn waren. Sie hatte stark abgenommen. Regelmäßige Mahlzeiten konnte sie sich kaum leisten.

Ihre wichtigsten politischen Lehrjahre absolvierte Tschiang anschließend in Schanghai. Die »Stadt über dem Meer« genoss einen schillernden Ruf: Stadt der Superreichen und Superarmen, Stadt der Missionare und Edelprostituierten, Stadt der Massagesalons und des Opiums, aber auch Stadt moderner Bildung, kühner Experimente und radikaler Revolutionäre.

Um die Jahrhundertwende war Schanghai für Briten, Franzosen, Japaner und Deutsche eine Goldgrube, aus der sie enormes Kapital zogen. Das Gold hieß Opium. Die Briten hatten die Droge aus Indien nach China gebracht. Der Opiumschmuggel nahm solche Ausmaße an, dass die allgemeine Volksgesundheit gefährdet war. Als China den Opiumhandel verbieten wollte, antwortete Großbritannien 1840 mit Krieg. Am Ende des Krieges musste China die Opiumeinfuhr erlauben und Schanghai wurde einer der wichtigsten Umschlagplätze.

Die Europäer waren die Herren der Stadt und ließen sich immer mehr Handelsrechte und Konzessionen übertragen. Zudem profitierten sie von der Bodenspekulation. Sie kauften ganze Straßenzüge und bauten Schanghai nach ihrem Gutdünken zu einer exotischen Metropole im Osten aus. Neben alten chinesischen Stadtteilen entstanden Kontorhäuser, Banken, Schifffahrtshäuser und Hotels.

Die europäischen Viertel unterstanden nicht dem chinesischen Militär und Recht. Durch eigene idyllische Parks und Rennbahnen, Ballsäle und Bordelle hoben sich die westlichen Quartiere von allen anderen ab. Während ganz in Weiß gekleidete Herren und elegante Damen im Geld schwammen und sich in Luxusgeschäften mit Pariser Mode und französischen Extravaganzen eindeckten, signalisierten Schilder an den Parks: »Zutritt für Chinesen und Hunde verboten.«

Hohe Beamte wurden in vergoldeten Sänften getragen, während zerlumpte Kulis für einen Hungerlohn von 85 Cent täglich ihr Dasein fristeten. Für Prostituierte gab es »Fliegende Sänften«, fei jiao genannt. Die Haupteinkaufsstraße Nanjing Lu hieß Garden Road und gehörte englischen Bankiers, Geschäftsleuten und Zuhältern. 1900 importierten sie 140 Tonnen Opium im Wert von 1,8 Millionen Liang Silber (16 Liang = 0,5 Kilogramm).

Das Desaster des Ersten Weltkrieges versetzte den weißen Herren Schanghais einen harten Schlag. Sie gerieten ins Abseits. Es kam zu Demonstrationen und Revolten. Aus marxistischen Studierzirkeln bildete sich am 1. Juli 1921 der Grundstock der Kommunistischen Partei Chinas, der Bauernrebell Mao Tse-tung war einer der Mitbegründer.

Als Tschiang im Frühling 1933 in Schanghai eintraf, wusste sie nur wenig über den Führungskader der KP. Sie wollte Kontakt mit anderen Parteimitgliedern aufnehmen. Dies war aber äußerst schwierig und gefährlich. Beim »Schanghaier Massaker«, der von Chiang Kai-shek angeordneten Kommunistenjagd durch die Kuomintang (KMT), waren 1927 Tausende von KP-Anhängern hingerichtet worden. Die dezimierten Mitglieder lebten im Untergrund. Aus Angst vor Spitzeln und weiteren Repressalien wechselten sie ständig ihre Schlupfwinkel. Offene und direkte Kontakte waren unmöglich.

In Schanghai verbrachte Tschiang die ersten Tage damit, sich in der europäisch polierten Metropole zurechtzufinden. Inmitten des Häusermeeres aus Jugendstilpalästen, protzigen Geldtürmen und den Slums der chinesischen Altstadt kam sie sich wie Treibgut vor: »Wir hatten noch Glück, wenn wir als Wasserblume überlebten.«

Der Kontrast zwischen Reichtum und Armut war extrem. Einerseits hatte der internationale Handel eine neue und reiche chinesische Bourgeoisie mit westlichen Statussymbolen hervorgebracht, andererseits hausten am Fuß der Hochhäuser die Unterprivilegierten in armseligen Häusern, in der Regel drei Generationen unter einem Dach, oft in einem Zimmer.

Auf der Suche nach im Untergrund agierenden Mitgliedern der Schanghaier KP schloss sich Tschiang einer proletarischen Schauspielgruppe an, der Schanghaier Werk-Studium-Truppe. Außerdem versuchte sie an der Universität in Studentenkreisen Freunde zu finden. Als junge Radikale marschierte sie an der Spitze von Demonstrationszügen durch die Straßen von Schanghai und erlebte, wie berittene Sikh-Polizisten Hetzjagden auf die Teilnehmer veranstalteten. Sie sammelte Geld für Arme und musste selber mit sehr wenig Geld auskommen. Sie teilte sich ein schäbiges Mansardenzimmer mit einem befreundeten Ehepaar. Die Kammer war so winzig, dass sie auf dem Tisch schlafen musste.

Tschiangs radikales Engagement führte dazu, dass sie als Revolutionärin allmählich bekannt wurde. Eines Tages erhielt sie einen anonymen Brief mit dem Befehl, Schanghai sofort zu verlassen, ihr Leben sei in Gefahr. Zunächst wollte sie den Befehl ignorieren. Aber eine Verwechslung war ausgeschlossen. Es gab keinen Zweifel, dass sie gemeint war. Auf dem Brief stand ihr Deckname – »Wolkenkranich«.

Tschiang verließ Schanghai und zog nach Peking, wo sie sich an der berühmtesten aller chinesischen Universitäten als Gasthörerin einschrieb. Die meiste Zeit verbrachte sie in der Bibliothek. Interessante Parallele: Schon der Vorsitzende Mao hatte hier Jahre zuvor als »Bücherwurm« die außerordentlichen Bestände verschlungen und sein Wissen bereichert. Und auch Tschiang »ernährte« sich in dieser Zeit hauptsächlich von politischen Zeitschriften und Werken der Weltliteratur.

Nach ihrer Rückkehr aus Peking unterrichtete sie im Auftrag der »Liga Linker Erzieher«, einer Tarnorganisation der KPC, Schanghaier Fabrikarbeiterinnen. Mit der eisernen Energie, die ihr eigen war, widmete sie sich der neuen Aufgabe in einer fremden, kalten und brutalen Welt. Sie wurde in einem so genannten Frauenwohnheim untergebracht, das auf einem Fabrikgelände lag: Es waren heruntergekommene Baracken, in denen die Arbeiterinnen schliefen.

Die Mehrzahl ihrer Schülerinnen arbeitete in englischen Zigaretten- oder in chinesischen Strumpffabriken. Tschiang war entsetzt über die dort herrschenden Arbeitsbedingungen. Die Frauen besaßen keinerlei Rechte und auch Kinderarbeit war an der Tagesordnung. Für einen Sklavenlohn von 17 oder 18 Yüan im Monat mussten sie in primitiv eingerichteten und unbelüfteten Hallen stundenlang ohne Pause ununterbrochen Zigaretten drehen und sie in Schachteln packen. Zwischen den Schichten erhielten die Frauen nur etwas Grütze und Wasser. Die meisten waren unterernährt, viele starben.

Aber an frischen und billigen Arbeitskräften herrschte kein Mangel. Skrupellose Arbeitsvermittler belieferten die Fabriken ständig mit neuen weiblichen Kulis, die sie auf dem Land anwarben. Sie köderten junge und unwissende Frauen mit dem Versprechen, diese könnten in Schanghai reich werden. Teilweise kauften sie den in Armut lebenden Familien auch regelrecht ihre Kinder ab. Die Bauern ahnten nicht, dass sie ihre Töchter in die Hölle schickten.

Obwohl sie kein Parteibuch besaß, lebte Tschiang in ständiger Angst, wegen ihrer Kontakte zur KPC geschnappt zu werden. Eines Tages wurde sie von zwei Geheimpolizisten in Zivil verfolgt. Bevor die Männer sie festnehmen konnten, zog sie den Aufnahmeantrag der Schanghaier KP unter ihrer Wolljacke hervor, stopfte sich das Geheimdokument in den Mund und schluckte es hinunter.

Anschließend wurde sie zur Bezirkspolizeistation gebracht und in eine Zelle gesperrt. Die Nationalregierung von Chiang Kai-shek hatte in den dreißiger Jahren hohe Kopfgelder für die Ergreifung von Kommunisten ausgesetzt. Diese galten als Staatsfeinde. Tschiang wurde in ein Frauengefängnis überführt.

Der leitende Gefängnisaufseher Hei Ta-han (Spitzname »Großer schwarzer Chinese«) war ein ehemaliger Kommunist. Er hatte die Partei verraten und war Mitglied der Geheimpolizei der KMT geworden. Seine Gestapo-ähnlichen Vernehmungsmethoden waren berüchtigt. Auch Tschiang wurde das Opfer quälender Verhöre. Aber sie ließ sich nicht einschüchtern und forderte Hei Ta-han sogar heraus: »Warum erschießt ihr mich nicht gleich?« Er schlug sie ins Gesicht. Dann wurde sie in ihre Zelle zurückgebracht. Er hatte offenbar eingesehen, dass er sie zu keinem Geständnis zwingen konnte. Acht Monate später wurde sie am Tag des traditionellen chinesischen Neujahrsfestes freigelassen.

Nach ihrer Entlassung fand Tschiang überraschend schnell Anschluss an die Schanghaier Theaterszene. Sie träumte immer noch davon, Schauspielerin zu werden, und arbeitete wie besessen an einer Bühnenkarriere. Sie studierte unermüdlich neue Rollen ein und trainierte ihre Stimme. Eines Tages wurde ihr die Rolle der Nora in Ibsens »Ein Puppenheim« angeboten, die tragische Rolle einer Frau, die sich emanzipiert.

Auch Tschiang wollte sich emanzipieren. Sie nahm die Herausforderung an und konnte prompt ihren ersten großen Erfolg feiern. Als sie sich nach der Premiere verneigte, applaudierten die Zuschauer begeistert, und auch die Zeitungskritiken fielen positiv aus. Sie stand zum ersten Mal im Rampenlicht, plötzlich interessierte man sich für sie. Man bot ihre weitere Rollen an der Schanghaier Bühne an. Jetzt konnte sie mit prominenten Schauspielern vor einem anspruchsvollen Publikum auftreten. Nachdem sie als Bühnenschauspielerin ziemlich bekannt geworden war, begannen sich auch die Schanghaier Filmstudios für sie zu interessieren. Träume aus Zelluloid hatten Tschiang schon als junges Mädchen fasziniert. Sie bewunderte Greta Garbo, die als ehemalige Stockholmer Friseurgehilfin zur Filmgöttin aufgestiegen war. Tschiangs Lieblingsfilm war »Königin Christine«, in dem die Garbo eine eigenwillige Monarchin spielt. Später, als die Genossin bereits mit Mao verheiratet war, legte sie ein komplettes Filmarchiv über die »göttliche« Hollywood-Diva an.

Hollywoodfilme waren in den dreißiger Jahren in Schanghai Kassenschlager. Die strahlenden Helden und Divas der amerikanischen Traumfabrik spielten in 70 Prozent aller vorgeführten Filme die Hauptrollen. Die meisten chinesischen Regisseure und Produzenten kopierten Hollywoods Stil. Linke Filmemacher, die in den Zelluloidträumen geistlose Streifen und »kapitalistisches Ideengut« sahen, hatten es da schwer. Sie wurden von der Filmzensur in den Untergrund getrieben. Gleich Herrschern von Gottes Gnaden wachten Kontrolleure der nationalistischen Regierung über die Studios. Leinwandwerke wurden nach subversivem Gedankengut durchforstet und – wenn sie kritische Aussagen enthielten – verboten. Gesinnungsschnüffelei und Gestapo-ähnlicher Terror waren an der Tagesordnung.

In dieser Zeit wurde Tschiang von der »United Photoplay« unter Vertrag genommen. Bis dahin war sie auf der Theaterbühne unter den Namen Li Yün-ho aufgetreten. Als Filmpseudonym wählte sie Lan Ping – Blauer Apfel. Aber sie fühlte sich nicht als »große Schauspielerin«. Nach ihrer Meinung waren Schauspieler nicht nur zur Unterhaltung da, sondern sie mussten sich in kritischen Zeiten ihrer Verantwortung bewusst werden.

Und die Zeiten waren kritisch. Dies suggerierte schon der Titel ihres ersten Films: »Blut auf dem Wolfsberg«. Das Drehbuch hatte Schen Fu geschrieben, ein Mann, der einer Arbeiterfamilie entstammte. Die Story handelte von einem Wolfsrudel, das in ein Dorf einbricht und die Einwohner in Angst und Schrecken versetzt. Tschiang spielte eine einfache Bäuerin, die ihr Kind an die Wölfe verlor. Die versteckte Botschaft war für die Zuschauer relativ leicht zu erkennen: Die Wölfe verkörperten die Japaner.

Bevor der Film für die Schanghaier Kinos freigegeben wurde, musste er zahlreiche Hürden passieren. Das Drehbuch und die Dialoge wurden der Zentralen Filmzensur vorgelegt. Auch der Stadtrat von Schanghai hatte ein Wort mitzureden. Szenen, an denen die Japaner Anstoß nehmen konnten, wurden herausgeschnitten. Zur Endabnahme wurde der Film schließlich dem japanischen Konsulat vorgeführt. Zunächst wurde »Blut auf dem Wolfsberg« offiziell zugelassen, kam aber dann im Herbst auf die schwarze Liste der KMT-Zensoren.

Außer gegen die Fesseln der Zensur hatte Tschiang auch ständig mit Geldsorgen zu kämpfen. Oft konnte sie nicht einmal die Busfahrkarte bezahlen. Wenn sie pleite war, blieb ihr nur der Weg zum Pfandhaus. Allerdings besaß sie nur wenige

Habseligkeiten, die sich als Pfand eigneten: eine Armbanduhr und einen Füllfederhalter.

Ihre Freunde waren damals linke Intellektuelle. In jenen Tagen lernte sie auch den Filmkritiker Tang Na kennen. Sie heirateten 1934. Aber nach einer Affäre mit einem bekannten Dramatiker trennte sich Tschiang 1937 von Na. In Schanghai wurde erzählt, Tang sei darüber so verzweifelt gewesen, dass er fast Selbstmord begangen habe. Er ging später nach Paris, wo er das China-Restaurant »La Tour céleste« (Der Himmelsturm) führte. Die Sehnsucht nach China und Tschiang blieb: »Ich habe viel in China zurückgelassen, unter anderem eine Frau, die ich sehr geliebt habe.«

Auch Tschiangs nächster Film, der auf den Hausbooten und in den Slums von Schanghai spielte, war alles andere als ein Kassenhit. Er wurde als antijapanisch eingestuft und erst für die Kinos freigegeben, nachdem die Filmzensoren provozierende Passagen entfernt hatten. Dieser Eingriff, so berichtete Tschiang ihrer Biografin, hatte für sie sehr unangenehme Folgen: In der manipulierten Fassung wirkte die Revolutionärin fast wie eine Kollaborateurin der Japaner. Später wurde behauptet, Mao habe alle Filme, in denen sie mitgewirkt hatte, vernichten lassen. Er wollte offenbar nicht, dass seine Frau auf irgendwelchen Filmfestivals von den Kritikern zerrissen würde.

Als Tschiang in Jenan eintraf, hatte sie einen Traum verloren. Abgesehen von Ibsens »Nora« war sie über Nebenrollen nicht hinausgekommen. Aber die Enttäuschung, die sie als Schauspielerin ertragen musste, hatte ihre Entschlossenheit zum Widerstand nur verstärkt: Wenn sie nicht länger Opfer sein wollte, musste sie in der von Männern beherrschten Welt um die Macht kämpfen. Doch zunächst stand Tschiang wie ihre drei Vorgängerinnen im Schatten des Großen Steuermanns.

Maos erste Frau war ein kräftiges Bauernmädchen. Er selbst berichtet: »Meine Eltern haben mich, als ich vierzehn war, mit einem Mädchen von zwanzig Jahren verheiratet, aber ich habe nie mit ihr gelebt und tat es auch in der Folge nicht. Ich betrachtete sie nicht als meine Frau.« Sie starb an einer Infektion. Ihr Name blieb ein Geheimnis. Als Jung-Journalist schrieb Mao später zornige Artikel gegen die durch alte Traditionen aufgezwungenen und von chinesischen Eltern arrangierten Ehen. Er forderte »die große Welle der Freiheit zu lieben«.

Von seiner romantischen Seite zeigte sich Mao zum ersten Mal 1913. In Tschangschah, wo er die Mittelschule besuchte, begegnete er der Tochter seines Ethiklehrers. Yang Kai-hui war zwölf Jahre alt, zu jung für eine Romanze. Aber Mao konnte das Mädchen nicht vergessen. Fünf Jahre später sah er Yang in Peking wieder. Sie war jetzt eine schöne junge Frau, hatte die Schule besucht, dachte genauso revolutionär wie er und war ihm intellektuell ebenbürtig. Mao schrieb klassische chinesische Verse, Yang konnte ihm mit Gedichten antworten. Sie wurden ein unzertrennliches Paar.

1920 heiratete Mao die Tochter seines alten Lehrers. In den Kreisen der jungen Radikalen wurde ihre Ehe als »ideale Romanze« gefeiert. Als Maos Rote Armeen Tschangscha 1930 verließen, wurde Yang von der Kuomintang gefangen, gefoltert und dann hingerichtet. Sie war noch nicht einmal dreißig. Auch ihre drei Kinder wurden Opfer des Terrors. Anlong, der jüngste Sohn, blieb verschollen. Anqing, der zweite, erlitt einen seelischen Schock, von dem er sich nicht mehr erholte. Anying, der älteste, starb 1950 im Koreakrieg im amerikanischen Bombenhagel.

Nur Mao kam durch. Ein Vierteljahrhundert später ehrte er seine erste große Liebe mit einem Gedicht:

Meine stolze Pappel ist mir verloren
und dir meine Weide
Pappel und Weide
schweben zum höchsten Himmel empor
Als sie Wu Kang baten
was er ihnen wohl gäbe
Da bot er ihnen Zimtblütenwein
Die einsame Göttin,
die da haust auf dem Monde
breitet weit die Ärmel
und tanzt für die guten Seelen
am grenzenlosen Himmel
Plötzlich kam Kunde
Daß der Tiger auf Erden erlag
Und ihre heißen Tränen
fallen als Regen zur Erde.

»Pappel« war der Name von Maos Frau Yang. »Weide« der eines toten Freundes. Mit »Tiger« war der Erzfeind Chiang Kai-shek gemeint.

Ho Tsu-tschen, Maos dritte Ehefrau, war siebzehn, als sie ihn traf: ein Mädchen, halb so alt wie er, das aber als sehr energisch galt. Sie hatte schon 1927 eine Rote Frauenkompanie befehligt und begleitete Mao auf dem »Langen Marsch«. Bei einem Tieffliegerangriff soll sie von zwanzig Granatsplittern in den Leib getroffen worden sein. Sie blieb am Leben, musste aber zeitweilig auf der Flucht mit Stricken auf einem Maulesel festgebunden werden. Das Paar bekam drei Töchter und drei Söhne. Drei Kinder mussten auf dem qualvollen »Langen Marsch« zurückgelassen werden und wurden bei Bauernfamilien untergebracht. Trotz späterer langer und sorgfältiger Suche fand man keine Spur mehr von ihnen. Sie blieben verschollen.

Physisch und psychisch völlig am Ende musste Ho Tsu-tschen

zur ärztlichen Behandlung nach Moskau. Dort nahmen ihre Depressionen aber noch zu. Später kehrte sie nach Schanghai zurück. Sie kam in eine Nervenanstalt, wo sie mit Elektroschocks behandelt wurde.

Ihre Tochter Li Min machte Mao später Vorwürfe, dass er die Schauspielerin Tschiang Tsching ihrer Mutter vorgezogen habe. Sie hielt ihm vor, dass Ho Tsu-tschen doch alles geopfert habe, »für seinen Ruhm und seine Position, für die Ehre der Partei und den Kommunismus und nicht zuletzt für die Liebe zu ihm«. Mao erklärte hilflos: »Was kann ich tun?«

Als die attraktive Tschiang in seine Höhle einzog, lebte Mao von seiner dritten Frau Ho Tsu-tschen schon seit über einem Jahr getrennt. Sie hielt sich gerade zur Erholung in Moskau auf. Das Zentralkomitee wollte zunächst den Austausch der kranken Altgenossin des »Langen Marsches« gegen die Diva aus Schanghai nicht anerkennen und war gegen eine Scheidung.

Angeblich verhandelte Mao stundenlang mit den Genossen, um einen Dispens zu erzwingen. Als die Funktionäre auf stur schalteten, trat er sogar in einen Sitzstreik und drohte, er werde in sein Heimatdorf zurückzukehren, wenn er Tschiang nicht heiraten dürfe. Schließlich erschien auch Maos Geliebte und präsentierte den Genossen ihren schwangeren Leib. Erst da stimmten diese der Heirat zu, allerdings unter der Bedingung, dass »Grüner Fluss« niemals als »Frau Mao« in der Öffentlichkeit auftreten und die nächsten 20 Jahre nicht politisch aktiv werde. 1940 wurde sie von einer Tochter entbunden, der sie den Namen Na Li gab. Die offizielle Trauung mit Mao fand erst 1945 in Tschungking statt.

Maos vierte Frau hielt sich zunächst an die politische Sperrzeit und teilte mit dem Großen Vorsitzenden das spartanische Leben in der roten Fluchtburg Jenan. Die Räume in der Höhlenwohnung waren mit klobigen Möbeln eingerichtet.

Karten bedeckten die weiß getünchten Wände. Der Hauptluxus im Schlafzimmer: ein Moskitonetz fürs Ehebett. Ein zweiter Raum diente als Ess- und Arbeitszimmer, ein dritter als Salon, wo Gäste empfangen und die Sitzungen des Zentralkomitees abgehalten wurden. Strom gab es nicht. Als Lichtquellen standen nur Kerzen zur Verfügung.

In einem Schrebergarten am Fuß der Höhle baute der Parteichef Tomaten, Hirse und Tabak selbst an. Als Bauernsohn war er bereits mit fünf Jahren von seinem Vater zur regelmäßigen Feldarbeit herangezogen worden. Mao bevorzugte auch die gleiche Kleidung wie das gewöhnliche Volk: Alte Anzüge mit weiten Hochwasserhosen und abgewetzten Leinenschuhen.

»Grüner Fluss« liebte es abenteuerlicher und extravaganter. Sie trug zeitweise den Mantel eines gefangenen japanischen Offiziers, Pullover und schwarze Hosen. Sie rauchte in Gesellschaft und liebte amerikanischen Swing. Das Haar hatte sie im Sowjetstil kurz geschnitten. Diese Frisur war bei den weiblichen Revoluzzern in Mode gekommen.

Geschickt und unauffällig diente die Ex-Schauspielerin dem Vorsitzenden als Privatsekretärin. Sie erledigte seine gesamte Korrespondenz, schrieb seine Reden auf und vervielfältige Artikel für ihn. So erhielt sie Einblick in die geheimsten Gedanken und strategischen Pläne des »roten Messias«. Auch nahm sie an den meisten politischen Besprechungen in seiner Höhle teil. Es war nur eine Frage der Zeit, wann die »Genossin mit den Lilienhänden« die ihr vom ZK-Komitee angelegten Fesseln der politischen Enthaltsamkeit abstreifen und nach der Macht greifen würde.

Der sowjetische Journalist Pjotr Wladimirow, der sich von 1942 bis 1954 in Jenan aufhielt, erkannte schon damals: »Ihr Temperament unterwirft sie dem Verstand. Sie kennt kein Mitleid mit sich selbst und sorgt sich nur um ihre Karriere. Solange sie jung ist, strebt sie dem Ziel entgegen.«

Was verband die junge Schauspielerin mit Mao? Der Reiz ihrer Beziehung lag vermutlich in den gegensätzlichen Lebenserfahrungen. Sie war eine eigensinnige »Stadtpflanze«, er ein bäuerlicher Intellektueller, der einen einfachen Geschmack hatte. Sie kam aus Schanghai, der schillernden Stadt der Gier und des Amüsements. Er wurde im südlichen Landesinneren geboren und fühlte sich den Bauern und Soldaten verbunden. Sie liebte das Rampenlicht der Bühne, er war eher ein introvertierter Grübler und Denker, der die Gewohnheit hatte, sich zurückzuziehen und über Konzepten zu brüten.

Aber offensichtlich war es nicht nur der »Duft von Schanghai«, der Mao an »Grüner Fluss« reizte. In ihr fand er auch einen intellektuell gleichwertigen Gesprächspartner. Im Laufe der Zeit legte sie sich eine profunde marxistische Bildung zu. Und nachdem sie jahrelang in Maos Höhle ein Dasein im Verborgenen geführt hatte, wurde sie auch künstlerisch tätig, was ihr nicht untersagt war. Sie betätigte sich als Fotografin und schrieb für das Filmbüro der Propagandaabteilung des ZK Drehbücher.

In dieser Zeit musste sich »Grüner Fluss« daran gewöhnen, Mao mit anderen Frauen zu teilen. Ihr Held war alles andere als ein asketisch lebender Führer. Bereits während der Ehe mit ihrer Vorgängerin Ho Tsu-tschen hatte er sich für die Schauspielerin Lily Wu interessiert. Sie galt als sehr attraktiv und temperamentvoll. Ende der dreißiger Jahre begleitete sie eine amerikanische Journalistin nach Jenan. Mao besuchte die beiden Frauen in der Gästehöhle, trank Wein mit ihnen und begann mit Lily zu flirten. Als Ho Tsu-tschen von den Avancen erfuhr, soll sie Mao eine Riesenszene gemacht haben. Nach ihren Angaben stand die Ehe bereits damals auf der Kippe: »Wir zanken uns und haben ständig Streit. Er greift zum Tisch und ich zum Stuhl. Mit uns ist es aus, das weiß ich.«

Während »Grüner Fluss« weiterhin für Mao inkognito arbeitete, soll er längere Zeit eine enge Beziehung zu der Schriftstellerin Ting Ling unterhalten haben. Sie stammte wie er aus der Provinz Hunan und hatte in Peking studiert. Nach Ausbruch des Krieges war sie nach Jenan geflohen, wo sie als Redakteurin für die Parteizeitung »Befreiung« arbeitete. Nicht nur unter den Parteiintellektuellen genoss sie großes Ansehen. Auch Mao interessierte sich eine Zeit lang für die Feministin, die für die volle Gleichberechtigung der Frau eintrat. In seiner Höhle führte er lange Gespräche mit ihr. Später fiel sie jedoch in Ungnade und wurde aus Jenan verbannt.

Im März 1949 traf Mao mit seiner vierten Frau, einigen führenden Genossen und seinen Truppen in Peking ein und nahm die Stadt in Besitz, die sieben Jahrhunderte lang die Kaiser Chinas beherbergt hatte. Man taufte es das Jahr der Befreiung: Am 1. Oktober 1949 proklamierte der Große Vorsitzende am »Tor des Himmelspalastes« die »Chinesische Volksrepublik«. Er versprach jedem seiner Bürger Nahrung und Kleidung, Arbeit und Obdach; er wollte Ausbeutung, Kinderhandel, Sklaverei und die Unterdrückung der Frau abschaffen; und er wollte aus China eine Weltmacht formen.

Nicht nur für Millionen Chinesen war dies ein magischer Augenblick, auch für die Genossin Tschiang: Welten entfernt von dem Höhlenquartier in Jenan bezog sie eine Wohnung im ehemaligen Kaiserpalast in Peking mit hoch aufragenden Toren, Marmortreppen und kunstvoll geschnitzten Säulen.

Am Ende der letzten Kaiser-Dynastie Chinas, der Tsching, regierte hier Tzu-Hsi. Was hatten die Kaiserin und die Genossin gemeinsam? Zweifellos lassen sich gewisse Parallelen in ihren Biographien erkennen. Beide liebten die Schauspielerei und die Macht. Die Mandschu-Herrscherin ließ in ihrem Sommerplast eine Freilichtbühne bauen. Manchmal trat sie dort selbst in romantischen Rollen auf.

Weniger romantisch war die Rolle, die sie auf der politischen Bühne spielte. Die Historiker sind sich darin einig, dass die

Herrscherin des »himmlischen Reiches« ein skrupelloser Drache war. Als kaiserliche Konkubine wurde sie unter 60 Rivalinnen auserwählt und ließ alle Konkurrenten aus dem Weg räumen, bis sie selbst auf dem Drachenthron saß. Sie widersetzte sich liberalen Reformen und machte gemeinsame Sache mit den Boxern.

Die Mitglieder dieses Geheimbundes Yi-he quan (»Faust für Recht und Einigkeit«) bekämpften die Missionierung und die Industrialisierung, sie wollten die »westlichen Barbaren« aus China verjagen. In der Kaiserin-Witwe fanden sie eine Verbündete: Am 13. Juni 1900 setzte Tzu-hsi allen Europäern eine Frist, binnen einer Woche Peking zu verlassen. Sechs Tage später wurde der deutsche Diplomat Klemens Freiherr von Ketteler von Boxern ermordet. Darauf zogen sich alle Europäer in den europäischen Festungsteil der Stadt zurück.

Als die Boxer die Festung belagerten, sandten die Europäer eine internationale Strafexpedition nach China. Der deutsche Kaiser Wilhelm II. befahl seinen Truppen beim Auslaufen in Bremerhaven: »Führt eure Waffen so, dass auf tausend Jahre hinaus kein Chinese es mehr wagt, einen Deutschen scheel anzusehen.« Der Boxeraufstand wurde schnell niedergeschlagen und die Kaiserin musste alle Forderungen der Alliierten erfüllen. Das Boxer-Protokoll zwang die Chinesen zur Zahlung von 450 Millionen Silberdollar an die Siegermächte.

Ähnlich wie Kaiserin Tzu-hsi ging auch Genossin »Grüner Fluss« ihren eigenen Weg und feilte im Geheimen an ihrer politischen Karriere. Anfangs merkten das nur wenige. Als anonyme Lebensgefährtin Maos war sie den meisten Chinesen eine gänzlich unbekannte Person. Auch die Weltöffentlichkeit wusste nichts von ihr.

Aber Schritt für Schritt trat sie aus dem Hintergrund: Im Jahr des großen Sieges wurde sie Leiterin des Zentralen Filmbüros in der Propagandaabteilung der Kommunistischen Partei und ein Jahr später Mitglied des Filmbüros im Kultusministerium. Sie zensierte Drehbücher und begann in Maos Auftrag die klassische Form der Peking-Oper zu revolutionieren. In der traditionellen Oper stellten die Schauspieler Kaiser und Konkubinen, Götter und Feudalherren dar. Den Ton gab das klassische chinesische Streich- und Gong-Orchester an.

Die Opernreformerin ersetzte die Feudalherren durch proletarische Helden, Arbeiter, Bauern und Soldaten. Und statt Gongs und Trommeln wurden westliche Schlaginstrumente und auch das Klavier eingesetzt. Nachdem sie vier Modellopern wie die »Geschichte einer roten Signallaterne« und »Den Tigerberg durch Klugheit erobert« in Szene gesetzt hatte, nahm sie sich auch das Ballett vor: In »Die rote Frauenkompanie« und »Die Einnahme der Banditenfestung« marschierten nunmehr Balletttänzer im Stechschritt und mit roten Fahnen über die Bühne. Als US-Präsident Richard Nixon im Frühjahr 1972 China besuchte, kam er als einer der ersten westlichen Staatsgäste in den Genuss der Polit-Show.

Mit der Kulturrevolution, die im September 1965 begann, trat Tschiang dann vollständig hinter Maos Thron hervor. Die einst vom ZK-Komitee verordnete zwanzigjährige Klausur war abgelaufen. Am 18. August 1966 versammelten sich auf dem Platz des Himmlischen Friedens in Peking weit über eine Million jugendlicher Mao-Anhänger. Sie trugen blaue Anzüge mit unförmigen Hosen und Ballonmützen, an der Brust Sticker mit dem Konterfei des Vorsitzenden, in der Hand ein kleines rotes Buch, die Mao-Bibel.

Die Massenparade war der erste Höhepunkt einer Kampagne, die in den nächsten Jahren China radikal verändern sollte: Die »Große proletarische Kulturrevolution«. Zugleich war dieser Tag auch eine Sternstunde in der Karriere der Genossin Tschiang. Zum ersten Mal stand sie zusammen mit dem »Retter Chinas« und der Führungsspitze ganz oben auf der Tribüne.

Hintergrund von Maos zweiter Revolution: Nachdem er schon 1958 das Amt des Staatspräsidenten an Liu Schao-tschi verloren hatte, war er Mitte der sechziger Jahre zunehmend in Bedrängnis geraten und musste befürchten, entmachtet zu werden. Daraufhin entfesselte er eine Kampagne gegen »diejenigen Machthaber in der Partei, die den kapitalistischen Weg gehen«. Per Parteirundschreiben installierte er eine »Gruppe Kulturrevolution beim ZK«. Chef wurde Sekretär Tschen Po-ta, Vize die einfache Genossin »Grüner Fluss«.

Die Talente seiner Frau eiskalt in sein Kalkül ziehend, erteilte Mao ihr den Auftrag, die berüchtigte »Viererbande« zu gründen, zu der neben ihr Wang Hongwen, ein junger Arbeiter aus Schanghai, der Schriftsteller und spätere Vizepremier Zhang Chunqiao sowie der Journalist und Historiker Yao Wenyuan gehörten.

Bald überstürzten sich die Ereignisse: In Partei- und Armeezeitungen wurde zum Kampf gegen das »bürgerliche Denken« und die »Partei-Reaktionäre« aufgerufen, und in Universitäten prangerten Wandzeitungen die »Verfehlungen« der Funktionäre, Künstler und Intellektuellen an.

Auf Mammutkundgebungen peitschte Maos Frau die Roten Garden mit geschulter Bühnenstimme an und schickte sie auf den »langen Marsch« in die Provinzen, wo sie gegen die »alten Vier«, gegen alte Ideen, alte Kultur, alte Sitten und Gewohnheiten, kämpfen sollten:

»Die ältere Generation besteht durchweg aus erwachsenen Leuten, die von den Überresten der Vergangenheit und ihren Mängeln angesteckt sind. Selbst jene, die an der Revolution teilgenommen haben, sind im Luxus versunken und zerfallen kraftlos, fürchten den Klassenkampf, kennen die Gedanken Mao Tse-tungs nicht (…)

Hier aber seid ihr, die Jugend! Ihr seid in der Epoche Mao Tse-tungs groß geworden, frei von den Überresten des Alters, habt saubere Gehirne, seid nicht von bourgeoisen Gewohnheiten infiziert. Ihr seid einen Kopf größer als alle, die älter sind als ihr (...)

Seid kühn, stürmt, greift an, zerstört, vernichtet, organisiert, rebelliert. Die Gruppe beim ZK wird jede Initiative von euch unterstützen (...) Euch wird der Staat gehören, ergreift die Macht.«

Die Rebellion breitete sich wie ein Buschfeuer über das ganze Land aus. Rotgardisten verwüsteten Bibliotheken, Restaurants und Geschäfte. Sie schnitten jungen Mädchen die Zöpfe ab und trieben Intellektuelle ins Arbeitslager. Sie vertrieben Beamte aus ihren Büros, hängten »Abweichlern« diffamierende Etiketten um und stellten »Klassenfeinde« gefesselt zur Schau. Sie zerstörten auch unzählige einzigartige Schriften und kostbare Kunstgegenstände.

Ren Shimin, der seine Erlebnisse während der Kulturrevolution in dem Buch »Die Kinder des Drachen« verarbeitete, schreibt: »Ich war fast zwei Monate unterwegs (...) Menschen – ob unschuldig oder schuldig – wurden festgenommen und gedemütigt. Viele Leute hatten dann schon Zweifel an dem, was Mao vorhatte.«

Maos Frau hatte indessen keine Skrupel: Bei der werkgetreuen Umsetzung des Horrorstücks standen ihr Millionen »Kinder des Drachen« als Komparsen zur Verfügung. Ihre Regieanweisungen, die per Tonband in alle Provinzen gelangten, wurden wie Gesetze befolgt. So drückte sie dem Diffamierungsdrama ihren ganz persönlichen Stempel auf.

Obwohl Tschiang selbst einen ausschweifenden Lebensstil führte – mehrere Villen, Sonderflugzeug und Reitpferde – ließ sie frühere Schauspielkollegen verfolgen und auch die alten Männer des Regimes waren vor ihr nicht sicher. Der ehemalige Präsident Liu Schao-tschi wurde 1967 seiner Ämter enthoben, aus der Partei ausgeschlossen und ins Gefängnis geworfen.

Seiner Frau Wang Kuang-mei zogen Rotgardisten ein luxuriöses Schlitzkleid an und stellten sie vor 300 000 Jugendlichen an den Pranger. Der frühere Generalsekretär Deng Xiaoping wurde verbannt.

Bald war die »rote Kulturpäpstin« nicht nur die mächtigste, sondern auch die meistgehasste Frau im »Reich der Mitte«. Hunderttausende wurden in ihrem Namen verfolgt, gedemütigt und misshandelt. 34 000 Menschen kamen ums Leben.

Als nach zehn Jahren der Gewalt und der Rachsucht das Land im Chaos zu versinken drohte, zog Mao die Notbremse. Er pfiff seine radikale Frau zurück und befahl der Armee, die Roten Garden aufzulösen. Zwölf Millionen Rotgardisten wurden aus den Städten zur Landarbeit verbannt.

Ihr Idol Tschiang Tsching überstand die Wende ohne Schaden. Auf dem neunten Parteitag der Kommunistischen Partei wurde die Erzieherin und Zensorin der Nation als Mitglied ins Politbüro gewählt. Damit war sie die einzige Frau in diesem obersten Führungszirkel. Gleichzeitig erklärte der Parteitag die Kulturrevolution für beendet.

Während der Kulturrevolution hatte Mao seine Residenz nach Zhongnanhai verlegt. Hier empfing er US-Präsident Richard Nixon und viele andere ausländische Politiker. Er wohnte dort bis kurz vor seinem Tod und führte ein scheinbar abgeschiedenes Leben. Nach Angaben seines Leibarztes Zhi-Sui Li, der 21 Jahre fast täglich an Maos Seite war und intime Details aus dessen Leben kennen lernte, sah der »rote Kaiser« seine Frau in den letzten Jahren nur selten. Sie waren zerstritten und gingen sich privat aus dem Weg. Es gab schon lange keine gemeinsamen Fotos mehr. Er warf ihr vor, dass sie ein »machtgieriges Herz habe« und warnte sie: »Spiele nicht die Macht hinter dem Thron.«

Damals schrieb er ihr auch: »Heute trennen wir uns und betreten zwei verschiedene Welten. Mag jeder seinen Frieden finden.

Diese wenigen Worte sind vielleicht meine letzte Botschaft an dich. Das menschliche Leben ist begrenzt. Aber die Revolution kennt keine Grenzen. In dem Kampf der vergangenen zehn Jahre habe ich versucht, den Gipfel der Revolution zu erreichen, aber der Erfolg ist mir versagt geblieben. Du kannst den Gipfel erreichen. Wenn es dir nicht gelingt, wirst du in einen bodenlosen Abgrund stürzen. Dein Körper wird zerschmettert. Deine Knochen werden zerbrechen.«

Laut Dr. Li hatte Mao seit 14 Jahren eine Geliebte. Sie hieß Zhang Yufeng und diente als Stewardess in dem Sonderzug, mit dem der Vorsitzende gelegentlich durch China reiste. Sie und sein Leibarzt waren die einzigen Personen, die ungehinderten Zugang zu den Gemächern des Vorsitzenden hatten. Tschiang konnte ihren Gatten nur mit einer »Sondergenehmigung« besuchen, von der ehemaligen Zugkellnerin wurde sie von »oben herab« behandelt.

Maos Leibarzt räumte auch mit der Legende auf, dass der Vorsitzende ein »vereinsamter, asketisch lebender Mann« gewesen sei. Das Gegenteil war der Fall: Hinter den Mauern von Zhongnanhai waren Tanz-Partys und Tao-Sex nichts Ungewöhnliches. Einmal wöchentlich ließ Mao im großen »Lotos-Saal« die Puppen tanzen. Eine Band spielte westliche Musik (Foxtrott, Walzer und Tango), die eigentlich als »bürgerlich und dekadent« verpönt war. Und ein gutes Dutzend junger, attraktiver Frauen saß auf Stühlen entlang der Wände und wartete darauf, vom Vorsitzenden zum Tanz aufgefordert zu werden. Sie gehörten einer »Kulturgruppe« an, die eigens für Maos Unterhaltung zusammengestellt worden war.

Nach den Erinnerungen des Leibarztes dienten die jungen Frauen dem Vorsitzenden nicht nur als Tanzpartnerinnen, sondern auch als Bettgespielinnen. Eine speziell für Mao angefertigte Liege sei in dem Raum neben dem Ballsaal aufgestellt

worden. Im Lauf des Abends habe sich Mao dorthin zurück-
gezogen, um sich »auszuruhen«.

»Fast alle Mädchen stammten aus armen Bauernfamilien, die
ihr Überleben der Kommunistischen Partei verdankten«, berichtet Dr. Li. »Mao war ihr Retter, ihr Messias, und es war
das größte Ereignis ihres Lebens, in das Bett des Vorsitzenden
gerufen zu werden (...) Alle waren noch sehr jung – im Teen-
ageralter oder Anfang zwanzig und gewöhnlich nicht verheiratet. Wollten sie heiraten, brauchten sie Maos Erlaubnis.
Diese erteilte er erst, wenn er ihrer überdrüssig war.«

Selbst als er auf die siebzig zuging, war Mao nach Dr. Lis
Befund noch »gut in Form« und praktizierte Tao-Sex, um
sein Leben zu verlängern: »So behauptete er, er brauche ›Yin
shui‹ (das Wasser des Yin, nämlich die Vaginalsekrete), um
sein eigenes zur Neige gehendes Yang (seine männliche Sub-
stanz, die Quelle seiner Stärke, Macht und Langlebigkeit)
zu ergänzen. Da es wichtig war, Yang aufzubauen, durfte er
es nicht verschwenden. Deshalb ejakulierte er während des
Koitus nur selten und gewann seiner Meinung nach stattdessen
Kraft aus den Sekreten seiner Partnerinnen.«

Aus der Sicht von Dr. Li war Mao überzeugt, dass dazu häufiger Geschlechtsverkehr nötig sei: »Er ging am liebsten mit
mehreren Frauen gleichzeitig ins Bett. Mao machte es den
chinesischen Kaisern nach. Er nahm sich immer mehr und
immer jüngere Frauen, um sein Leben zu verlängern. Seine
Mätressen, die wie die Konkubinen am kaiserlichen Hof stets
auf eine Aufforderung aus den Gemächern des Herrschers
warteten, waren stolz darauf, dem Vorsitzenden zu dienen ...«

»Er ist in allem gut – einfach berauschend«, habe ihm
einmal eine der Mao-Konkubinen anvertraut, berichtet der
Mediziner in seinen Aufzeichnungen. Allerdings hätten sich
hinter dem Rücken des Vorsitzenden etliche seiner Gespielinnen auch mit jungen Leibgardisten vergnügt. Wurden sie

schwanger, habe es geheißen, dies sei das »Werk des Vorsitzenden«.

Auch wenn Mao im eigenen Sonderzug seine Provinzen inspizierte, amüsierte er sich im elegant eingerichteten Schlafwagen mit willigen Mädchen der »Kulturgruppe«. Schlief Mao ermattet ein, musste der Zug stehen bleiben, damit der Vorsitzende nicht durch Fahrgeräusche im Schlaf gestört wurde. Die gesamte Strecke war vorher von Sicherheitskräften abgeriegelt worden, Bahnhöfe mussten geräumt werden. Der Sonderzug war in der DDR angefertigt worden.

Glaubt man Dr. Li, dann führte der starke Mann Chinas die letzten zwanzig Jahre praktisch alle seine Amtsgeschäfte vom Schlafzimmer aus: »Er kleidete sich nur an, wenn es unbedingt sein musste, und verbrachte die meiste Zeit des Tages im Bett, nur in einen Morgenmantel gehüllt.«

Trotz Tao-Sex konnte auch Mao letztlich den Prozess des Alterns nicht aufhalten. Mit achtzig war ein rascher Kräfteverfall nicht mehr zu übersehen. Herz und Lunge waren durch seine Nikotinsucht geschädigt. Er hatte bereits mehrere Infarkte überlebt. Außerdem litt er laut dem Befund seines Leibarztes an Lateralsklerose, einer unheilbaren und letztlich tödlichen Krankheit, bei der allmählich die Nervenzellen des Knochenmarks und der Wirbelsäule absterben.

Seit dem letzten Herzinfarkt am 26. Juni 1976 waren ein 16-köpfiges Ärzteteam und 24 ausgewählte Krankenschwestern rund um die Uhr im Einsatz, um das Leben des Vorsitzenden zu retten. Mao galt bis dahin quasi als unsterblich. Dr. Li, der die letzten Stunden abrufbereit in einem Kämmerchen neben dem Krankenzimmer des Patienten verbrachte, erinnert sich: »Für einige hundert Millionen Untertanen war er weit mehr als der Kaiser von China, er war ein Gott. Seit fast zwei Jahrzehnten hatte sich der Wunsch, Mao möge zehntausend Jahre alt werden, zu einem Schlagwort entwickelt, an das viele

Chinesen wirklich glaubten. Selbst diejenigen, die an Maos Unsterblichkeit zweifelten, waren überzeugt, dass er länger leben würde als andere Menschen. Gerüchten zufolge war ein Zaubertrank entdeckt worden, der ihm ein langes Leben garantiert.«

Als der 9. September des Jahres 1976 anbrach, half auch kein »Zaubertrank« mehr. Mao hatte nur noch wenige Stunden zu leben. Sein Pulsschlag wurde immer schwächer. Er rang mühsam nach Luft und versuchte, die Lippen zu bewegen. Aber die Stimme gehorchte ihm nicht mehr. Er brachte nur ein mühsames »Ah … ah … ah« hervor.

Dr. Li musste Maos Privatsekretärin und Mätresse Zhang Yufeng zur Hilfe rufen. Sie war die Einzige, die den Schwerkranken verstehen konnte, und fungierte in seinen letzten Stunden als Dolmetscherin. Kurz vor Mitternacht injizierte der Mediziner zwar noch ein altes chinesisches Pflanzenpräparat, aber er konnte sehen, dass für den Patienten keine Hoffnung mehr bestand: »Das allen Chinesen so vertraute runde Gesicht war eingefallen, die Haut aschfahl. Seine Augen starrten ins Leere. Die Linie auf dem Elektrokardiographen flatterte.«

Umgehend wurden Maos Frau, die Genossin Tschiang Tsching, sowie die Mitglieder des Politbüros zusammengetrommelt und ins Sterbezimmer bestellt. »Tschiang fiel es sehr schwer zu akzeptieren, dass Mao wohl bald sterben würde«, erinnert sich Dr. Li. »Sie war hin- und hergerissen zwischen der Angst, nach Maos Tod abgeschoben zu werden, und der Hoffnung, die Mao-Nachfolge antreten zu können.«

Aus der Sicht des Arztes wirkte der Vorsitzende einen Moment lang zufrieden: »Auf seinen Wangen zeigten sich rötliche Flecken. Er atmete aus. Dann schloss er die Augen. Seine Rechte wurde schlaff und entglitt meiner Hand. Die Linie auf dem Elektrokardiographen wurde flach. Ich sah auf meine Uhr, um den genauen Todeszeitpunkt festzustellen. Es war 0.10 Uhr …«

Kaum hatte Mao die Augen für immer geschlossen, da warf Tschiang Tsching Dr. Li einen giftigen Blick zu: »Was haben Sie getan? Man wird Sie zur Rechenschaft ziehen.«

Für den Arzt kam die Anklage nicht überraschend: »Tschiang Tsching vermutete immer und überall Verschwörungen.« Nach seinen Angaben hatte sie ihn bereits bei einer früheren Gelegenheit beschuldigt, ein vergiftetes Medikament beschafft zu haben, um sie zu ermorden. Offenbar wollte sie ihn jetzt für den Tod des Vorsitzenden verantwortlich machen.

Aber Hua Kuo-feng, der nach Maos Tod schon bald Chinas Nummer eins werden sollte, griff schlichtend ein: »Wir waren die ganze Zeit hier. Die Genossen des Ärzteteams haben ihr Möglichstes getan.«

Da lenkte Maos Witwe ein: »Nun, Sie alle haben eine schwere Zeit hinter sich. Ich danke Ihnen vielmals.«

Der Tod des populären Herrschers löste unter der chinesischen Bevölkerung tiefe Trauer und Erschütterung aus. Dr. Li erhielt den Auftrag, Maos Leichnam für zwei Wochen zu konservieren, damit das Volk von seinem Führer Abschied nehmen könne. Ein Team von Konservierungsfachleuten machte sich sofort an die Arbeit. Insgesamt wurden 22 Liter Formaldehyd in Maos Körper gespritzt. Das Verfahren führte aber zu unerwünschten Nebenwirkungen. Der Tote schwoll enorm an. Um Maos Gesicht ein halbwegs unverfälschtes Aussehen zu geben, wurde ein Make-up aufgelegt. Damit der aufgedunsene Leichnam in einen Anzug passte, mussten Jacke und Hose auf der Rückseite aufgeschlitzt werden. Dann wurde der Tote in einem luftdicht verschlossenen Sarg aufgebahrt und zur Großen Halle des Volkes gebracht.

Bei der im Fernsehen übertragenen Trauerzeremonie legte Maos Frau einen Kranz nieder, auf dessen Schleife die Worte standen: »Deine Schülerin und Kampfgefährtin Tschiang Tsching.«

Hinter den Kulissen begann zwischen der selbstherrlichen Erzieherin aller Chinesen und dem neuen starken Mann Hua Kuo-feng der Machtkampf um Maos Nachfolge. Die Witwe und ihre Jünger zauderten offenbar, während ihre Gegner handelten: Nur 27 Tage nach Maos Tod wurde die ranghöchste Frau der Nation als »Rädelsführerin« der berüchtigten »Viererbande« verhaftet. Hua Kuo-feng, der neue Parteivorsitzende, hatte sie ausmanövriert.

Dem chinesischen Volk wurde erklärt: Mao habe das »Mandat des Himmels« auf dem Sterbebett an seinen Nachfolger übertragen. »Bildet keine Viererbande«, habe der »Große Steuermann« erklärt. »Wer das macht, wird straucheln (…) Tschiang Tsching hat ein machtgieriges Herz.«

So wie sie einst ihre Feinde verunglimpft hatte, wurde die Chefin der »Viererbande« jetzt auf Wandzeitungen als »Staats- und Parteifeindin« beschimpft und verdammt: »Hackt Tschiang Tsching in zehntausend Stücke.« Man warf ihr sexuelle Exzesse vor und verglich sie mit der verhassten Kaiserin Wu Tse-tien: Sie habe wie diese einen ähnlichen Personenkult betrieben und das Volk geknechtet.

Zunächst wurde Maos Kampfgefährtin aus der Partei ausgeschlossen, dann folgte 1980 der letzte Akt des Dramas: Ein zweimonatiger Schauprozess wegen Verbrechen während der Kulturrevolution. Tschiang stellte die ihr zur Last gelegten Taten als Folge ihrer engen Bindung zu Mao dar: »Ich war der Hund des Vorsitzenden Mao. Wen er zu beißen befahl, den biss ich.«

Dieser Hinweis auf die Befehlsgewalt Maos imponierte dem Tribunal nicht: Seine vierte und letzte Ehefrau wurde wegen Völkermord zum Tode verurteilt. Vor Gericht erklärte Tschiang, dass sie bereit sei, diesen »heldenhaften Tod« zu sterben. Doch die politische Führung in Peking überlegte es sich anders und wandelte die Todesstrafe in lebenslange Haft um. Offenbar wollte man ihr nicht die Gelegenheit geben, zur »Märtyrerin« aufzusteigen. Sie kam ins Qincheng-Gefängnis, eine Strafanstalt für politische Häftlinge in einem Pekinger Vorort. Dort wurde die ehemals mächtigste Frau Chinas dazu verdammt, Puppen zu nähen.

Sie musste dies als Gipfel der Verhöhnung empfinden. Vor allem musste sie lernen, dass sich die Welt nicht mehr für sie interessierte. Ihren Namen zu nennen war in der Öffentlichkeit tabu. Es schien, als habe sie niemals existiert. Erst im Dezember 1986 hörte man wieder von ihr. Sie war an Kehlkopfkrebs erkrankt und ins Militärhospital 301 verlegt worden. Danach kursierten Berichte über ihre Freilassung und dass sie im Haus ihrer Tochter in einem Pekinger Vorort lebe. Sofort folgte ein Dementi des chinesischen Innenministeriums: Sie befände sich immer noch in Haft.

Im Mai 1991 meldete das US-Magazine »Time«, dass die Chefin der Viererbande in ihrer Residenz in Peking Selbstmord verübt habe. Erst eine Woche später folgte die amtliche Bestätigung durch die chinesische Nachrichtenagentur Xinhua (»Neues China«): Maos Witwe war am 14. Mai 1991 gestorben. Jetzt erfuhr die Öffentlichkeit auch, dass sie bereits vor mehr als sieben Jahren aus der Haft entlassen worden war.

Armut, Glamour und Gewalt prägten ihren Weg. Durch ihre Ehe mit Mao hätte sie fast den Gipfel der absoluten Macht erklommen. Aber dann hatte sich die Prophezeiung des revolutionären Führers erfüllt: Die Herrscherin der Künste war in einen bodenlosen Abgrund gestürzt. Sie soll sich erhängt haben.

II. Die Stellvertreterin

Elena Ceausescu:
Die mächtigste Frau Rumäniens

»Warum tut ihr uns das an?
Ich war wie eine Mutter zu euch.«
Elena Ceausescu

»Die Frauen haben einen außerordentlich wertvollen Beitrag
in den politischen Kämpfen geleistet …«
Nicolae Ceausescu

Es war am Vormittag des 25. Dezember 1989, als ein Militärhubschrauber mit der Nummer 90 auf dem Appellplatz der Kaserne von Tirgoviste in der Nähe von Bukarest landete. Zunächst sprang Hauptmann Ionel Boeru, Fallschirmjäger der rumänischen Armee, mit entsicherter Waffe aus der offenen Luke. Dann folgte General Victor Stanculesu (Spitzname Victorchen). Er wurde bereits von Oberst Kemenici, dem Standortkommandanten, erwartet.

Der Oberst salutierte: »Willkommen, General.«

Der General fixierte den Offizier: »Wo sind die beiden?«

»Hier«, sagte Kemenici.

»Wo hier?«, fragte Stanculesu.

Der Oberst wies auf einen gepanzerten Geländewagen, der ganz in der Nähe vor den alten Militärgebäuden stand: »Da drin.«

»Wo hat man sie aufgegriffen?«

»In der Nähe von Tirgoviste.«

»Sie sollen von einem Sondergericht verurteilt und hingerichtet werden«, sagte der General. »Ich habe ein Erschießungskommando von drei Leuten rekrutiert. Das Gelingen der Revolution hängt davon ab. Haben Sie verstanden?«

»Jawohl«, sagte Kemenici.

Der General drehte sich Hauptmann Boeru zu: »Du wirst sie da rausholen, zur medizinischen Untersuchung führen und danach in den Verhandlungsraum bringen. Sie sind korrekt zu behandeln, äußere dich respektvoll.«

»Jawohl, General«, sagte Boeru.

Dann ging Boeru zu dem Panzerwagen und zog Nicolae Ceausescu aus der Luke. Der einst unberührbare und übermächtige rumänische Staats- und Parteichef, der jahrzehntelang sein

Volk schamlos ausgebeutet und durch die gefürchtete Geheimpolizei »Securitate« terrorisierte hatte, tat dem Hauptmann in
diesen Sekunden fast leid. Ceausescu blinzelte wie ein hilfloser
alter Mann ins Tageslicht, der seinen Augen nicht traut und
anscheinend nicht begriff, was mit ihm geschah. Er trug einen
pelzgefütterten Mantel und eine Persianermütze, die schief auf
seinem Kopf saß.

Dann folgte Elena, seine Frau und Stellvertreterin, erster Vizepremier des Landes und Präsidentin der Akademie der Wissenschaften. Sie gab sich bockig.

»Das ist eine Provokation«, fauchte sie.

»Seid still«, sagte ein Soldat.

»Bringt die beiden zum Arzt«, sagte General Victor Stanculescu.

»Wir dürfen keine Zeit verlieren.«

Der Militärarzt maß den Blutdruck des Diktators.

»170 zu 100«, sagte der Arzt knapp.

»Sonst ist er besser«, antwortete Ceausescu und starrte auf den
Blutdruckmesser.

Boeru konnte sich eine Antwort nicht verkneifen: »Ein so guter
Blutdruck für einen 71-Jährigen – und nicht einmal damit ist er
zufrieden.«

Dann war Elena an der Reihe. Widerwillig ließ sie die Prozedur
über sich ergehen. Anschließend wurde das Diktatorenehepaar
in den provisorischen Gerichtssaal geführt. Sie sollten in einem
Schnellverfahren verurteilt werden.

Nach Angaben von Gelu Voican-Voiculescu, dem Chef des
Tribunals, stand das Todesurteil schon vorher fest, es sollte
unanfechtbar sein und sofort vollstreckt werden: »Niemand
hatte dies ausgesprochen, aber wir alle hatten das verstanden
(…) Historisch war der Prozess unabwendbar. Ceausescu war
dazu verurteilt, aus der Geschichte herauszutreten, beseitigt
zu werden. Ein Hinauszögern des Prozesses hätte vermutlich
Hunderttausende von Opfern gefordert und vielleicht zu einem

Bürgerkrieg geführt (...) All dies war von der Dringlichkeit und Bedrohlichkeit der Lage bedingt. Wir rechneten damit, dass die Nachricht von ihrem Tode durch Vollstreckung des Urteils die Ceausescu-treuen Freischärler entmutigen würde. Wir wollten nur das Blutvergießen beenden und waren damit folglich daran interessiert, dass der Prozess von Tirgoviste so schnell wie möglich über die Bühne ging.«

Gegen 14 Uhr begann die kurze Verhandlung. Hauptmann Boeru bewachte die Angeklagten. Nicolae und Elena saßen wie erstarrt auf ihren Plätzen und schienen die Welt nicht mehr zu verstehen, als der Staatsanwalt die Anklagepunkte gegen sie vortrug und dabei die eingebildete Sprechweise des »Karpaten-genies« und der »Akademiepräsidentin« kopierte. Ein Kame-ramann zeichnete die peinlichen Szenen auf Videoband auf, von denen später Ausschnitte um die Welt gingen.

»In der Hauptsache ging es um den Genozid«, fasste Voican-Voiculescu in einem Rückblick die Anklagepunkte zusammen. »Also, um den Tatbestand der Vernichtung eines Volkes durch Waffengewalt oder durch einen anhaltenden Prozess der zunehmenden Verschlechterung seiner Lebensbedingungen, der medizinischen Versorgung und der Verknappung der Lebensmittel. Wir waren der Meinung, dass das rumänische Volk in den letzten Jahren der Ceausescu-Diktatur einer systematischen Vernichtung ausgesetzt war, was einem Genozid an der rumänischen Nation gleichkommt.«

Nach Aussagen der Prozessteilnehmer wirkten Nicolae und Elena während der Verhandlung völlig verwirrt, aber auch sehr hartnäckig und verbissen. Sie weigerten sich, das Gericht anzuerkennen und Fragen zu beantworten.

Elena zischte ihren Mann mehrmals von der Seite an: »Sag nichts.«

Der alte Tyrann rührte sich nicht, als das Gericht ihm befahl, aufzustehen. »Ich werde nicht Leuten antworten, die diesen

Staatsstreich organisiert haben«, sagte er. »Ich erkenne kein Gericht an außer der Großen Nationalversammlung (...) Ich werde keine Frage beantworten.«

Nicolae und Elena waren offenbar davon überzeugt, dass ausländische Mächte im Spiel waren, die den Putsch gegen sie organisiert hätten. Und sie glaubten bis zuletzt, dass das Volk für ihre Befreiung kämpfen würde.

Einen Monat zuvor hatten 3308 Rumänen den »heiß geliebten Sohn der Nation« auf einem KP-Kongress erneut zum Generalsekretär gewählt. Einstimmig. Und auch Elena war als seine Stellvertreterin gefeiert worden. Jetzt hielten die eigenen Generäle über den selbsternannten »Führer« und die »Landesmutter« Gericht.

»Der Prozess war natürlich kläglich«, sagte Voican-Voiculescu später in einem Interview. »Während der Verhandlung ging es drunter und drüber. Da war keinerlei Logik mehr vorhanden. Ich hatte von den Richtern verlangt, dass der Prozess nicht länger als eine Viertelstunde dauern sollte, da zu der Zeit in Bukarest immer noch Menschen von den Dächern aus erschossen wurden.«

Bis zuletzt hatten die Organisatoren des Tribunals Angst, dass einige Militäreinheiten sich Ceausescu wieder anschließen und den Prozess gewaltsam unterbrechen könnten. Die Richter fühlten sich nicht sicher, solange der »Conducator« (Führer) lebte. Seinem gefürchteten Geheimdienst gehörten 15 000 sehr gut ausgebildete Agenten an. Wenn sie gegen die Armee gekämpft hätten, wäre es zum Bürgerkrieg gekommen, fürchteten sie.

Nach der kurzen Verhandlung erklärte der Chef des Armeegerichts: »Ich schlage vor, die Angeklagten zu verurteilen: für den Missbrauch der Volksarmee, für die Vernichtung der Wirtschaft, für den Wunsch, durch die Vernichtung aller Reichtümer sich selbst einen Vorteil zu schaffen (...) Sie hatten alles, und das Volk hat gelitten.«

Das Urteil fiel einstimmig aus: Die Angeklagten wurden für schuldig befunden und zum Tode verurteilt. Voican-Voiculescu: »Wir waren alle sehr erleichtert.«

Der Diktator und seine Gattin waren fassungslos. »Ich hatte schreckliches Mitleid mit diesen hilflosen Alten, die sich völlig außerhalb der Realität befanden und nicht verstanden, was geschah«, berichtet Voican-Voiculescu. »Mir schien es, als ob wir zwei Marsmenschen verurteilen würden, die ihre Schuld gar nicht begreifen.«

Nach dem Urteil blieb Hauptmann Boeru für kurze Zeit allein mit den Verurteilten. Er war mit den Ceausescus fertig: »Mich bewegte nicht mehr, dass ich sie töten musste, sondern wie ich das schaffen würde.«

Die Hinrichtung sollte nach einem gewissen Ritual ablaufen. General Stanculescu befahl den Fallschirmspringern: »Ihr erschießt sie aus der Hüfte. Schnellfeuer. 30 Patronen jeder.«

Dann wandte sich der General an den Standortkommandanten: »Wo exekutieren wir die beiden?«

Kemenici zeigte auf eine Lagerhalle.

Der General lehnte ab. Diese Stelle war von einem gegenüberliegenden Wohnblock einzusehen. Stanculescu wies auf eine Wand neben dem Hauptgebäude: »Dort.« Dann befahl er die Verurteilten zu holen.

Soldaten gingen in den Raum, wo Nicolae und Elena wie erstarrt warteten. Beiden wurden die Hände auf den Rücken gefesselt. Ein Oberstleutnant befahl: »Einzeln abführen und erschießen.« Elena wehrte sich und flehte um Erbarmen. Nicolae widersetzte sich nicht, aber er begann zu weinen.

Die Soldaten geleiteten den gefesselten Despoten und seine Stellvertreterin hinaus, führten sie ein paar Meter durch den Hof und stellten sie nebeneinander an eine Mauer.

»Warum tut ihr uns das an?«, fragte Elena einen Soldaten des Hinrichtungskommandos. »Ich habe euch aufgezogen wie eine

Mutter«. Der Soldat antwortete: »Was für eine Mutter bist du gewesen, die du unsere Mütter umgebracht hast.«

»Schnellfeuer einstellen«, befahl der Hauptmann. »Laden! Entsichern …«

Während der Befehl über den Hof hallte, rief Ceausescu: »Es lebe die freie und unabhängige Sozialistische Republik Rumänien.«

Ohne den Schießbefehl abzuwarten, eröffnete das Hinrichtungskommando das Feuer. Der Hauptmann schoss vor Aufregung zuerst. Einer der Fallschirmjäger hatte vergessen, seine Waffe auf Schnellfeuer umzustellen. Er begann erst zu schießen, als das Herrscherpaar bereits zu Boden gefallen war.

Dann setzte ein wildes Geballere ein. Der Staatschef und seine Stellvertreterin wurden von Hunderten von Kugeln getroffen. Elenas letzte Worte waren: »Nicolae, man ermordet uns. In unserem Rumänien.«

»Unser Rumänien« – es hatte jahrzehntelang gestimmt. Jetzt war die »Diktatur der Vampire« vorbei. Fast ein Vierteljahrhundert erduldeten die Rumänen das Terror-Regime des stotternden Bauernsohns aus der tiefen Walachei und der ehemaligen Textilarbeiterin. Die Ceausescus hatten das Volk wie Vampire ausgesaugt und sich in einem einzigartigen Raubzug um Millionen bereichert. Er ließ sich gerne als »Titan unter Titanen« und »Genie der Karpaten« feiern. Sie war die Nummer zwei, eine selbst ernannte Chemieprofessorin, der die Formel für Wasser allerdings unbekannt war. Sie ließ vom Geheimdienst selbst ihre Kinder bespitzeln. Und sie plante sogar einen Putsch gegen ihren Mann, der ihr in den letzten Jahren fast die ganze Macht überließ. Ihr Name stand für Raffgier, absurden Personenkult und luziferischen Machtinstinkt.

Die Macht – und was sie aus einem Menschen machen kann:

Elena Ceausescus Leben ist ein Paradebeispiel dafür, zu welch paranoiden Auswüchsen Machtstreben führen kann.

Sie kam am 7. Januar 1916 in dem rumänischen Dorf Petresti als Lenuta Petrescu zur Welt. Es war eine glanzlose, erbärmliche Welt, heruntergekommene Häuser, eine schlammige Dorfstraße, scharrende Hühner, kläffende Dorfköter. Eine Welt, wo die Menschen meistens in ihren armseligen Hütten hungerten und froren. Elenas Vater war Kleinbauer und bewirtschaftete ein Stück Land, das er gepachtet hatte. Aber die kargen Ernteerträge reichten kaum zum Leben. So führte er außerdem noch einen kleinen Laden, wo er Taschenmesser und Kerzen verkaufte, um den Unterhalt der Familie zu gewährleisten.

Dass Elena eines Tages zur mächtigsten und reichsten Frau des Landes aufsteigen würde und ihren Dobermann namens Corbu mit teuren englischen Hundebiskuits füttern sollte, die eigens per Diplomatenpost nach Bukarest geschickt wurden, hätte wohl damals niemand in ihrem Dorf für möglich gehalten. Entgegen dem später offiziell verbreiteten Bild einer hochkarätigen Intellektuellen hat sie die Volksschule nur bis zur 4. Klasse besucht. Lediglich in den Fächern Stricken, Singen und Sport bekam sie gute Noten. Nichts deutete damals darauf hin, dass der Bauerntochter eine gloriose Karriere als »Königin der Arbeiter« bevorstand.

Wegen zu schwacher Leistungen musste sie die Schule vorzeitig abbrechen und wurde von ihren Eltern nach Bukarest geschickt, wo sie Arbeit in einer Textilfabrik fand. Dort kam sie in Kontakt mit der kommunistischen Bewegung.

Bis heute hält sich in Bukarest hartnäckig das Gerücht, dass Elena in den 30er Jahren auch Kontakt zu einer anderen Szene im »Paris des Ostens« hatte: dem Rotlichtmilieu. Sie sei eine »große Hure« gewesen, heißt es. Zweifellos war sie eine attraktive Frau und Bukarest eine lebenslustige Stadt, in der die käufliche Liebe blühte. Es herrschten ungezwungene Sitten und es war üblich, dass Männer sich eine Frau für eine Viertelstunde, eine Stunde oder Nacht wie ein Paket Zigaretten oder eine Zeitung kauften.

Als Nicolae im Frühling 1939 Elena auf einer Veranstaltung des Arbeiter-Kultur-Zirkels kennen lernte, verwendete sie den konspirativen Namen »Florina«. Sie war zwei Jahre älter als er und Mitglied im Komitee zur Organisation der kommunistischen Jugend. Nicolae war vom ersten Augenblick an von der jungen, attraktiven Frau gefesselt. Im Sommer 1939 wurde sie auf einem Parkfest zur Ballkönigin gewählt.

Da war Nicolae noch nicht der »Sohn der Sonne« und »Karpaten-Pharao«, wie ihn später seine Hofpoeten priesen. Und auch nicht der »Rote Vampir«, der »Dracula aus der Walachei«, wie ihn seine Gegner nannten, der sich regelmäßig Bluttransfusionen habe verabreichen lassen, für die Waisenkinder getötet wurden. Da war er ein eher schwächlicher, stotternder 21-jähriger Jungfunktionär, der sich an jedem R verschluckte und das X nur wie ein S aussprechen konnte. Er trug in Bukarest kommunistische Manifeste aus wie andere Burschen Zeitungen.

Wie Elena stammte auch Nicolae aus einer armen Bauernfamilie: Er kam am 26. Januar 1918 in dem Dorf Scornicesti in der so genannten Kleinen Walachei als drittes von zehn Kindern in einer stallartigen Kate zur Welt. Später, zu Zeiten seiner Herrschaft, ließ er diese Hütte weiß tünchen und mit alten Bauernstilmöbeln zum Nobelmuseum ausstatten. Nach seinem Tod verkam die Geburtsstätte. Heute erinnert an der Wand nur noch ein vergilbtes Foto an den Tyrannen, das ihn beim Begräbnis seines Vaters Andruta zeigt.

Der alte Ceausescu entstammte einer Bauernfamilie, die etwa seit 100 Jahren in dem Dorf lebte. Er besaß drei Hektar Land, ein paar Schafe, Kühe und Rinder. Aber der Sinn stand ihm nicht nach geregelter Arbeit. Die meiste Zeit verbrachte er in der Dorfkneipe, wo er am liebsten billigen »Tuica« trank, das hochprozentige rumänische Nationalgetränk. Die eigenen Kinder interessierten ihn wenig. Obwohl er in Scornicesti nicht sonderlich beliebt war, hat man ihn in der Dorfkirche mitten unter den Heiligen in einer Wandmalerei verewigt. Nach dem Sturz seines Sohnes wurde sein Gesicht allerdings von den Kirchgängern zerkratzt.

Andruta hatte den knapp elf Jahre alten schwächlichen Nicolae nach der Volksschule mit einigen seiner Brüder nach Bukarest geschickt. Er konnte seine Söhne einfach nicht länger ernähren. Nicolae ging bei einem Schuster in die Lehre und schloss sich 1932 der Arbeiter- und Gewerkschaftsbewegung an.

Bald trat er der verbotenen Rumänischen Kommunistischen Partei (RKP) bei und wurde mehrfach wegen illegaler Partei-arbeit verhaftet. 1936 landete der »Outlaw« schließlich für zwei Jahre hinter Gitter. Im berüchtigten Doftana-Gefängnis lernte er den Gewerkschafter Gheorghe Gheorghiu-Dej ken-nen, den späteren Staats- und KP-Chef Rumäniens.

Es entwickelte sich eine enge Freundschaft, die Anlass für Gerüchte über eine homosexuelle Beziehung war. Beweise wur-den nicht gefunden. Allerdings sollte Dej seinen Schützling Ceausescu ein Leben lang protegieren und ihn schließlich auch zu seinem Nachfolger machen.

Zwei Tage nach Dejs Tod am 20. März 1965 beerbte Ceau-sescu seinen Ziehvater und wurde Erster Sekretär des rumäni-schen Politbüros. Von diesem Zeitpunkt begann er mit großem Geschick seine Macht auszubauen: Zunächst sicherte er sich das Amt des Generalsekretärs der KP Rumäniens, dann über-nahm er 1967 auch das Amt des Staatsratsvorsitzenden. Damit war er der mächtigste Mann im Staat und begann jetzt mit Hilfe des Geheimdienstes, der Streitkräfte und der Justiz jede Opposition auszuschalten.

Elena verdankte den Aufstieg an die Schalthebel der Macht zweifellos ihrer Ehe mit dem Parteichef. Sie heirateten im

Frühjahr 1945. Auf Wunsch ihres Mannes änderte sie ihren Namen. Aus Lenuta Petrescu wurde Elena Ceausescu. Außerdem korrigierte sie ihr Alter. Sie wollte jünger sein als er. Aus ihrem Geburtsjahr 1916 wurde 1919. Und sie wollte Karriere machen, eine anerkannte Dame der Gesellschaft werden.

Zunächst war ihr Einfluss noch gering. Sie arbeitete als Laborantin in einem Chemielabor. Dann absolvierte sie ein Fernstudium am Polytechnischen Institut in Bukarest. Dank wohlwollender Protektion schloss sie das Studium mit dem Diplom als Chemieingenieurin ab. Daneben widmete sie sich ihren Kindern: den Söhnen, Valentin und Nicu, sowie der Tochter, Zoia. Gerüchte, dass Valentin und Zoia einer außerehelichen Beziehung entstammten, waren kein Hinderungsgrund für Elenas rasanten Aufstieg in höchste Partei- und Staatsämter. Zunächst wurde sie Mitglied des Exekutivkomitees des Zentralkomitees der RKP. Ab 1979 kontrollierte sie als Vorsitzende der Kommission für Partei- und Staatskader des ZK sämtliche Beförderungen und personellen Umbesetzungen in Staat und Partei. Ein Jahr später wurde sie darüber hinaus die erste der drei Stellvertreter des »Conducator«. Er hatte sie auch dazu auserwählt, ihn im Falle seines Todes politisch zu beerben.

Sie war damit die einzige Frau eines kommunistischen Diktators in einer derart herausragenden politischen Position. Ihr Büro befand sich im Gebäude des Zentralkomitees der RKP. Von hier aus konnte sie jetzt ihre starken Machtgelüste befriedigen und wie eine absolutistische Fürstin schalten und walten. Für manchen politischen Beobachter in Bukarest war Elena der »böse Geist« Ceausescus, eine Art »weiblicher Rasputin«. Ceausescu-Biograph Tomas Kunze: »Keine hatte in der zweiten Hälfte seines Lebens einen so starken, prägenden und verheerenden Einfluss auf die politischen Entscheidungen von Nicolae Ceausescu wie Elena Ceausescu, die frühere Lenuta Petrescu.«

Durch scheinbare Liberalität und Weltoffenheit, Wohnungs-bauprogramme und Anhebung des Lebensstandards konnten Nicolae und Elena zunächst im eigenen Land sowie im Ausland Sympathien sammeln. Das Herrscherpaar wollte aus dem Bauernland Rumänien einen Industriestaat machen. Als der Schusterlehrling 1968 den Einmarsch der Warschauer-Pakt-Truppen in Prag verurteilte, wurde er zum Liebling der Weltöffentlichkeit und von vielen westlichen Präsidenten und Staatsoberhäuptern hofiert. Sie sahen in ihm das »trojanische Pferd« (de Gaulle) des Kommunismus, den »Maulwurf«, der den Ostblock aufweicht. Ein solcher Mann wurde gern empfangen und mit Auszeichnungen und Krediten überhäuft. De Gaulle verlieh ihm das Großkreuz der Ehrenlegion. Und auch Elena kam nicht zu kurz und erhielt im Ausland zahlreiche Ehrendoktorate. Richard Nixon schenkte ihnen einen schwarzen Buick Electra sowie ein goldenes Löffelbesteck von Tiffany. Spätestens jetzt konnte sich die ehemalige Textilarbeiterin aus Petresti als First Lady fühlen.

Heute sind sich die meisten Historiker einig: Ceausescus antisowjetischer Poker war kühl kalkuliert. In Wirklichkeit waren er und seine Stellvertreterin an ganz anderen Geschäften interessiert. Bereits lange vor Elenas Fall sahen viele Rumänen in ihr die »Mafiafrau« des »Roten Paten«. Auf sie konnte er sich verlassen. Sie beriet und unterstützte ihn bei den illegalen Geschäften seiner »Mafia financiara«. So landeten Millionen aus dem Staatshaushalt bei der Familie. Schließlich sorgte Elena auch dafür, dass ihre Kinder mit Posten in Partei, Staat und Militär versorgt wurden. Ihr Sohn Nicolae (»Nicu«) war Parteichef in Hermannstadt, seine Frau Poljana leitete die »Jungen Pioniere«.

Dem Diktatorenpaar war kein Geschäft zu schmutzig: Weder die Industrie- und Rüstungsspionage noch der Handel mit Drogen und radioaktiven Abfällen, weder die Unterstützung des Terrorismus noch der Ausverkauf deutschstämmiger Staatsbürger und jüdischer Rumänen. Deutsche und Juden waren Ceausescus lohnendste Exportartikel. Gegen ein hohes Kopfgeld ließ er sie in die Bundesrepublik auswandern: 213 242 zwischen 1969 und 1989. Dafür soll er die gewaltige Summe von 1,3 Milliarden DM kassiert haben. Ein »Schwein« sei Ceausescu gewesen, sagte Altbundeskanzler Helmut Schmidt in der »Welt«.

Unbestritten ist: Der »Gauner« (Breschnjew) und seine Stellvertreterin bedienten sich aus der Kopfgeldkasse ohne die geringsten Hemmungen. Er kaufte seiner Frau Goldschmuck und Juwelen, Nerzmäntel und mit Diamanten besetzte Schuhe sowie kostbares Porzellan und Vasen. Für die Altersvorsorge wurde 1971 ein geheimes privates Konto eingerichtet, Bezeichnung »TA«, dahinter folgte im Kürzel die Jahreszahl.

Nach Angaben des in den siebziger Jahren übergelaufenen Securitate-Chefs, Ion Pacepa, lagen auf »TA-78« im Jahr 1978 400 Millionen Dollar. Verbraucht hätten Nicolae und Elena in dieser Zeit »nur« vier Millionen. Laut Pacepa kam das Geld größtenteils aus dem »Verkauf« von Juden und Deutschen. Je nach »Marktwert« der betroffenen Person kassierten die Ceausescus für ein Ausreisevisum zwischen 2000 und 50 000, manchmal gar 250 000 Dollar. Laut Pacepa ging 1974 bei einer Transaktion auf dem Züricher Flughafen ein israelischer Geldkoffer verloren. Einige Tage später wurde er gefunden. Inhalt: Mehr als eine Million Dollar.

Weitere Millionen, die auf den Konten der Familie Ceausescu landeten, kamen nach Recherchen der »Washington Post« aus der Rüstungsspionage. Zahlreiche rumänische Agenten spionierten zunächst im Westen für Moskau, dann im Osten für die USA. Ceausescus Brüder Ilie, damals Vizeverteidigungsminister, und Ion, Staatssekretär mit Zuständigkeit für den Wirtschaftsplan, sollen dem amerikanischen Geheimdienst

CIA geheime Informationen über sowjetische Waffensysteme verkauft haben. 20 Prozent der CIA-Honorare seien als »Provision« auf ihre Schweizer Geheimkonten geflossen.

Während sich Nicolae Ceausescu öffentlich damit brüstete, sein Leben sei dem Weltproletariat gewidmet, verfiel er insgeheim immer mehr der Arroganz der Macht. Und seine herrschsüchtige Frau bestärkte ihn in seiner Selbstherrlichkeit, seiner unerträglichen Verschwendungssucht und Gigantomanie. Der Diktator war besessen von der Idee, aus Bukarest eine Kapitale der Superlative zu machen. Für sein kafkaeskes Utopia, das »Haus des Volks«, ließ er ganze Stadtviertel abreißen. 40 000 Menschen mussten ihre Häuser verlassen, wertvolle Baudenkmäler und 17 Kirchen fielen den größenwahnsinnigen Plänen zum Opfer. Insgesamt ein Drittel der Altstadt, sieben Quadratkilometer, wurde dem Erdboden gleichgemacht. Zu Friedenszeiten wurde wahrscheinlich keine andere Stadt von menschlicher Hand derart zerstört wie Bukarest.

Der monströse Palast des »Conducator« wurde in der Rekordzeit von fünf Jahren hochgezogen und soll zwei Milliarden Dollar gekostet haben. Zehntausende von Arbeitern wurden zwangsverpflichtet und das Baumaterial aus dem ganzen Land herangekarrt. Der Protzbau ist nicht nur das größte Regierungsgebäude des Ostblocks, sondern mit einer Grundfläche von 245 mal 270 Metern nach dem Pentagon sogar das zweitgrößte der Welt: Mit 7000 Räumen, mit Säulen und goldverbrämten Korridoren, einige fast so groß wie ein Fußballfeld, und dem schwersten Teppich der Welt mit angeblich 43 Tonnen Gewicht.

Während für das rumänische Volk billige Plattenbauten aus dem Boden gestampft wurden, zum Teil ohne Toiletten und fließend Wasser, standen dem Genossen Nicolae und der Genossin Elena 41 Villen, 22 Jagdschlösser und 21 Paläste zur Verfügung. Die Einrichtung in ihrem Palast im Norden

Bukarests war teuer, aber kitschig: Baldachine über den Betten, Kristallüster an den Decken, wertvolle Perserteppiche, schwere Eichenholzmöbel, Gemälde mit röhrenden Hirschen, goldene Wasserhähne in den Bädern, ein luxuriöser Swimmingpool. Selbst ein Bunker fehlte nicht.

In der Residenz herrschte Elena wie ein Feldwebel. »Wir hatten eine beinahe tierische Angst, nichts falsch zu machen bzw. nicht in den Verdacht zu geraten, etwas falsch gemacht zu haben«, berichtet der Koch Adam Vasile. »Im Palast Primavara stand das gesamte Dienstpersonal (…) unter permanenten Verdächtigungen und Terror.«

Nicolae und Elena hatten eine panische Angst davor, vergiftet zu werden. Die Mahlzeiten mussten von einem Vorkoster getestet werden. Auf Auslandsreisen wurden alle Nahrungsmittel in versiegelten Containern mitgenommen. Strenge Regeln galten auch für Kleidungsstücke. Aus Furcht, sie könnten mit Gift präpariert sein, wechselte das Herrscherpaar häufig die Bekleidung. So hielten sie es auch mit der Bettwäsche. Einmal getragene Sachen wurden in unregelmäßigen Abständen verbrannt.

Ein besonderes Vergnügen bereitete Elena indessen das Ausspionieren von Genossen der Nomenklatur. Sie ließ sie mit versteckten Kameras und Mikrofonen überwachen. Geheimdienstchef Pacepa musste ihr jeden Freitagmorgen über die Lauschangriffe Bericht erstatten. Nach seinen Angaben interessierte sich Elena vor allem für das süße Leben der Spitzenfunktionäre und ihre diversen Liebesaffären. Der Geheimdienst hatte auch eine Kamera im Haus des ZK-Sekretärs für internationale Beziehungen, Stefan Andrei, installiert. Der war mit einer Schauspielerin verheiratet, die eine Schwäche für junge Männer hatte. Elenas erster Kommentar: »Die Partei gab ihr eine ihrer Spitzen zum Ehemann, aber sie hebt ihren Rock für jeden Tarzan.« Später fand sie aber Gefallen an den Filmszenen und konnte nicht genug bekommen.

Derweil frönte ihr Mann einem anderen Hobby, der Jagd. Er ließ Hunderte von Kilometern Waldwege anlegen, die zu beheizten Hochsitzen mit mehreren Räumen führten. Dies war ein Komfort, von dem sein Volk nur träumen konnte. Denn »mangels finanzieller Mittel« ließ der Diktator im Winter in den Fernwärmezentralen der Städte den Gashahn zudrehen. Derweil vergnügte er sich auf der Jagd, süchtig nach Spitzentrophäen, immer größeren Bärenfellen und immer kapitaleren Hirschgeweihen. An manchen Tagen erlegte der »Schlächter« bis zu 24 Bären. Vasile Crisan, ein ehemaliger Beamter aus dem Forstministerium, berichtete von regelrechten Massentötungen, bei denen Tausende von Gemsen von einer Seilbahn aus abgeschossen wurden.

Bizarre Blüten trieb auch der Personenkult des größenwahnsinnigen Machthabers und seiner exzentrischen Frau. Er trat bei offiziellen Anlässen mit einem goldenen Zepter auf, sie ergötzte sich daran, dass Hofmaler sie im Stil von Madonnenbildnissen verewigten. Er ließ sich jedes Jahr zum Geburtstag in Lyrikbänden als »Jupiter der Karpaten« und »Prinz Zauber« feiern, sie wurde bei gleichen Anlässen als »Heldin des Landes« bejubelt. 1984 schrieb das Parteiorgan »Scînteai«: »Du, die lobenswerte Frau, hoch oben dort (...) auf dem Gipfel Deiner Arbeit Jahre: Bleib, wo Du bist! Blüh weiter auf, an der Seite des Goldenen Mannes der Karpaten.«

Aber die »lobenswerte Frau« strebte nach noch höheren Weihen. Sie wollte auch als große Wissenschaftlerin anerkannt werden. Ein Dr.-Ing. reichte ihr nicht. Sie wollte gleich eine ganze Kollektion von Talaren, Titeln und Doktorhüten besitzen. Aber wie konnte sie dies erreichen? Die Quasi-Analphabetin wusste sich zu helfen. Rumänische Chemiker durften ihre Publikationen schließlich nur noch unter Elenas Namen veröffentlichen. Vor Auslandsreisen mussten ihre Mitarbeiter Universitäten ausfindig machen, die bereit waren, der ehemaligen

Chemielaborantin für ihre »wissenschaftlichen Leistungen« eine Ehrendoktorwürde zu verleihen. Das Märchen von der großen Wissenschaftlerin ging um die halbe Welt, die unter ihrem Namen veröffentlichten wissenschaftlichen Arbeiten wurden in fast alle Sprachen übersetzt. Elena wurde Ehrenmitglied in zahlreichen Gremien und mehrmals zum Ehrendoktor ernannt.

Wie hemmungslos Nicolae und Elena waren, dokumentiert auch ein anderer Vorfall. Bei einem Staatsbesuch in Frankreich hielten sie das Gästehaus der Regierung offenbar für einen Selbstbedienungsladen. Jedenfalls ließen sie verschiedene wertvolle Antiquitäten mitgehen. Daraufhin warnte die französische Regierung London, wo das Herrscherpaar anschließend erwartet wurde. Die Engländer wussten sich zu helfen: In aller Eile brachten sie sämtliche Antiquitäten aus der Gästewohnung in Sicherheit und richteten die Herberge mit Billigwaren aus dem Kaufhaus ein.

Während die kleptomanischen Züge des Herrscherpaares immer bizarrere Züge annahmen, taumelte Rumänien auf den Abgrund zu. An allem herrschte chronischer Mangel: Geld, Nahrungsmittel, Medikamente. Die Jagd auf Essen wurde zur Überlebensfrage. 1982 beliefen sich die rumänischen Auslandsschulden auf ca. 13 Milliarden Dollar. Im Land des selbsternannten »Erbauers von allem, was gut und gerecht ist« gingen im Winter 1986/87 buchstäblich die Lichter aus. Die Temperaturen in den Wohnungen betrugen maximal 12 Grad. Busse und Straßenbahnen fuhren kaum noch. Der Autoverkehr wurde in den Wintermonaten verboten. Wegen Energiemangel mussten viele Betriebe schließen. Ceausescu-Biograph Kunze: »Ein ganzes Volk ging in Mänteln und Mützen ins Bett.«

Ende 1989, wenige Wochen nach dem Fall der Berliner Mauer, hatte auch das verzweifelte rumänische Volk genug von der Misswirtschaft und dem faulen Zauber des »Zauberprinzen«

und seinem »bösen Geist«. Doch Kritik und Widerstand an dem Herrscherpaar wurden zunächst von den Sicherheitskräften der »Securitate« brutal niedergeschlagen.

Am Morgen des 15. Dezember 1989 versammelten sich in Temesvar Hunderte von Demonstranten vor dem Haus des protestantischen Pastors Laszlo Tökés. Er hatte in seinen Predigten den Diktator kritisiert. In den nächsten Tagen demonstrierten Zehntausende. Sie skandierten: »Wir sind das Volk, nieder mit Ceausescu.« Panzer der Armee und der »Securitate« fuhren auf, Dutzende von Demonstranten wurden verhaftet. Am 17. Dezember fielen Schüsse, es gab Verletzte und die ersten Toten.

Nach den Todesschüssen war in Rumänien nichts mehr, wie es war. Tagelang blieb die Situation verworren. Uniformierte kontrollierten die Straßen. Aber immer wieder kam es zu neuen Zwischenfällen und Schusswechseln. Dann verbreitete sich das Gerücht, die Armee habe sich auf die Seite der Demonstranten und gegen den Geheimdienst »Securitate« gestellt. Die Protestwelle begann sich im ganzen Land auszubreiten. Am 20. Dezember erreichte sie die Hauptstadt Bukarest.

Ceausescu sprach in einer Fernsehansprache von einer »Bande von Hooligans« im Dienste des Auslandes, die man in die Schranken weisen müsse. Er ließ die Landesgrenzen sperren. Ausländische Beobachter sollten fernbleiben. Für seine Anhänger organisierte er eine Massenshow auf dem Platz vor dem ZK-Gebäude. Aber außer den Jubeltrupps kamen auch Tausende Unzufriedene. Sie trugen Landesflaggen, aus denen das sozialistische Wappen herausgeschnitten war, sowie Transparente (»Nieder mit Ceausescu«), an denen auch Schuhe baumelten, eine Anspielung darauf, dass der Diktator in seiner Jugend Schusterlehrling gewesen war. Als der Staatschef auf den Balkon trat und das Wort ergriff, wurde er ausgepfiffen. Der allmächtige »Conducator« starrte ungläubig auf die

Menge. Seine Gattin bewies in dieser Situation, dass sie die besseren Nerven hatte.

»Nicolae, schlag irgendwas vor«, flüsterte Elena.

Ceausescu versuchte ein letztes Mal zu pokern: Er bot der Menge 100 Leu (sieben Dollar) mehr Lohn und 1000 Leu für werdende Mütter.

Aber er konnte das Volk nicht länger täuschen. Tausende skandierten: »Nieder mit Ceausescu.« Mit verzerrtem Gesicht verließ der Diktator den Balkon. Dann brach die Fernsehübertragung ab. Aus 22 Millionen treuen Untertanen des »Genius der Karpaten« waren 22 Millionen Revolutionäre geworden. Gegen 16 Uhr wurde scharf geschossen.

Am 22. Dezember hob sich der Vorhang zum letzten Akt des Dramas: Bereits am Morgen waren Arbeitermassen zum ZK-Gebäude gezogen, wo das Ehepaar Ceausescu die Nacht verbracht hatte. Stellenweise kam es auf den Straßen zwischen Armeeeinheiten und den Aufständischen zu Verbrüderungsszenen. Die Demonstranten jubelten: »Armata e cu noi« – »die Armee ist mit uns«.

Um 11.30 Uhr trat Ceausescu ein letztes Mal auf den Balkon des ZK-Gebäudes. Wieder wurde er mit Buhrufen und einem wilden Pfeifkonzert begrüßt. Er sah, dass seine Armee die Menge nicht mehr in Schach halten konnte, seine Macht war gebrochen. Verstört zog er sich in das Gebäude zurück. General Stanculescu empfahl dem Ehepaar Ceausescu, sich mit dem Präsidenten-Hubschrauber in Sicherheit zu bringen.

Als die ersten Demonstranten in das Parteigebäude eindrangen, entschwanden der »Sohn der Sonne« und seine Frau vom Dach des Parteipalastes. Die Flüchtenden wurden von zwei Leibwächtern der »Securitate« sowie zwei Mitgliedern des Politischen Exekutivkomitees begleitet. Da inzwischen der Luftraum gesperrt worden war, mussten sie bereits nach wenigen Minuten an der Nationalstraße 7 in der Nähe der Ortschaft Titu landen. Von dort versuchten sie zunächst mit dem Auto eines Arztes und dann mit dem Wagen eines Arbeiters zu entkommen. Die Irrfahrt endete in Targoviste, wo Nicolae und Elena in einer Fabrik untertauchten.

Inzwischen war eine Großfahndung nach ihnen angelaufen. Schließlich wurden sie von zwei Miliz-Unteroffizieren aufgespürt und der Armee übergeben. Als sie am Nachmittag des ersten Weihnachtstages vor laufenden Kameras erschossen wurden, spielte Radio Bukarest das Lied der Revolution von 1848: »Erwache, Rumänien, aus dem Todesschlaf.«

Die beiden Leichen wurden in Zeltplanen eingewickelt und mit einem Hubschrauber nach Bukarest geflogen. Eine Nacht lang ließ man die Toten im Stadion des Fußballclubs »Steaua« unter freiem Himmel liegen. Die Leichenstarre war noch nicht eingetreten, da schrieb Ceausescus einstiger »Hofdichter« Adrian Paunescu: »Schaut ihn euch an, dieses unmenschliche Gesicht mit seinem altsteinzeitlichen Kiefer. Diesen Analphabeten, der uns alles lehren will wie eine lispelnde Schlange.«

Der Film vom Prozess und der Exekution des Herrscherpaares wurde am 27. Dezember im Fernsehen gezeigt und ging um die Welt. Jetzt gab es für das gebeutelte Volk kein Halten mehr. Landauf, landab wurden die Residenzen und Jagdschlösser des Parteichefs und seiner Gattin gestürmt und geplündert. Aber Soldaten der neuen Machthaber beendeten den »Spaß«. Der Nachlass des toten Herrschers und seiner Gattin wurde dem Staat zugesprochen.

Jetzt erst wurde der sagenhafte Luxus und Reichtum des Diktators bekannt, der in 71 Lebensjahren nie eigenes Geld verdiente und dennoch als einer der reichsten Männer der Welt galt. Im Prozess waren er und seine Frau beschuldigt worden, eine Milliarde Dollar außer Landes gebracht zu haben.

Seitdem haben verschiedene Untersuchungsausschüsse versucht, den Verbleib des Geldes zu klären. Von illegalen Schweizer und amerikanischen Konten war die Rede. Das Geheimnis konnte bis heute nicht geklärt werden.

Mehr Erfolg hatten die Nachlassverwalter beim Registrieren des beweglichen Eigentums des Ehepaares, darunter ein Rolls-Royce sowie eine Luxusjacht, die im Schwarzmeerhafen Mangalia lag und nie benutzt worden ist. Knapp 15 000 Objekte wurden in sechs Lagerräumen des Nationalmuseums deponiert. Experten schätzten ihren Wert auf 40 Millionen Dollar. Einige besonders kostbare Stücke verschwanden allerdings spurlos. So des Diktators goldenes und mit Edelsteinen verziertes Zepter.

Im Sommer 1999 wurde im Haus des toten Herrschers und seiner Stellvertreterin unter Schirmherrschaft der rumänischen Regierung der Ceausescu-Nachlass versteigert: Eine bizarre Kollektion, vom Leopardenmantel des Diktators bis zu den mit Diamanten besetzten Schuhen seiner Ehefrau. Fast alles, was einst dem Volkseigentum entzogen wurde, kam unter den Hammer, auch 1150 Flaschen Alkoholika, darunter ein besonders edler Tropfen aus dem Jahr 1918. Anderes war zwar auch vorhanden, wurde aber aus Gründen des guten Geschmacks nicht versteigert. Aus den Unterhosen des Diktators und den Dessous seiner Gattin wollte man kein Kapital schlagen.

Was tun mit Stücken, für die es wenig Kaufinteressenten gab? Circa 875 gebrauchte Sachen – Schuhe, Sandalen, Stiefel, Damenkostüme, Herrenanzüge, Sakkos, Oberhemden, Krawatten, Pullover, Schals, Unterhemden und Mützen – wurden an Altenheime verteilt.

Später kurbelte man in Rumänien ein skurriles Geschäft mit dem toten Diktator und seiner Stellvertreterin an: Nostalgiefahrten für Touristen ins Reich der Roten Gespenster. Besucher konnten erleben, welcher Luxus dem Genossen Nicolae und der Genossin Elena zu ihren Lebzeiten zur Verfügung stand. Man holte die Gäste mit dem Buick des toten Herrschers am

Fluglatz ab, dann gab es einen »Staatsempfang« mit rotem Teppich. Anschließend ging es zur Ceausescu-Villa und zum einstigen Renommierpalast des Volkes. Später folgten Ausflüge zu den Jagdschlössern und Jagdpartien im Wald von Scrovistea. In kleinen Souvenirläden wurden Objekte aller Art aus dem Besitz des Ehepaares Ceausescu angeboten.

Zeitgeschichte als Nostalgieausflug?

Ein ehemaliger Aufseher: »Leider gibt es über Nicolae und Elena nichts Gutes zu sagen. Sie waren die größten Profiteure.«

Der einst geliebte »Führer« und seine Stellvertreterin wurden unter strengster Geheimhaltung auf dem Friedhof Ghencea beerdigt. Eine gemeinsame Ruhestätte hat man ihnen nicht gestattet. Ihre Gräber sind durch einen Weg getrennt.

III. Die Domina

Mira Markovic:
Miloševics Ehefrau

»Ich finde ihn immer noch süß und liebenswert.
Was kann ich sagen? Er ist mein Held.«
Mira Markovic

»Die mächtigste Frau in der serbischen Geschichte.«
Slavo Djukic

Sie war gekommen, um ihrem »Slobo« zum 60. Geburtstag zu gratulieren. Im Gepäck hatte sie zahlreiche Geschenke: Kleidungsstücke, Bücher und Zigarren, bevorzugte Marke »Monte Christo«. Doch das schönste Präsent wollte Mirjana (»Mira«) Markovic selber sein: Sie hatte ihre Augenlider goldbraun geschminkt und ihr pechschwarz gefärbtes Haar wie damals mit 17 Jahren toupiert, als sie ihn zum ersten Mal küsste.

Das war 1958 in der Provinzstadt Pozarevac gewesen, wo sie sich während der Schulzeit kennen gelernt hatten: Slobo und Mira – das heißt »Freiheit« und »Frieden«. Bald hießen sie nur noch »Romeo und Julia«, so der Mitschüler Seska Stanojlovic. Sie galten als unzertrennlich und hielten sich immer Händchen. Mira war Slobos erste und einzige Freundin. Nachdem sie geheiratet hatten, plante und organisierte sie zielstrebig seinen Aufstieg zum allmächtigen Alleinherrscher Serbiens. Und sie blieb bis zum bitteren Ende bei ihm, verbunden durch ein Band des Unglücks und der Machtgier: »Wir kamen inmitten von Blutvergießen an die Macht, und nur nach einem Blutvergießen werden wir gehen.«

43 Jahre später, am 20. August des Jahres 2001, waren Mira und Slobo immer noch ein verschworenes Paar, aber zum ersten Mal getrennt – durch eine Glasscheibe. Denn die Geburtstagsfeier fand im UN-Kriegsverbrecher-Gefängnis in Scheveningen statt, bei Kaffee aus dem Automaten und unter den Augen von Videokameras.

Seit dem 29. Juni 2001 sitzt Jugoslawiens Ex-Diktator Slobodan Miloševic wie ein gewöhnlicher Verbrecher in einer Einzelzelle mit Fernseher, Bücherregal, Dusche und Toilette. Er wird rund um die Uhr von Kameras bewacht und alle 20 Minuten von einem Wärter kontrolliert. Er spielt Karten mit anderen Häftlingen und hält sich durch Hofmärsche und auf dem Tretrad in Form.

Miloševic ist der erste Staatspräsident der Welt, der sich vor dem UN-Tribunal in Den Haag wegen Kriegsverbrechen und Verbrechen gegen die Menschlichkeit verantworten muss. Ironie des Schicksals: Das letzte Kapitel im Drama um den Hasardeur wurde von einer anderen Frau geschrieben, der Schweizer Chefanklägerin des Tribunals, Carla del Ponte, in einschlägigen Kreisen als »stählerne Signora« bekannt. Sie hat schon Mafiosi, Drogenbarone und Terroristen juristisch zur Strecke gebracht.

Die kleine, energische italienisch sprechende Chefermittlerin zimmerte die 25-seitige Anklageschrift gegen den Ex-Diktator. Es geht um den schwersten Vorwurf, den das internationale Recht kennt: Völkermord. Sie macht Miloševic als Befehlsgewaltigen für Verfolgung, Vertreibung, Folter und Ausplünderung von Zivilisten während des Bosnien- und Kosovokrieges verantwortlich.

13 volle Jahre lang, zwischen September 1987 und Anfang Oktober 2000, bestimmte er das Schicksal Serbiens und Jugoslawiens. Er trat in der Biedermannsmaske auf, aber er war ein Brandstifter. Er zündete vier Kriege auf dem Balkan an. Sie forderten 200 000 Menschenleben, so viel wie die militärisch sinnlose Bombe auf Hiroshima. Tausende wurden verletzt und misshandelt, Millionen entwurzelt. Er stürzte sein Volk in bittere Armut. Dem Kriegstreiber droht eine lebenslange Freiheitsstrafe.

Gesichert wie in Fort Knox, hinter hohen Elektrozäunen, Sicherheitsschleusen und jeder Menge Wachpersonal feierte der einst vom Volk geliebte und vom Volk verjagte starke Mann des Balkans seinen Geburtstag und gab sich kämpferisch: »Mein Gewissen ist rein und ruhig. Ich werde durchhalten.«

Und Mira beschwor in altbekannter Manier die Liebe zu ihrem Mann: »Es ist wahre Liebe zwischen uns. Er ist schön, er ist klug, und er glaubt nur an das Gute im Menschen (…) Ich finde ihn immer noch süß und liebenswert. Was kann ich sagen? Er ist mein Held.« Ihr selbstloser Gatte habe sich eineinhalb Jahrzehnte für Serbien aufgeopfert, erklärt die verwirrte Hardlinerin.

Sie sieht den »Balkan-Heroen« in den Klauen der internationalen Rachejustiz. Alle Vorwürfe gegen ihren Mann seien nichts anderes als ein »Spezialkrieg« mit neuartigen Mitteln: »Konservative Kreise im Westen oder diejenigen, die ein Interesse haben, das jugoslawische Territorium zu okkupieren, haben einen Medienkrieg gegen meine Familie losgetreten.« Diese üble Saat sei letztlich aufgegangen. Sie vergleicht das UN-Tribunal mit der »Gestapo unserer Zeit« und das Untersuchungsgefängnis mit einem »KZ für Serben«.

Auf die Tausende von Vermissten angesprochen, die im Bosnien- und Kosovokrieg verschollen sind, erklärte Mira zynisch im italienischen Fernsehen: »Schicken Sie mir nur die Namen. Ich helfe Ihnen bei der Suche.« Auch von Massengräbern auf serbischem Boden wollte sie nach dem Krieg nichts wissen: »Vielleicht sind diese Leichen 100 Jahre alt (…) Die Menschen, die da jetzt graben, haben doch kranke Hirne. Die sind morbid (…) Sie können auf dem Planeten buddeln, wo sie wollen. Knochen werden sie überall finden.«

Die in der Öffentlichkeit stets präsente Soziologieprofessorin hatte sich über die Jahre den Ruf einer »Lady Macbeth des Balkans« erworben. Kenner der politischen Szene sehen in ihr den »dunklen Schatten« hinter Miloševic, die Inspiratorin und »Domina«, die jeden seiner Schritte plante, ihn antrieb und ihn über Leichen steigen ließ: Eine bizarre Frau mit wildem Blick, stets schwarz gekleidet, oft mit einer grellen Seidenblume im hochtoupierten Haar, eine Figur wie aus einem Fellini-Film. Sie galt als Scharfmacherin und Motor ihres Mannes, der als »Techniker der Macht« ihre Ideen umsetzte und mit seinem Familien-Clan Serbien wie ein kommunistisches Zarenreich regierte.

Auch im trauten Heim in Belgrad, so berichten Freunde des Paares, hatte die »Iron Lady« die Hosen an. Slobo war seiner Frau ganz und gar hörig. Wenn Besuch kam, schickte Mira ihn in die Küche; dann musste der Präsident Stullen schmieren für die Gäste. »Er spricht nur in der Babysprache mit ihr«, erzählt Nebojsa Covic, Belgrader Bürgermeister von 1994 bis 1997. »Benutzt Ausdrücke wie: Meine kleine Pussykatze oder Häschen. Ich fand das furchtbar komisch, besonders wenn es um ernste Sachen ging wie Politik.«

»Die mächtigste Frau in der serbischen Geschichte« (Biograph Slavo Djukic) hat Partisanenblut in ihren Adern. Sie ist das ungewollte Kind einer Partisanenliaison und kam inmitten von Blutvergießen am 10. Juli 1942 in einem Versteck kommunistischer Freiheitskämpfer auf die Welt. Ihre Mutter, die Literaturstudentin Vera Miletic, war Sekretärin der Belgrader Kommunistischen Partei. Sie kämpfte im Zweiten Weltkrieg gegen die deutsche Besatzung. Miras Vater stand als Politkommissar auf Seiten von Titos Partisanen.

Ihre Kindheit wurde von einem Drama überschattet, der Tragödie ihrer Mutter. Vera Miletic gab das Neugeborene sofort weg und kam bald darauf ums Leben. Offiziell heißt es, sie sei von der Gestapo hingerichtet worden. Andere Quellen berichten, sie habe unter Folter Kameraden verraten und sei noch während des Krieges als »Verräterin« wenige Wochen vor Einmarsch der Tito-Partisanen am 7. September 1944 in Belgrad von den eigenen Leuten erschossen worden. Mira glaubte nicht an den »Verrat« der Mutter und verehrte sie grenzenlos. Zum Vater hatte sie keinen Kontakt. Er hat sich nie zu ihr bekannt.

Nach Kriegsende wurde er ein hoher kommunistischer Partei-funktionär.

Die ersten Lebensjahre verbrachte Mira in der Obhut einer Mühlenarbeiterfamilie. Nach dem Krieg wurde sie von den Eltern ihrer Mutter in Pozarevac in Zentralserbien aufgezogen. Es heißt, schon als Teenager habe sie ein sicheres Gefühl für Gefahr besessen und sei unberechenbar gewesen.

Slobodan wurde am 20. August 1941 in Pozarevac geboren. Auch er verlor früh durch gewaltsamen Tod die Eltern. Sein Vater stammte aus Montenegro. Er hatte ein Priesterseminar in Cetinje absolviert, dann die Theologische Fakultät in Belgrad besucht und war anschließend als Lehrer tätig. In den 50er Jahren trennte er sich von der Familie und beging Selbstmord.

Slobodan wuchs bei der Mutter auf, die eine strenge Kommu-nistin und ebenfalls Lehrerin war. Sie nahm sich 1972 das Leben, indem sie sich an der Schlafzimmerlampe erhängte. Auch ein Onkel hat sich umgebracht. Aber es war der Selbst-mord der Mutter, der Slobodan nachhaltig geprägt hat. Schon in der Schule galt er als introvertierter Sonderling.

Slobo und Mira: Ihre Geschichte begann als Schülerliebe in der Provinzstadt Pozarevac. Er war 17, als er sie kennen lernte, sie ein Jahr jünger. Nach Meinung ehemaliger Freunde hatten sich zwei Verschworene im Unglück gefunden, die sich aufgrund ihres persönlichen Schicksals als Ausgestoßene fühlten und sich schon damals in ihrer eigenen Welt verbarrikadiert hätten – verbittert und paranoid. Beide hätten sich nie von dem Un-glück, das ihnen widerfahren war, befreien können. Ihre Liebe habe sich ausschließlich von der Sehnsucht nach Unterwerfung und zerstörerischem Hass gegen andere genährt. Laut Bio-graph Djukic waren Mira und Slobodan nach dem Unglück der Gesellschaft geradezu süchtig.

Tatsächlich spricht denn auch einiges dafür, dass dieses ge-meinsame Schicksal, ein behütetes Elternhaus nicht gekannt zu haben, sie zusammenschweißte. Sie traten als verschworene Gemeinschaft auf. Er wurde von ihr getrieben, und sie »getrieben von den Dämonen ihrer Vergangenheit«, berichtet der britische Dokumentarfilmer Phil Rees, der für die BBC ein Psychogramm des Paares erstellte.

Ein enger Freund beschreibt Mira als »emotional labil«, »wirklichkeitsentrückt«, sogar »pathologisch instabil«. Sie lebe in einem »Alptraum, über die Gegenwart, über die Zukunft«. Mira habe furchtbare Angst. Ex-Bürgermeister Covic: »Sie sieht nett aus, sogar naiv. Aber unter dieser Oberfläche lauert etwas sehr Gefährliches.«

Es mangelt auch nicht an psychoanalytischen Deutungsversuchen über Miloševics Rolle in seiner Ehe mit Mira. Der Oppositionelle Vuk Draskovic bezeichnet die Verbindung spöttisch als »Ein-Bett-System«. Professor Svetozar Stojanovic meint: »Eines müssen Sie über Milosevic begreifen. Im Gegensatz zu den meisten Männern auf dem Balkan hat er in seinem Leben nur mit einer einzigen Frau geschlafen. Sein Verhältnis zu Mira ist der Schlüssel zum Verständnis Jugoslawiens in den letzten zehn Jahren.«

In der Schule galt Slobodan als »zugeknöpft, pedantisch und zurückhaltend«. Er trug dunkle Anzüge mit weißen Hemden, engagierte sich im Bund der Kommunisten und trat für »ideologische Reinheit und Wachsamkeit« ein. Mit ausgezeichneten Zeugnissen und Empfehlungen der örtlichen Partei kam er 18-jährig nach Belgrad und begann ein Jurastudium. Bei seinen Kommilitonen hinterließ er den Eindruck eines jungen, zuverlässigen Apparatschiks, der von der Macht und seiner Mission fasziniert war.

Auch Mira schrieb sich an der Hochschule ein. Sie belegte die Fächer Soziologie und Marxismus und machte eine steile Karriere. Nach der Promotion lehrte sie als Professorin für Marxismus an der Belgrader Universität und unterrichtete als Gastdozentin an der Moskauer Lomonossow-Universität. Auch als Autorin von Büchern und Aufsätzen zur allgemeinen und politischen Soziologie machte sie sich einen Namen. Ihre »Erkenntnisse« wurden weltweit übersetzt und bis ins ferne China publiziert. Sie ließ sich als große Wissenschaftlerin feiern. Eines ihrer Werke verschickte sie »als persönliches Geschenk von Prof. Dr. Mirjana Markovic« an Hillary Clinton. Politisch begann sie sich Anfang der 90er Jahre als Mitgründerin der Sozialistischen Partei Serbiens (SPS) zu engagieren. Vielleicht war es ihre Partisanenherkunft, die dazu führte, dass sie eine scharfmacherische marxistische Kämpferin wurde. Sie pries den Weg der Kommunisten in China und bezeichnete diesen für die weitere Entwicklung Jugoslawiens als beispielhaft. Insidern zufolge fehlte der glühenden Serbin aber jeglicher Sinn für Realität. Sie sah ihr Land von Feinden umgeben, vornehmlich aus dem Westen, und glaubte an eine Verschwörung Deutschlands, Österreichs und des Vatikans, um die Ergebnisse des Zweiten Weltkrieges rückgängig zu machen. Aus dieser Überzeugung speisten sich jene nationalistischen Parolen, von denen auch ihr Mann infiziert wurde und die seinen Aufstieg über zahllose politische Leichen hinweg markieren sollten.

Slobodan war 1959 in die Kommunistische Partei eingetreten. Aber die ersten Sporen verdiente er sich nach dem Studienabschluss zunächst als Bankier. In den Jahren zwischen 1973 und 1983 stand er an der Spitze der damals mächtigen Belgrader »Beogradska Banka«. Er reiste mehr als 60 Mal in die USA. Sein Einstieg in die eigentliche Parteiarbeit begann 1984. Zunächst übernahm er das Amt des Parteisekretärs in der Hauptstadt Belgrad. Dieser Posten diente ihm als Sprungbrett an die Spitze der Partei.

Sein früherer politischer Ziehvater, der gemäßigte Präsident Serbiens, Ivan Stambolic, warnte zu spät vor dem farblosen, aber gefährlichen »Wolf im Schafspelz«: »Er ist bereit, jeden

Tag eine andere Ideologie anzunehmen. Er wechselt seine Ansichten und seine Verbündeten. Er benutzt jeden und wirft ihn dann einfach weg.« Da war Slobodan bereits Chef der Kommunistischen Partei und begann sofort damit, unliebsame Widersacher und mögliche Rivalen aus dem Weg zu räumen. Im Dezember 1987 stürzte er Ivan Stambolic. Der wurde im August 2000 entführt. Seitdem fehlt jede Spur von ihm.

Mit nationalistischen Parolen und seinem Eintreten für die serbische Minderheit in der Autonomen Provinz Kosovo, die eine albanische Bevölkerungsmehrheit hat, ging der bis dahin eher im Hintergrund operierende Priestersohn auf Stimmenfang. Auf dem Amselfeld, jenem mythischen Urland der Serben im Kosovo, versprach er am 28. Juni 1989: »Niemand wird es wagen, euch zu schlagen.« Es war der 600. Jahrestag der Niederlage der serbischen Armee gegen die Türken. Er erinnert an den »heldenhaften Kampf« und kündigt neue Kämpfe an. Sein Schlachtruf war der Auftakt für einen blutigen nationalistischen Totentanz auf dem Balkan. Viele der 1,8 Millionen Kosovo-Albaner hatten sich aus Angst vor Ausschreitungen in ihren Wohnungen und Häusern verbarrikadiert.

Mit einem Schlag war der »Prophet vom Amselfeld« einer der bekanntesten Politiker Jugoslawiens. Manche seiner Anhänger verglichen ihn mit »Tito«, der Ikone von einst. Die staatlichen Medien in Belgrad feierten seinen Auftritt als »Kulturereignis der nationalen Wiedergeburt«. Im ganzen Land gab es »Kundgebungen der Wahrheit« und Massenproteste gegen die angebliche Unterdrückung und Benachteiligung der Serben im Vielvölkerstaat.

Prompt wurde der neue Heilsbringer bei einem Referendum Ende 1989 mit 86 Prozent der Stimmen zum Präsidenten der serbischen kollektiven Präsidentschaft gewählt. Bei den ersten demokratischen Präsidentschaftswahlen in Serbien, im Dezember 1992, gewann der neue »Vozd« (Führer) 56 Prozent der

Stimmen. Obwohl ihm die Opposition sofort Wahlbetrug vorwarf, konnte der selbsternannte »Schutzpatron der Serben« seinen Weg zum Diktator fortsetzen.

Wohin die Reise gehen würde, war damals manchen politischen Beobachtern in Belgrad bereits klar. »Der Präsident ist die Geisel seiner Frau«, schrieben kritische Zeitungen. Mira war keine gewöhnliche »First Lady«. Sie passte nie ins Bild der gütigen Landesmutter. Sie galt als die engste politische Beraterin des misstrauischen Autokraten.

Milošević habe nie enge Weggefährten gehabt und immer nur seiner Frau vertraut, schreibt die renommierte »international crisis group«. Und Mira gab die zukünftige Marschrichtung an: »Meine Religion ist das Jugoslawentum (...) Wir beide stammen aus patriotischen Familien, ich aus einer Partisanenfamilie. Hätte ich Angst, hätte ich einen anderen Weg gewählt.« Oppositionelle ahnten, dass sie im Reich der »Herrin der Hetze« nichts zu lachen haben würden. Sie waren für die rigide Ideologin nur »Ungeziefer« und »dressierte Papageien«.

Miras Schaltstelle der Macht befand sich in einem imposanten Turm in der Belgrader Innenstadt. Bereits 1994 hatte sie ihre eigene Partei, die Jugoslawische Linke (JUL), gegründet. Hoch oben im USCE-Gebäude, dem früheren Sitz des ZK der jugoslawischen Kommunisten, zog sie wie eine Spinne ihr Netz über die serbische Metropole, wobei sie so etwas wie die Personalchefin der Nomenklatur und Medienherrin gewesen ist.

In ihrem Umfeld wurde kräftig die Hand aufgehalten. Wer Manager in einem Staatsbetrieb werden wollte, zeigte sich mit einer großzügigen Überweisung an die JUL erkenntlich. Die Wirtschaft war geradezu durchsetzt von führenden JUL-Mitgliedern. Ob an der Spitze des Monopolisten Telekom Srbija, des Stromversorgers EPS oder des führenden Versicherungsunternehmens Dunav – überall saßen Miras Leute.

Zu den höchsten Günstlingen im Staat zählten schließlich auch die, die Miloševics Aufstieg aus der Provinz in die Hauptstadt begleitet hatten. Der Chef der Luftwaffe, der Direktor der Fluggesellschaft JAT, der Generalsekretär des Bundesparlaments, der Vorsitzende des Obersten Gerichts, der Intendant des National-Theaters und drei Minister – sie alle stammten aus Pozarevac.

Während Miloševic öffentliche Auftritte scheute, war Mira mit den Medien vertraut. Sie galt als Meisterin der Propaganda. Ihre innenpolitische »Wunderwaffe« war das wöchentliche »Tagebuch der Mira Markovic« im Belgrader Magazin »Duga« (Regenbogen). Es brachte ihr im Volksmund den Spitznamen »das Orakel« ein. Aus der Kolumne konnten politisch Interessierte herauslesen, woher der Wind wehte, wer gerade in der Gunst des Regimes stand oder in Ungnade gefallen war. So mussten etwa der mächtige Geheimdienstchef Jovica Stanisic und der Generalstabschef Momcilo Perisic ihre Stühle räumen, weil sie der »Pressezarin« nicht mehr passten.

Manchmal sorgte die gefürchtete »Seherin« auch für Verwirrung. Einmal hieß es in der Kolumne, eine »langbeinige Frau« übe keinen guten Einfluss auf den Präsidenten aus. Sofort verbreitete sich in Belgrad das Gerücht, Miloševic habe eine Affäre. Wenn die Autorin nicht persönlich zur Feder griff, dann ließ sie offensichtlich schreiben, und es gilt als ausgemacht, dass sie wichtige Artikel mindestens mitinspirierte.

Ähnlich wie im Falle des rumänischen Diktators Nicolae Ceausescu waren auch während der 13-jährigen Herrschaft des Miloševic-Clans Politik, Familienwirtschaft und Unterwelt eng verwoben. Sohn Marko wurden Verbindungen zur jugoslawischen Mafia nachgesagt. In Pozarevac, der Heimatstadt seiner Eltern, zeigte sich der Präsidentenfilius mit dem blondierten Haar gerne in der Gesellschaft cooler schwerer Jungs, die in der Bar »Havanna« verkehrten. Laut einem Werbespot des lokalen Radiosenders galt die Kaschemme als ein »Club für Mutige«. Hinter der Theke hing ein Bild von Che Guevara.

Aber während andere in den Kriegen verheizt wurden, die sein Vater anzettelte und verlor, drückte sich der Präsidentensohn vor dem Wehrdienst und führte ein wildes Playboyleben. Seine Leidenschaft waren Autos, Mädchen und Waffen. Er kurvte am liebsten in einem Ferrari durch die Provinzstadt, eine Magnum im Schulterhalfter. »Ich brauche ein Mädchen, Musik und eine Pistole, wenn ich in einem Auto sitze«, protzte er in einem Interview. Eine Zeit lang fuhr er auch Autorennen und soll ein Dutzend Luxusflitzer zu Schrott gefahren haben.

Das Dolce Vita habe er sich vor allem mit Zigarettenschmuggel finanziert, heißt es in Pozarevac. Sein Hauptquartier war die Diskothek »Madonna«. Außerdem gehörten ihm ein Videoclub, ein Rundfunksender, eine teure Parfümerie und ein »Bambiland«, nach dem Vorbild von Disneyland. Als sein Vater entmachtet wurde, zerstörten die Bürger von Pozarevac den Vergnügungspark des verhassten kleinen Diktators. Mira konnte das nicht verstehen. Sie beschreibt Marko als einen »sehr charmanten jungen Mann, der jedem geholfen hat und dem Pozarevac viel verdankt«. Da hatte sich der selbstlose Sohn längst abgesetzt. Manche vermuten ihn in Russland, andere in Peking oder auf Kuba.

Auch Miloševics Tochter Marija konnte dank Familienprotektion in einem der zahlreichen Nebenzweige der Miloševic-Sippe im großen Stil mitmischen. Im gleichen ZK-Hochhaus, in dem ihre Mutter residierte, besaß sie eine Radio- und Fernsehstation – Radio Kosava (Wind). Mira war stolz auf ihre »heroische Tochter«. Sie habe unter widrigsten Umständen ihren Rundfunksender aus dem Nichts heraus aufgebaut: »Radio Kosava hat die schönste Musik Serbiens gespielt.« Damit war es freilich vorbei, als der Sender von Nato-Bomben zerstört wurde.

Während Miloševic einerseits durch Krieg und Unterdrückung sein Land in die Katastrophe führte, genoss er andererseits mit seiner Frau das Leben wie in einer Zaren-Diktatur. Auf abgesperrten Straßen und vor strammstehenden Polizisten rauschte das Paar regelmäßig ins Wochenende. Ihnen standen mehrere fürstliche Häuser zur Verfügung: Eine Residenz auf dem Belgrader Nobelhügel Dedinje, der ehemalige Tito-Palast Dobanovci westlich der Hauptstadt und das Jagdschloss »Schwarzer Berg« in den Wäldern um Bor, nahe der bulgarischen Grenze.

Im Volksmund hieß das Anwesen »Slobos verbotene Stadt«. Es war auf keiner Landkarte verzeichnet. Neben zahlreichen Gästehäusern gab es dort ein Schwimmbad, einen Tennisplatz und ein Kino. Entree in die verbotene Stadt hatte nur ein illustrer Kreis von Spitzenfunktionären, Günstlingen und Kriegsprofiteuren aus Politik, Geheimdienst und Militär.

Während des Bosnienkrieges und des knapp 80-tägigen Nato-Bombardements diente das Waldpalais dem Präsidentenpaar auch als Fluchtburg. Nachts schliefen sie in einem unterirdischen Atombunker. In Bor soll sich auch die Logistikzentrale des Obersten Verteidigungsrates befunden haben. Das Waldgebiet um die geheimnisvolle Stadt war weiträumig von der jugoslawischen Armee abgeriegelt.

Trotz Nato-Bomben – im Westen war Miloševic keineswegs immer die Persona non grata. Lange galt er als unverzichtbarer Partner. Im Beisein des damaligen US-Präsidenten Bill Clinton und weiterer führender Politiker setzte er 1995 seine Unterschrift unter das Dayton-Friedensabkommen, das den Bosnienkrieg beendete. Mira nahm zwar nicht an den Verhandlungen teil, aber nach Angaben von Vertrauten stand Slobodan in ständigem Telefonkontakt mit seiner Frau, um sich von ihr beraten zu lassen. Später ließ er sich als Friedensfürst feiern.

Doch spätestens durch sein brutales Vorgehen im Kosovokrieg und die Vertreibung vieler hunderttausend Kosovaren geriet der Hasardeur weltpolitisch völlig ins Abseits. Am 27. Mai 1999 erließ das Internationale Tribunal für Verbrechen im früheren Jugoslawien (ICTY) gegen Miloševic einen Haftbefehl wegen Verbrechen gegen die Menschlichkeit. Ein einmaliger Vorgang in der Geschichte des internationalen Rechts. Der Vorwurf: Er habe systematisch »ethnische Säuberung« betrieben.

Dennoch konnte sich Miloševic durch Finten, Lügen und Unterdrückung zunächst weiter im Sattel halten. Mira lenkte die Kriegspropaganda im Fernsehen und in den Blättern »Politika« und »Politika Ekspres«. Dort war im April 1999 zu lesen: »Unter dem Kommando Adolf Clintons und seiner Gauleiter Blair, Chirac und Schröder säen die Nazis der Nato seit Wochen in Jugoslawien den Tod.«

Oppositionelle und kritische Journalisten wurden als »Verräter« und »Lakaien der Nato« diffamiert. Slavko Curuvija, den Chefredakteur des regimekritischen Blattes »Dnevni Telegraf«, ermahnte Mira öffentlich: »Mir scheint der Gipfel des Verrats erreicht, wenn ein Journalist die Meinung vertritt, dass Bombenangriffe eine gute Lektion für Serbien wären.«

Prompt griff »Politika Ekspres« das Thema auf: »Jetzt unter den Schlägen der ›Neuen Weltordnung‹ schweigen jene, die schon immer wussten, dass Serbien an allem schuld ist.« Fünf Tage später wurde der Publizist in Belgrad auf offener Straße von zwei vermummten Männern erschossen. Mira geriet in den Verdacht, den Exekutionsbefehl gegen den kritischen Journalisten erteilt zu haben. Beweise für diese Behauptung konnten nicht erbracht werden. Der Mordanschlag blieb ungeklärt.

Im Oktober 2000 hatte das Volk aber genug von dem falschen Propheten und der »roten Hexe« an seiner Seite, die beide aus der Kälte der sozialistischen Parteienbürokratie kamen.

Am 5. Oktober zogen die Menschen aus allen Teilen Serbiens nach Belgrad. Sie stürmten das Fernsehgebäude und das Parlament, nachdem Miloševic den Wahlsieg des späteren Präsidenten Vojislav Kostunica nicht anerkannt hatte.

Die Wähler wollten sich den Wahlsieg über den verhassten Diktator vom 24. September nicht stehlen lassen. »Er ist erledigt«, riefen sie und zogen mit einer Miloševic-Puppe in Sträflingskleidung durch die Straßen. Auch Schlagstöcke und Tränengas konnten die Demonstranten nicht stoppen. Sie sollten Recht behalten. Der Volksaufstand leitete das Ende der Miloševic-Ära ein. Er musste von der Politbühne abtreten.

Der serbische Schriftsteller Bora Cosic in einer ersten Bilanz: »Diese Familie hat ein enormes Durcheinander im Haus meines Landes hinterlassen, so als habe dort jemand in derart betrunkenem Zustand gewütet, dass alles, was er in die Hand nahm, zu Bruch ging. Dieses Saufgelage hinterlässt einen nicht abzuschätzenden Schaden.«

Sogar als der Mantel der Macht von ihm abgefallen war, tat Miloševic so, als gingen ihn die Leichenberge und Flüchtlingsströme auf dem Balkan nichts an. »Vielleicht gehe ich ins Bankleben zurück«, verkündete er. Aber dazu war es jetzt zu spät. Zu viele Tote, zu viel Zerstörung und zu viel Hass gehen auf seine Rechnung, als dass er sich irgendwo auf den Hügeln von Belgrad mit Blick auf Save und Donau zur Ruhe setzen und seine Memoiren verfassen könnte, schrieb der schwedische Journalist Richard Swartz.

Zwar waren Miloševics Tage gezählt, doch ans Aufgeben dachte er nicht. Nach dem Verlust der Macht verbarrikadierte er sich zusammen mit seiner Frau Mira, seiner Tochter Marija und der Schwiegertochter nebst Enkel in der Residenz an der Uzickastraße 11–15. In einem Telefonat mit dem Belgrader Radio B-92 erklärte er, er sitze zu Hause und trinke Kaffee mit seiner Familie. Er habe keine Angst und er zähle darauf, dass die Sache in »rechtmäßiger Weise« gelöst werde, nach »Art unseres Volkes«.

Einmal zeigte er sich auch am Tor und dankte der »Garde des Volkes« – etwa 200 Anhängern – die sich vor der Residenz versammelt hatten, um den »größten Sohn des serbischen Volkes« zu beschützen. Nach Berichten von Augenzeugen wirkte Miloševic seltsam entrückt, als lebe er in einer irrealen Welt und fühle sich als der »moralische Sieger«.

Offensichtlich hatte er sich noch immer nicht mit der Niederlage abgefunden und plante mit seiner fanatischen Frau ein gewaltsames Comeback. Die geheimnisumwitterte Staatsvilla, gleich hinter dem Mausoleum des jugoslawischen Übervaters und Partisanenhelden Tito, glich einem »Führerbunker«. Auf dem Gelände waren Waffen, Trinkwasser und Lebensmittel eingelagert. Dank Stromaggregaten war man für jeden Fall gewappnet. Auch stand ein Schutzraum zur Verfügung, der sogar einem Atomkrieg standhalten kann, hieß es. Und im Untergrund existierte ein Fluchttunnel.

Bis zuletzt wurde Miloševic in der Residenz von seiner Leibgarde der Armee rund um die Uhr bewacht. Nach Presseberichten gab es in der Nacht zum 1. April 2001 zwei Versuche, ihn festzunehmen. Beide scheiterten. Beim zweiten wurden Spezialkräfte der Polizei eingesetzt. Sie fuhren in weißen Geländewagen vor und trugen Gesichtsmasken. So traten früher Miloševics Todesschwadronen im Kosovo auf. Als die Beamten über die Umfassungsmauer auf das Gelände der Residenz vordrangen, eröffneten Miloševics Bodyguards das Feuer. Die Polizisten schossen zurück. Zwei Beamte und ein Journalist wurden verletzt. Daraufhin zogen sich die Einsatzkräfte zurück.

Es begann ein zäher Nervenkrieg. Am Samstag besprach die gesamte politische und militärische Führung des Landes das weitere Vorgehen gegen Miloševic. Präsident Kostunica erklärte, man werde keine Krise zulassen wegen einer einzigen Person, egal, wer das sei. Niemand stehe über dem Gesetz.

Am Nachmittag spitzte sich die Lage vor der Präsidentenvilla zu. Die bevorstehende Polizeiaktion hatte etwa tausend Schaulustige angelockt: Miloševic-Anhänger und Miloševic-Gegner, darunter die gefürchteten Hooligans von Roter Stern Belgrad. Sie kamen gerade von einem Fußballspiel. Mira Markovic erlitt vor Aufregung einen Schwächeanfall und musste von Nothelfern behandelt werden.

Die Regierung schickte Cedomir Jovanic als Unterhändler. Er sollte Miloševic zum Aufgeben überreden. Aber die sechsstündigen Gespräche verliefen extrem schwierig. Miloševic erklärte: »Ich werde nicht lebendig ins Gefängnis gehen.« Mehrmals soll er sich die Pistole an den Kopf gehalten und gedroht haben, sich zu erschießen. Seine Frau und seine Tochter sollen ihn in dieser Haltung bestärkt haben.

Erst die Zusage der Behörden, ihn nicht an das UN-Kriegsverbrechertribunal in Den Haag auszuliefern, stimmte ihn um. Am Sonntag früh kurz nach 5 Uhr gab er auf und ließ sich abführen. Jetzt drehte seine Tochter durch, griff zur Pistole und feuerte mehre Schüsse auf den Wagen, in dem Jovanovic saß. Zum Abschied rief sie dem Vater nach: »Bring dich besser um, als ins Gefängnis zu gehen.«

In einem Konvoi von fünf Fahrzeugen wurde Miloševic ins Belgrader Zentralgefängnis in der Bacbanska ulica gebracht. Es galt in der kommunistischen Ära als größter Knast des damaligen Ostblocks für Klassenfeinde. Der Gefängnisdirektor nahm den prominenten Häftling persönlich in Empfang und begleitete ihn in seine neue »Residenz«. Die Zelle maß gerade mal sechs Quadratmeter und lag in einem erst kürzlich frisch gestrichenen und mit Neonlicht und neuen Böden renovierten Trakt des tristen Baus, Spitzname »Hyatt-Flügel«, benannt nach der besten Hoteladresse in Belgrad.

Während Miloševic die erste Nacht in einer Zelle verbrachte, durchsuchte die Polizei seine Villa und entdeckte ein großes Waffenarsenal: Drei Maschinengewehre, eine Panzerfaust, kleine Granatwerfer, zwei Kisten mit Handgranaten, zehn Kisten mit Munition und über 20 verschiedene Pistolen. Der interessanteste Fund: ein Plan für einen Umsturz. Aber Miloševics Leibgarde hatte sich längst aus dem Staub gemacht.

Im Laufe des Tages wurde Miloševic ärztlich untersucht: Der Arzt befand ihn grundsätzlich für fit, lediglich der Blutdruck sei etwas zu hoch. Dann wurde Slobodan dem Untersuchungsrichter vorgeführt. Die Anklage lautete auf Amtsmissbrauch, Korruption, Veruntreuung öffentlicher Gelder in Milliardenhöhe sowie Anstiftung zu einer bewaffneten Rebellion. Miloševic erklärte sich für unschuldig in allen Punkten der Anklage.

Als Verteidiger hatte er den Belgrader Staranwalt Toma Fila engagiert, bekannt für »pikante und aussichtslose« Fälle. Eine seiner Klientinnen war seit zwei Jahrzehnten die Tito-Witwe Jovanka Broz, die vergeblich um einen Teil des Tito-Nachlasses kämpfte. Wenige Tage zuvor hatte Fila getönt, dass er auch den Teufel vereidigen würde, und Miloševic den Rücken gestärkt: »Gegen wen soll ich ihn verteidigen, gegen Mücken oder Zeitungsartikel?« Der Untersuchungsrichter sah das anders und verhängte eine Untersuchungshaft für vorerst 30 Tage.

Die Belgrader Medien beschrieben genüsslich den jämmerlichen Knastalltag des gestürzten Herrschers von Belgrad im »Hyatt-Flügel«. Immerhin war er dort aber von den Schwerverbrechern der Anstalt abgeschottet, es gab warmes Wasser und sogar Duschkabinen, aber kein Radio und auch kein Fernsehen. Mira durfte ihn täglich besuchen und mit kleinen Privilegien versorgen: serbischen Buletten und Büchern, frischen Kleidern und Medikamenten. Der Gefängnisdirektor über die Besuche: »Sie liefen fast rituell ab. Die Eheleute fassten sich an die Wangen. Mira küsste seine Hände und sogar Knie.«

Sie hatte ihren Mann viele Jahre beschützt und unterstützt. Selbst nach seinem Fall kam sie nicht auf die Idee, dass es in ihrem gemeinsamen Leben irgendetwas geben könnte, das sie bereuen müsste: »Er ist kein Kriegsverbrecher. Alles, was über unsere Familie geschrieben wird, ist absolut unrichtig. Auch die Millionen, die wir natürlich nicht haben.«

Die Belgrader Ermittler waren da ganz anderer Meinung. Nach ihren Erkenntnissen hatte Miloševic während seiner Amtszeit ein weitläufiges und engmaschiges Netz finanzieller Machenschaften geknüpft, mit allem, was dazu gehört: korrupten Geschäften, Devisen- und Drogenhandel, Schmuggel, Geldwäsche und schwarzen Konten. Systematisch hatte er sein Volk ausgeplündert.

»Gelernt ist gelernt«, so fasst ein Ermittler die Erkenntnisse zusammen. »Miloševic war früher schließlich Bankkaufmann.« Rechtzeitig vor seinem Sturz hatte er damit begonnen, für sich und Mira eine Kasse für die Altersversicherung anzulegen und über ein Netz von Scheinfirmen Gold und Millionenbeträge in US-Dollar auf Konten in Zypern, Südafrika, der Volksrepublik China, der Schweiz, Libanon, Griechenland und Russland transferiert.

Selbst nach seinem Sturz im Oktober 2000 gingen die windigen Transaktionen weiter und in der Schweiz trafen Goldlieferungen aus Belgrad ein. Die letzte registrierte Tranche landete am 17. November in Zürich. Nach Erkenntnissen der serbischen Finanzfahnder wurden in jenem Herbst insgesamt 173 Kilogramm Feingold aus Belgrad nach Zürich transferiert.

Sohn Marko und Miloševics Bruder Borislaw waren offenbar die zentralen Figuren in dem Millionen-Poker. Sie sollen die Beutegelder bei ausländischen Banken eingezahlt haben. Marko wurde häufig auf Zypern und Griechenland gesichtet. In Athen hatte er vorsichtshalber schon mal ein Nobeldomizil angemietet und in der Ägäis lag eine Jacht für ihn bereit. Borislaw verfügte als Botschafter in Moskau über enge Kontakte zur russischen Mafia und Frau Mira besaß exzellente Verbindungen zur Volksrepublik China.

Seit April 2000 wird weltweit nach möglichen Konten des Clans geforscht. Die EU ließ bisher Konten von 630 Personen aus dem Umfeld von Miloševic sperren. Das Hauptproblem der Fahnder liegt in den lückenhaften Unterlagen, die ihnen zur Verfügung stehen. Meist durchliefen die unterschlagenen Gelder ein wahres Labyrinth von staatlichen, halbstaatlichen und privaten Kanälen. »Wir haben nur eine Chance«, heißt es in Belgrad, »wenn der Ex-Diktator auspackt.« Aber der Milliarden-Mann schweigt. Und seine Frau auch.

In der Nacht vom 28. Juni 2001 wurde der ehemalige jugoslawische Präsident von der serbischen Regierung an das Internationale Kriegsverbrechertribunal in Den Haag ausgeliefert und mit einem Hubschrauber direkt in die Haftanstalt geflogen. Während in der Belgrader Innenstadt Tausende empörter Miloševic-Anhänger gegen die Auslieferung demonstrierten, sprach Chefanklägerin Carla del Ponte von einem »Meilenstein für die internationale Strafjustiz«.

Sie hatte die Jagd nach Miloševic zum Duell stilisiert, zu ihrem Duell: »Ich lauere wie eine Katze vor dem Mauseloch. Einmal kommen sie heraus – dann schlage ich zu.« Monatelang hatte sie in müheseliger Kleinarbeit Augenzeugen befragt, hatte Massengräber exhumieren lassen und grausame Details über Folter und Morde gesammelt. Es gab keinen Zweifel für sie, dass Miloševic der Hauptverantwortliche für die Balkan-Gräuel war. Jetzt lag sein Schicksal in ihrer Hand. Sie wollte ihn lebenslänglich hinter Gitter bringen.

Bei seinem ersten Auftritt vor dem Internationalen Kriegsverbrechertribunal in Den Haag erschien der Angeklagte korrekt gekleidet wie immer und mit Unschuldsmaske. Zur Anklageschrift sagte er: »Dieser Text ist der größte Unsinn.« Der Friede von Dayton sei sein Verdienst, nicht der Krieg: »Meine Henker und die Weltöffentlichkeit wissen sehr wohl, dass ich in Den Haag nicht wegen angeblicher Kriegsverbrechen bin, sondern weil wir der ganzen Welt gezeigt haben, dass die Nato nicht allmächtig ist.« Das Gericht bezeichnete er als »illegal« und als »unehrliches Tribunal«. Er weigerte sich, Verteidiger zu bestellen.

Obwohl sie auf der »Schwarzen Liste« der EU steht, durfte Mira ihren Mann im Gefängnis besuchen. Eine Mitverantwortung für seine blutige Politik wischt sie vom Tisch: »Ich war doch nie Politikerin. Ich habe eigentlich überhaupt keine Politik umgesetzt (…) Mein Einfluss auf ihn war nicht größer als der, den normale Eheleute gegenseitig aufeinander ausüben. Wenn man zusammenlebt, ist es doch normal, dass man die Dinge bespricht. Manchmal stimmen wir überein, manchmal nicht.«

Mit 60 wollten sie sich aus der Politik zurückziehen, nur noch Urlaub machen, so Mira in einem Interview. Vielleicht in einem noblen Kurort in der Schweiz. Aus dem Plan ist nichts geworden.

Mira und Slobo – seit vier Jahrzehnten sind sie unzertrennlich. An der schweren Erblast dieser Schicksalsgemeinschaft und politischen Ehe werden die Menschen auf dem Balkan noch lange zu tragen haben.

IV. Der eiserne Schmetterling

Imelda Marcos:
First Lady der Philippinen

»Die Filipinos wollen Schönheit. Ich muss schön sein,
damit die armen Filipinos einen Stern haben, zu dem sie aus
ihren Armenvierteln aufblicken können …«
Imelda Marcos

»Verglichen mit Imelda war Marie Antoinette
eine Stadtstreicherin.«
Stephen Solarz

Meine Mutter hatte eine Halskette, die unser einziger Besitz war. Weil mein Vater sehr groß war – er war halb Spanier –, konnte man ihn unter Filipinos sofort erkennen, also gab man mir die Halskette, und um sie sicher aufzubewahren, band ich sie mir um die Taille. Sie war aus kleinen Diamanten und alle paar Monate verkauften wir einen, um Geld zum Leben zu haben.«

So beschreibt die philippinische Diktatorenwitwe Imelda Marcos die Jahre, die sie prägten. In jener Zeit machten die Philippinen gerade ihre Lehrzeit für die Unabhängigkeit durch, die ihnen die Amerikaner für 1946 versprochen hatten. Als im Dezember 1941 die Japaner das Inselreich besetzten, wurden die Filipinos in einen Krieg hineingezogen, der sie eigentlich nichts anging, und für eine Fahne, die außerstande war, sie zu schützen. Imelda war 12 Jahre alt. Als Teenager lernte sie damals, dass »Banknoten auf einmal nur noch wertloses Papier sind, Juwelen dagegen bares Geld«.

Die Verteidigung der Philippinen oblag einer der markantesten Persönlichkeiten des Pazifikkrieges: General Douglas MacArthur. Bis März 1942 konnte er sich halten, zuletzt nur auf der Festungsinsel Corregidor bei Manila. Dann musste der »Marschall der Philippinen« unter dramatischen Umständen mit seiner Frau und seinem Sohn auf einem Torpedoboot fliehen. Aber er versprach: »Ich komme wieder …«

1945 konnte der inzwischen zum Oberbefehlshaber der amerikanischen Streitkräfte im gesamten Pazifik ernannte Truppenführer Manila nach erbitterten Kämpfen zurückerobern. Durch eine Blockade zu Wasser und in der Luft schnitt er die Japaner von ihren Versorgungslinien ab. Dies hatte auch harte Entbehrungen für die philippinische Bevölkerung zur Folge.

Die meisten Familien erhielten nur eine Hand voll Reis am Tag. Um nicht zu verhungern, verzehrten die Menschen Affen und Reptilien. Denn selbst wer noch Dollars besaß, konnte keinen Reis mehr kaufen.

»Als der Krieg zu Ende war, war noch ein Diamant übrig geblieben«, erinnerte sich Imelda Marcos. »Ich fragte meinen Vater, ob ich ihn tragen dürfe, denn die Leute sagten, ich hätte einen hübschen Hals. Da gab er mir einen Rat, den ich nie vergessen habe: ›Weine niemals um etwas, das dich nicht küssen oder umarmen kann.‹ Er meinte, hänge dein Herz nie an Besitztümer.«

Nach diesem gut gemeinten väterlichen Ratschlag zur Bescheidenheit war eigentlich nicht vorauszusehen, dass Imelda Marcos eines Tages zu einer der unersättlichsten Frauen der Welt aufsteigen würde, zum lebenden Symbol für Schönheit, Luxus, Verschwendungssucht und Machttrieb.

Aschenputtel, Miss Manila, First Lady, Madonna der Armen, Schuhfetischistin, Partykönigin, Golden Lady, eiserner Schmetterling: Keine andere Frau, die in moderner Zeit Politik gemacht und beeinflusst hat, ist in so unterschiedlichen Rollen aufgetreten wie die philippinische Diktatorenwitwe. Die raffinierte Mixtur aus extravaganter Schönheit, zynisch zur Schau getragenem Mitgefühl, cleverem Entertainment, brennendem Ehrgeiz und sinnlosem Luxuswahn wurde zu ihrem Markenzeichen. Ihr steiler Aufstieg von der Schönheitskönigin in die Galerie der mächtigsten und umstrittensten Herrscherinnen Asiens prägt eines der schwierigsten Kapitel in der neueren Geschichte der Philippinnen.

Imeldas Ehemann, Ferdinand Marcos, regierte den Inselstaat 20 Jahre lang mit eiserner Hand. Aber für viele Beobachter war die Präsidentengattin mit den raffgierigen Händen die heimliche Herrscherin in Manila. Mit Präsident Ford tanzte sie bei

einer Schiffsreise von Corregidor nach Manila den Bambus-
tanz, sie küsste Mao Tse-tung als Geste der Ehrerbietung die
Hand, sie verhandelte mit Ghaddafi und machte als Sonderbotschafterin bei der Weltbank Kredite für Manila locker.
Sie ließ ihre Brillanten funkeln, »damit die armen Filipinos
einen Stern haben, zu dem sie aus ihren Armenvierteln auf-
blicken können«. Aber statt Reis an die Armen zu verteilen,
raffte die von vielen vergötterte und dann mit Schimpf und
Schande aus dem Lande gejagte selbsternannte »Mama der
Armen« mit ihrem Mann einen der größten Goldschätze der
Welt zusammen: Angeblich 4000 Tonnen, ein Vermögen so
groß wie das Schweizer Jahresbudget.
Einmal aus der Flasche gelassen, ließ sich Imeldas Geist
(«Jedermann liebt mich«) nicht mehr zurückbannen. Viele
Filipinos, offenbar sehr viele, verehrten und bewunderten
sie und sahen nicht, wie Millionen und Abermillionen vom
Marcos-Clan verprasst wurden. Am düsteren Firmament der
Slums von Manila erschienen Imeldas Versprechen von einer
besseren Welt den Besitzlosen wie Sterne der Verheißung. In
manchen Buchläden Manilas liegt auch heute noch ein inzwischen verstaubter heimischer Bestseller im Schaufenster, der in
endlosen Versen die frühere erste Dame des Landes wie eine
Heilige verehrt. Nach Beschreibung ihrer Kindheit und Jugend
folgt der Satz: »... Sie ist unsere Herrin geworden.«
Die »Golden Lady« kam am 2. Juli 1929 in ärmlichen Verhältnissen in Leyte (mitten in den Visayas) zur Welt. Ihr Vater,
Vicente Orestes Romuáldez, ein verarmter Rechtsanwalt, hatte
spanische Vorfahren und entstammte einer der 400 ehemals
angesehensten und reichsten Familien des Landes. Die Spanier
kamen erstmals 1521 auf die Inseln und benannten diese nach
König Philipp II. Nachdem die islamischen Sultanate besiegt waren, gründeten die Kolonialherren 1571 die Hauptstadt Manila
und bauten diese zu einer wichtigen Handelsmetropole aus. Die

Filipinos wurden von den spanischen Herrschern zum katholischen Glauben bekehrt. Aber religiöse Härte, Zwangsbekehrungen, Unterdrückung und Misswirtschaft lösten 1896 unter der einheimischen Bevölkerung eine Revolution aus.

Unter dem Freiheitskämpfer Andres Bonifacio zogen die Rebellen gegen die Spanier ins Feld. Als die Amerikaner Spanien wegen dessen Kolonialherrschaft in Cuba den Krieg erklärten, stellten sich die Filipinos auf die Seite der USA. Nach dem Spanisch-Amerikanischen Krieg gingen die Inseln im Pazifik in den Besitz der USA über, die dafür an Spanien 20 Millionen US-Dollar zahlten. Die letzten philippinischen Rebellen wurden von amerikanischen Truppen besiegt. Erst 1946 wurden die Philippinen nach einigen Zwischenstufen in die Unabhängigkeit entlassen. Die USA sicherten sich aber das Recht, für die Dauer von 99 Jahren 23 Militärbasen pachtfrei auf den Inseln zu unterhalten.

Imeldas Mutter, Remedios Trinidad, gehörte einer niederen Klasse an. Sie bekam sechs Kinder und kümmerte sich hauptsächlich um deren Erziehung. Ihre Tochter musste ihr früh im Haushalt helfen, musste kochen, waschen, schrubben und die jüngeren Geschwister betreuen. Wenn Imelda nicht in der Küche oder mit anderen Dingen beschäftigt war, erzählte sie ihnen von Aschenputtel.

Denn wie alle Mädchen ihres Alters träumte auch Imelda davon, eines Tages auf einen Ball eingeladen zu werden, wo ein Prinz mit einer Kutsche auf sie wartete und um ihre Hand anhielt. Er würde ihr goldene Kleider und mit Perlen und Edelsteinen bestickte Schuhe schenken und sie würde in einem goldenen Palast wohnen. Davon träumte sie, während sie zeitweise in einer schäbigen, staubigen Garage wohnte und auf Holzbrettern schlafen musste.

Imelda wuchs zu einem hübschen, intelligenten Teenager heran. Mit 10 nahm sie Gesang- und Tanzunterricht und begann sich für Mode zu interessieren. Auf dem St. Paul's College lernte sie Englisch. Die Lehrer wollten ihre Schüler auf ein Leben unter amerikanischer Flagge vorbereiten, denn für die japanischen Besatzer war der Krieg so gut wie verloren.

Bereits in der Schule fiel Imelda durch ihre beeindruckende Schönheit, ihre Selbstsicherheit und ihre Willensstärke auf. Nach Angaben von Mitschülerinnen hatte sie sich schon als Teenager in den hübschen Kopf gesetzt, einen reichen Mann zu angeln. Zunächst musste sie sich aber damit begnügen, vor amerikanischen GIs aufzutreten. Sie sang:

»When I grow to be a lady
I'll be a Queen, a lovely Queen
Walking in the garden shady
In gown of green and silver sheen,
Maids in gold and white shall follow me
And suitors of a high degree ...«

Als sie 1953 mit den Maßen 90 – 58 – 88 den Titel einer »Miss Manila« gewann, wurde der Aschenputtel-Traum Wirklichkeit: Kurz darauf lernte sie in der Cafeteria des Kongresshauses den hoch dekorierten Freiheitskämpfer und aufsteigenden Politiker Ferdinand Marcos kennen. Er war von der fotogenen Imelda so beeindruckt, dass er ihr gleich in der ersten Stunde der Begegnung einen Heiratsantrag machte. »Wir aßen Hühnchen im Schlafrock«, erinnert sie sich. »Das heißt, ich aß, er schaute zu, weil, wie er sagte, sein Herz so voller Liebe sei, dass er keinen Bissen herunterbekam. Ich fand das so niedlich – und habe seine Portion auch aufgegessen.« 11 Tage später gab sie ihrem »Ferdie« auf dem Standesamt das Jawort. Er war damals 37 Jahre alt, sie 24.

Ferdinand Edralin Marcos wuchs in Batac in der Provinz Ilocos Norte auf der Hauptinsel Luzon auf. Der Ort liegt abseits der weißen Sandstrände zwischen Reisfeldern und Bergland. Hier zwischen staubigen Hütten und alten Palästen sammelte der spätere Diktator seine ersten Erfahrungen. Als 18-Jähriger soll er einen politischen Gegner seines Vaters, der sich morgens gerade die Zähne putzte, vom Balkon des Nachbarhauses durchs Badezimmerfenster erschossen haben. Ferdinands Vater war ein bekannter Pädagoge und Jurist und legte besonderen Wert auf die sportliche Ertüchtigung seines Sohnes. Als Gewehr- und Pistolenschütze errang der junge Mann sämtliche Meistertitel des Landes. Er praktizierte Boxen und Judo, spielte Golf, Tennis und Pelota. Seine Mutter, eine Lehrerin, war die Tochter eines reichen Gutsbesitzers.

Als Ferdinand Marcos wegen der tödlichen Schüsse angeklagt wurde, studierte er bereits Jura. Er wurde zu einer Gefängnisstrafe verurteilt, konnte aber während der Haft sein Studium fortsetzen. 1939 bestand er das Examen mit Auszeichnung. Ein Jahr später erwirkte der junge Advokat vor dem Obersten Gerichtshof einen Freispruch in eigener Sache. Jener Prozess machte ihn berühmt. Auch seine Herkunft sollte später bei der politischen Karriere eine wesentliche Rolle spielen. Die Ilocanos sahen ihn als ihren Patron an, viele seiner engsten Vertauten waren Ilocanos.

Nach seiner Rehabilitierung war Ferdinand Marcos als Rechtsanwalt tätig. Er kämpfte in der Guerillaeinheit »An Mag Maharlika« gegen die Japaner und unterstützte die Amerikaner bei der Rückeroberung des Inselreichs. Dabei wurde er 5-mal verwundet, erhielt 27 Auszeichnungen und war damit der meistdekorierte Soldat der Philippinen.

Der australische Historiker McCoy veröffentliche 1986 allerdings Dokumente, die starke Zweifel an dem Heldenepos aufkommen lassen. In Wahrheit soll Marcos als junger Schwarzhändler die Japaner mit Stahlkabeln und sonstigem kriegswichtigen Material versorgt haben.

Imelda fand in dem ehrgeizigen jungen Anwalt und Politiker den idealen Partner, mit dem sie ihre Interessen teilen konnte: »In meinem Land glauben wir nicht, dass Männer Schwächlinge sind, die der bösen Eva anheim fallen. ›Eve‹ ist ja nur eine Kurzform für ›evil‹. Wir glauben, dass Männer und Frauen gleich sind, aber trotzdem unterschiedlich. Einer ist malakas (stark), die andere ist magada (schön). Stärke und Schönheit sind in Körper, Seele und Geist. Ferdinand und ich haben uns diesem Gedanken verschrieben. Gott zeigt sich mir in der Schönheit. Nach Geld und Macht zu streben heißt nach Schönheit streben.«

Als Ferdinand Marcos sich im November 1965 um das Präsidentenamt bewarb, betrat Imelda zum ersten Mal die Bühne der Politik. Sie managte geschickt den Wahlkampf für ihren Ehemann. Schon bald zeigte sich, dass sich hinter ihrem zerbrechlichen Kokon, der sanften Stimme und der gewinnenden Freundlichkeit ein »eiserner Schmetterling« verbarg, der jetzt aus seiner Hülle schlüpfte und seine starken Flügel entfaltete. Dank ihrer Verbindungen – allein auf den Inseln Leyte und Samar kontrollierte ihre Familie angeblich 500 000 Wähler – konnte Marcos insgesamt 60 Prozent der Stimmen auf sich vereinigen. Nach Meinung unabhängiger politischer Beobachter in Manila wurden viele Stimmen mit barer Münze, Geschenken oder anderen Vergünstigungen erkauft.

Die Hautevolee in Manila rümpfte zunächst die Nase über die »First Lady« mit der etwas zu »platt geratenen Nase«. Aber Imelda ließ sich davon nicht irritieren: »Mich soll niemand auf einen Sockel stellen – ich stehe mit beiden Beinen fest auf der Erde.« Damit war klar, dass sie sich als Gattin des Staatspräsidenten nicht mit der Rolle eines lasziven, hüftschwingenden Luxusweibchens im Malacanang-Palast begnügen würde. Sie wollte in der Politik ein Wörtchen mitreden: »Die Macht ist wie ein Instrument oder eine Waffe, die einem geliehen wird, um zu helfen …«

Auch Ferdinand Marcos hatte seinen Wählern versprochen, die Philippinen von Korruption, Schmuggel und Kriminalität zu befreien. In Wirklichkeit blieben die Reformen im Ansatz stecken und die soziale Kluft wurde während seiner Amtszeit größer statt kleiner. Die Regierung Reagan feierte den neuen Präsidenten als demokratisches Vorbild für Asien. Marcos war im Kampf gegen den Kommunismus nützlich. Und solange der Kalte Krieg herrschte, wurde er von Washington unterstützt.

Marcos verstand es, sein Inselreich durch eine ihm ergebene Günstlingsschar und Hausmacht unter Kontrolle zu halten. Nach dem Motto »kleine Geschenke erhalten die Freundschaft« half ihm Imelda mit unerhörtem Geschick, ein Imperium der Vetternwirtschaft und Korruption aufzubauen. Die Adressaten waren vor allem Mitglieder der Nationalversammlung, Regierungsbeamte, Militärs und ihre Gattinnen.

Aus Insider-Sicht hatte Imelda eine besonders diskrete Methode entwickelt, um Barspenden per Handschlag an Günstlinge zu verteilen. Es heißt, dass sie diesen Trick wie ein Taschenspieler beherrscht habe. Außerdem soll sie von Einkaufsreisen aus dem Ausland ganze Flugzeugladungen voll Andenken für die Helfer und Vasallen der Marcos-Clique mitgebracht haben: Uhren und Füllfederhalter von Cartier, japanische Fernsehapparate und Tonbandgeräte. »Als eine typische Filipina«, so Reuben Canoy, sozialdemokratischer Außenseiterkandidat bei den Präsidentschaftswahlen 1986, »konnte sie sich nicht vorstellen, nach Hause zu kommen ohne die üblichen Mitbringsel.«

1969 wurde Marcos zum zweiten Mal als Präsident gewählt. Klüngelwirtschaft und Korruption hatten weiterhin Hochkonjunktur. Als angesichts dieser Situation auf den südlichen Inseln 1971 blutige Unruhen ausbrachen, verhängte Marcos das Kriegsrecht, die Pressefreiheit wurde eingeschränkt und das Streikrecht aufgehoben. Gestützt auf seinen Sicherheitsapparat und seine alten Seilschaften konnte der Diktator unbehelligt weiterregieren.

Jetzt wurde auch Imelda belohnt. Bei öffentlichen Auftritten des Paares wurden zwei thronartige, reich vergoldete Amtssessel von genau gleicher Größe aufgestellt. 1975 machte ihr Mann sie zur Gouverneurin der Sieben-Millionen-Metropole Manila.

Die frühere Schönheitskönigin sorgte für Dynamik. Sie ließ die Straßen fegen, alte Gebäude aufputzen, Grünanlagen anlegen, Armenviertel sanieren. Als »Star und Sklave« hat sie später ihre Rolle beschrieben: »Als Star setze ich dem Volk einen Maßstab, nach dem es streben kann. Als Sklave will ich es aus der Gosse emporheben. Bevor man mit Information, Erziehung und Trainingsprogrammen eingreifen kann, muss man die Leute motivieren. Inspirieren kann man aber nur mit Schönheit.«

1979 wurde Imelda zur Chefin des eigens für sie gegründeten Ministeriums für »Human Settlements« ernannt. Gegner von Marcos' Alleinregime beschuldigten den Präsidenten des Ämterhandels und der Familienprotektion. Die Proteste konnten Imeldas Ambitionen nicht stoppen. Sie hatte sich vorgenommen, die Philippinen zu einem »schönen Land für alle Menschen zu machen. Schließlich ist die Schönheit das Einzige, was die menschliche Seele nähren kann.«

Als Gouverneurin von Manila und Vorsteherin eines Superministeriums saß sie jetzt, die pechschwarzen Haare zu einem inspirierenden Aufbau zusammengesteckt, an den Hebeln der Macht und hatte freie Hand bei der Konzeption und Ausführung zahlreicher Prestigebauten. Während für die Armen in den Elendsvierteln nur Brotkrumen abfielen, ließ sie mit großer Kelle die Symbole für ein Metromanila anrichten, als wolle sie mit der Skyline von New York konkurrieren.

Dem Jetset spendierte sie Luxushotels, Kongressgebäude,

Museen und Kulturzentren, die in greller Art mit den Slums kontrastieren. Imeldas krankhafter Bauwahn kam das arme Land nicht nur teuer zu stehen, sondern forderte auch zahlreiche Menschenleben. Allein beim Bau des Nationalen Filmtheaters (Kosten: 100 Millionen Dollar) fanden mindestens 30 Arbeiter den Tod, als zwei Stockwerke einstürzten. Da das Gebäude rechtzeitig zu einem Film-Festival eröffnet werden sollte, blieb keine Zeit zur Bergung der Toten. Die Leichen wurden mit Bulldozern eingewalzt.

Imeldas Vorliebe für ultraluxuriöse Schauobjekte sprengte im Laufe der Zeit alles bis dahin Gewohnte. Da sie sich als »Soldat der Schönheit« fühlte, unterzog sie sich immer wieder der so »schrecklich lästigen Pflicht«, sich schön herauszuputzen. Und wenn die »Pflicht« rief, war Imelda nicht zu stoppen. Dann konnte sie locker an einem Tag ein paar Millionen Dollar für hübsche Kleider und Diamanten ausgeben.

Rechnungen belegen, dass sie einmal in Ilocos an einem Vormittag Juwelen für zwei Millionen Franken und am Nachmittag desselben Tages Antiquitäten im Gesamtwert von vier Millionen erstand. Für ein Abendkleid und sechs Seidenkleider des italienischen Modeschöpfers Valentino zahlte sie umgerechnet 210 000 Franken. »Newsweek« berichtet, dass sie an einem einzigen Tag in der Schweiz für Schmuck zwölf Millionen Dollar hingeblättert habe.

Bei ihren »Pflichteinkäufen« in den Edelboutiquen der Metropolen Europas und Nordamerikas sammelte Imelda massenhaft Gewänder und Gepränge. Auf einer achtwöchigen amerikanischen Einkaufstour benutzte sie zwei Jumbo-Jets, einen für sie und einen für ihr Gepäck.

Mit den im Laufe der Jahre zusammengerafften Modellkleidern und Accessoires hätte man ein ganzes Warenhaus füllen können. In ihrer Kleiderkammer (21 mal 21 Meter) füllten die Designerstücke meterlange Ständer und Regale: 1300 Roben,

3000 Paar Schuhe (viele Modelle von Gucci, Ungaro und Charles Jordan), 500 schwarze Büstenhalter (darunter auch schussfeste), 1000 Paar Unterhöschen, 200 Hüftgürtel, Hunderte von Blusen und Gucci-Ledertaschen. Der amerikanische Kongressabgeordnete Stephen Solarz fand: »Verglichen mit Imelda war Marie Antoinette eine Stadtstreicherin.«

Die Schönheitskönigin ließ sich auch in den Prunkgemächern des Präsidentenpalastes verherrlichen. Überall hingen Bilder von ihr. Das größte unter ihnen maß 2 mal 1,5 Meter und zierte das Schlafzimmer. Es stellte die »Landesmutter« als leicht geschürztes Landmädchen dar. Das Gemälde trug den Titel »schön«. Das Gegenstück zu diesem Bild zeigte den Präsidenten in jungen Jahren mit nacktem, muskulösem Oberkörper vor einer Dschungelkulisse, verklärt zum Kriegshelden, ausgezeichnet mit dem Titel »tapfer«.

Neben diesen »Kunstwerken« zählten zur Marcos-Sammlung auch die Werke alter Meister wie Michelangelo, Rubens, El Greco, Goya, Boucher und Zurbaran ebenso wie Bilder von Cézanne, Gauguin, Monet, Renoir, Picasso und Francis Bacon. Viele der philippinischen Staatskasse gestohlenen Millionen sollen für den Ankauf dieser Sammlung verwendet worden sein. Imelda galt als die treibende Kraft. Als sie 1986 mit ihrem Gatten aus Manila fliehen musste, verschwanden auch die Kunstwerke.

Highlife und rauschende Feste: Imelda liebte es, im großen Stil zu feiern. Als ihre jüngere Tochter im Juni 1983 heiratete, wurden gleich alle 95 Provinzgouverneure und die 1500 Bürgermeister des Landes zu einer prunkvollen Vermählungsfeier eingeladen, die rund zehn Millionen Dollar gekostet haben soll. Für eine Sommerparty auf ihrer Heimatinsel Leyte ließ die Präsidentengattin von der philippinischen Marine tonnenweise weißen Sand zur Verschönerung des Strandes herankarren. Die Luftwaffe flog Blumen und Gras aus Manila ein.

Für pikanten Gesprächsstoff sorgte in Manila ein weiteres Kapitel der Marcos'schen Familiensaga: Es handelte von Liebe und Sex. Bevor der Präsident von einem schweren Nierenleiden befallen wurde, galt er als feuriger Playboy, dessen amouröse Eskapaden Imelda zu wilden Eifersuchtsszenen trieben. In Manilas Damenwelt wurde seine Potenz als »außerordentlich« gerühmt.

Peinlich endete jedoch eine zweijährige Affäre mit dem amerikanischen Starlet Dovie Beams. Als die Liaison zu Ende war, spielte die Marcos-Freundin verschiedenen Journalisten ein Tonband vor, das sie heimlich bei einem Bettgeflüster mit dem Präsidenten aufgezeichnet hatte. Wörtliche Passagen wurden später in dem Buch »Marcos' Lovey Dovie« des Journalisten Hermie Rotea publiziert. Marcos revanchierte sich und ließ Dovie nackt in seiner Regierungszeitung abbilden. Die Fotos hatte er selber geschossen.

Glaubt man den Klatschkolumnisten in Manila, dann war auch die Landesmutter der Philippinen kein Kind von Traurigkeit. Die Unersättliche wurde unter anderem mit dem Pianisten Van Cliburn und dem Hollywood-Schauspieler George Hamilton in Verbindung gebracht, der bis 1979 auf die Rolle des schönen, aber kalten Herzensbrechers abonniert war. Später feierte er in der Dracula-Parodie »Liebe auf den ersten Biss« ein großes Comeback.

Eine intime Verbindung mit dem Playboy-Schauspieler hat Imelda zwar immer bestritten, gleichwohl finanzierte sie ihm in Hollywood eine 1,2 Millionen-Traumvilla, die Hamilton später für sechs Millionen an den Waffenhändler Adnan Kashoggi weiterverkaufte. Der saudiarabische Geschäftsmann zählte zum engeren Freundeskreis der Präsidentengattin. US-Behörden beschuldigten ihn später, er habe Ferdinand Marcos bei illegalen Geschäften mit unterschlagenen Staatsgeldern geholfen.

Von 1972 bis 1983 regierte das Diktatorenpaar die Philippinen per Kriegsrecht. Polizeispitzel und das Militär bildeten die Korsettstangen des Marcos-Regimes. Notorische Menschenrechtsverletzungen waren an der Tagesordnung. Als am 21. August 1983 der Oppositionsführer Benigno Aquino trotz Warnung aus dreijährigem US-Exil nach Manila zurückkehrte, wurde er auf dem Flughafen von unbekannten Tätern erschossen. Präsident Marcos geriet in den Verdacht, die Killer bestellt zu haben, seiner Frau wurde Komplizenschaft vorgeworfen. Doch die Hintergründe des Attentats wurden nie aufgeklärt. Ein Untersuchungsverfahren versandete erwartungsgemäß. Imelda beteuerte: »Ich habe keine Leichen im Keller, nur Schuhe.«

Erst die Witwe Aquinos schaffte es, das Diktatorenpaar vom Thron zu stürzen. Bei den Wahlen im Februar 1986 trat sie als Gegenkandidat auf. Zwar erklärte die Nationalversammlung Marcos zum Sieger, doch nach Meinung unabhängiger politischer Beobachter war die Wahl offenkundig manipuliert worden. Nun rief Frau Aquino zum passiven Widerstand gegen den Fälscher auf: »Peoples' Power«, die populäre unblutige Revolution von 1986, leitete den Zusammenbruch der 20-jährigen Marcos-Herrschaft ein. Sie endete damit, dass die Amerikaner Marcos zum Amtsverzicht drängten und ihm als Exil Honolulu anboten. Die Party war vorbei.

Am 25. Februar wurde Corazon Aquino als Präsidentin vereidigt. Noch am gleichen Tag mussten Ferdinand und Imelda aus dem belagerten Malacanang-Palast fliehen. Sie wurden von Helikoptern der US-Air-Force ausgeflogen. Eine Militärmaschine brachte sie samt Hofstaat über Guam nach Hawaii. Bei der Flucht hatten sie Banknoten im Wert von 1,5 Millionen Dollar und Schmuck im Wert von 5 Millionen bei sich.

Präsidentin Aquino übernahm ein überaus schweres Erbe: Die mühsame Jagd nach den Marcos-Milliarden und dem Philippinen-Gold. Schon lange vor dem Umsturz war in Manila die

Rede davon, dass der Diktator in der Schweiz vier Tonnen Gold liegen habe. Um mindestens fünf Milliarden Dollar, vielleicht auch zehn Milliarden Dollar, so schätzte eine Untersuchungskommission, habe er die Staatskasse erleichtert. Der für die Rückschaffung der Riesenbeute zuständige Chefermittler Jovito Salonga vermutete, dass die Milliarden in Monopoly-Manier zielstrebig rund um den Globus angelegt waren – in Grundstücken, Häusern, Gemälden, Juwelen und auf Nummernkonten in der Schweiz.

Die Kommission war überzeugt, dass die Familie Marcos das Geld zum Teil unter fiktiven Namen angelegt hatte. Schon während der ersten Amtszeit ihres Gatten soll Imelda Hunderttausende von Dollar auf ein Konto in New York überwiesen haben, das ursprünglich auf den Namen eines befreundeten Ehepaares eröffnet wurde. Allein in Manhattan – so mutmaßten die Ermittler – besaß Marcos Liegenschaften im Gesamtwert von 350 Millionen Dollar, darunter ein 70-stöckiges Bürogebäude an der Wall Street und ein neunstöckiges Einkaufszentrum an der Fifth Avenue. Auf einem Schweizer Bankkonto wurden 800 Millionen Dollar vermutet.

Wie konnte Ferdinand Marcos zum »Mister Goldfinger« aufsteigen?

Zum Zeitpunkt seiner Wahl im Jahr 1965 hatte er nur ein paar tausend Dollar an Kapital ausgewiesen. Als Präsident der Philippinen verdiente er kaum mehr als ein einfacher Bankangestellter oder Dorfschullehrer im Westen. Ein Großteil seines Goldes soll aus dem legendären Schatz des japanischen Generals Tomoyuki Yamashita stammen. Der Oberbefehlshaber der kaiserlich japanischen Armee, auch »Tiger von Malaya« genannt, hatte im Zweiten Weltkrieg Reichtümer aus ganz Asien auf den Philippinen, nahe der Stadt Baguio City, in einem Netz von 171 verschiedenen Tunnels gehortet. Als er 1945 fliehen musste, ließ er die Zugänge sprengen. Ende Februar

1946 wurde er wegen Grausamkeiten, die er gegen gefangene Amerikaner begangen hatte, zum Tode durch den Strang verteilt. Das Geheimnis um den sagenhaften Goldschatz nahm er mit ins Grab.

Seitdem haben Abenteurer aus der ganzen Welt auf den Philippinen nach dem Gold gegraben. Die Legende erzählt, dass mindestens fünf bis sieben Tonnen in den Tunneln vergraben sind. Der inzwischen verstorbene Filipino Rogelio Roxas soll im Januar 1971 einen Teil des verschollenen Schatzes entdeckt haben. Der Fund bestand aus einer 90 Zentimeter hohen Buddhastatue, gefüllt mit Gold und ungeschliffenen Diamanten. Die Skulptur wog angeblich eine Tonne.

Später soll Roxas noch weitere Schätze entdeckt haben. Aber bevor er sie bergen konnte, sei er verhaftet worden. Ein Richter namens Marcos, angeblich ein Onkel des Diktators, habe eine Hausdurchsuchung angeordnet und die geborgenen Schätze beschlagnahmt. Nachdem Roxas gefoltert, eingesperrt und bedroht worden war, wanderte er in die USA aus. 1993 konnte er auf Hawaii eine Klage gegen Marcos durchsetzen. Doch kurz vor dem Abflug zum Gerichtstermin brach Roxas tot zusammen. Angeblich wurde er vergiftet.

Aber außer dem Yamashita-Schatz – so die Erkenntnisse der philippinischen Korruptionsfahnder – besaß Marcos viele andere, lukrative Einnahmequellen. Schon bevor er Imelda kannte, soll er seine erste Million zusammengeschaufelt haben. Er jonglierte mit Importlizenzen und Einreisebewilligungen, er kontrollierte in seiner Heimatprovinz die Ausfuhren von Tabak, Zucker, Kokosnuss und Bananen. Für jeden Lastwagen, der die Region verließ, kassierte er so genannte »dong«, Schmiergelder von zehn bis 15 Prozent des Reingewinns.

Nach und nach kontrollierte die Marcos-Sippe mit Hilfe von Mittelsmännern die wichtigsten Branchen: Von der Pharmaindustrie bis zum Telefonwesen, von der Stromwirtschaft bis zum Wohnungsbau – praktisch überall hielt Marcos die Hand auf. Die Hauptgewinne kamen aus den Jackpots von Kasinos, Wettbüros und Spielhöllen, die zwar offiziell vom Staat betrieben wurden, deren Chef aber Imeldas Bruder war. Vor ihrem Sturz soll er kistenweise Banknoten nach Hongkong verschifft haben.

Eine weitere Spezialität der Marcos-Familie war nach den Erkenntnissen der Korruptionsermittler die Vergabe von Lizenzen an ausländische Firmen, die auf den Philippinen Geschäfte tätigen wollten. Bei einem der größten Deals, dem Bau des ersten Kernkraftwerkes der Philippinen, sollen insgesamt 200 Millionen Dollar an Schmiergeld geflossen sein, 70 Millionen direkt an Marcos. Der verstorbene Außenminister Carlos Romulo erzählte einem engen Mitarbeiter, er habe selber gesehen, wie Imelda im New Yorker »Waldorf Astoria« einen Scheck entgegengenommen habe.

Bei der Fahndung nach den beiseite geschafften Potentatengeldern wurden die Ermittler bald fündig. 1986 wurden auf Schweizer Konten 500 Millionen Dollar eingefroren, ein Trinkgeld angesichts der fünf bis 15 Milliarden Dollar, auf die das Marcos-Vermögen geschätzt wurde. Während die philippinische Justiz in insgesamt 54 Straf- und 33 Zivilklagen wegen Korruption, Machtmissbrauchs, Steuerhinterziehung, illegalen Warenexports und Verstoßes gegen das Zentralbankengesetz gegen das gestürzte Herrscherpaar ermittelte, zelebrierten der Ex-Diktator und seine Frau ein Vierteljahr nach ihrer Flucht aus Manila im Exil auf Hawaii ihren 32. Hochzeitstag. Mit Blumenkränzen um den Hals und dem trotzigen Victory-Zeichen war es ihr erster öffentlicher Auftritt in der Fremde.

4500 Filipinos, vor allem Ilocanos, waren im Neil Blaisdell Center von Honolulu erschienen, um ihre Idole zu feiern. Damit das ehemalige »First Couple« nicht Not leiden musste, warfen sie am Eingang der Basketballhalle Briefumschläge mit Geldscheinen in bereitstehende Kartons. Mit Tränen der Rührung in den Augen stieg Imelda im schlichten grünen Kleid auf die Bühne und sang mit heiserer Stimme ein Loblied auf den Ehemann: »Your are the only one I am going to love.« Dann sangen alle gemeinsam: »Philippines, my Philippines« und »We love you, Mr. President«.

Gegen den abgehalfterten Präsidenten und seine Frau lief zu diesem Zeitpunkt in New York bereits der Countdown für ein Strafverfahren wegen Betrugs und Unterschlagung. Die Anklage stützte sich auf den »Racketeer-Influenced and Corrupt Organization Act«, kurz Rico genannt: Ein Anti-Mafia-Gesetz, das 1970 erlassen wurde, um den großen Bossen der »Familien«, die ihren Handlangern die blutige Schmutzarbeit überlassen, das Handwerk zu legen. Es bedroht die Zugehörigkeit zu einer kriminellen Vereinigung mit Höchststrafen bis zu 20 Jahren Gefängnis.

Wegen seiner angegriffenen Gesundheit wurde der 71 Jahre alte Marcos allerdings von der Verhandlung dispensiert. Er starb am 28. September 1989 in einem Krankenhaus in Honolulu. Nach der Todesnachricht erklärte Präsidentin Aquino, dass sie seine Beerdigung auf den Philippinen nicht erlauben werde, solange sie im Amt sei. Nach ihrem Willen sollte der Ex-Diktator nie wieder philippinischen Boden betreten, auch nicht als Toter.

So musste Imelda allein nach New York zum Prozess fliegen. Als trauernde Witwe erschien sie ganz in Schwarz im Gerichtssaal 318, dem Bußraum der Hautevolee dieser Stadt, und trotzte mit ihrem Ex-Schönheitsköniginnen-Lächeln dem Blitzlichtgewitter der Fotografen. Einst musste sich hier eine andere Schönheitskönigin, Bess Myerson, wegen Ladendiebstahls verantworten.

Dies waren jedoch Peanuts im Vergleich zur Anklage gegen Imelda: Ihr warf der Staatsanwalt vor, zusammen mit ihrem

Mann in Präsidententagen die philippinische Staatskasse geplündert zu haben. Es ging um Unterschlagung und Schmuggel von 222 Millionen Dollar aus Manila. Das Geld soll in Kunst, Juwelen und vier Hochhäuser in Manhattan angelegt worden sein. Sollte Imelda in allen Punkten für schuldig gesprochen werden, drohte ihr eine Haftstrafe von 50 Jahren.

Mit angeklagt war auch der arabische Finanzjongleur Adnan Kashoggi, den man einst den reichsten Mann der Welt nannte. Auf Ersuchen der USA war er in der Schweiz festgenommen und den amerikanischen Behörden überstellt worden. Der Vorwurf gegen Kashoggi: Er soll bei den Transaktionen mit den Marcos-Milliarden behilflich gewesen sein und philippinisches Staatsvermögen über internationale Finanzplätze in private Kanäle umgeleitet haben. Gegen die Hinterlegung einer Kaution von zehn Millionen Dollar kam er aus der Untersuchungshaft frei. Aber er trug ein spezielles Armband, das ihm das FBI verpasst hatte. Es enthielt komplizierte Elektronik, die sofort Alarm schlug, sobald er die Stadt verlassen hätte.

Schon vor Beginn der Hauptverhandlung stand für viele Kommentatoren der Verlierer des Prozesses fest: Die Glaubwürdigkeit der amerikanischen Regierung. Müsste man nicht, so fragte das »Wallstreet Journal«, alle diejenigen auf die Anklagebank setzen, die mit Marcos jahrzehntelang gute Geschäfte machten – das amerikanische Außenministerium, die Weltbank und nicht zuletzt der amerikanische Generalstab, der den Vietnamkrieg nicht ohne die philippinischen Basen hätte führen können. Viele Jahre hatten sie Marcos als großen Demokraten gefeiert, dann wurde er fallen gelassen.

Die »Frankfurter Allgemeine« schrieb: »Das Außenministerium dürfte in Zukunft Schwierigkeiten haben, in die Enge getriebene Diktatoren zur Abdankung und zum Exil in den Vereinigten Staaten zu überreden. Wenn Ferdinand Marcos geahnt hätte, welches Schicksal ihn bei seinen amerikanischen

Freunden erwartete, hätte er den Bürgerkrieg gewiss vorgezogen.«

Als seine Frau am 31. Oktober 1988 vor dem Federal Court in New York erschien, nahm ein Gerichtsdiener der früheren First Lady zunächst die Fingerabdrücke ab. Dann legte das Gericht die Kaution für die Haftverschonung fest – fünf Millionen Dollar. Imelda ließ sich die Summe von der Tabakerbin Doris Duke vorstrecken, die in der Nähe der Marcos-Villa ebenfalls ein Ferienhaus besitzt. Als Grund für ihre Großzügigkeit nannte Frau Duke »Ekel« über den »Verrat« an einem »treuen Verbündeten« der USA.

Als der Prozess begann, bat Imelda die zwölf Geschworenen um ein »faires Verfahren, wie es jeder schlichte Bürger Amerikas erhält, der Gerechtigkeit sucht«. Zuvor hatte sie dem amerikanischen Präsidenten George Bush einen Brief geschrieben und ihm versprochen, einen Teil des Vermögens ihres verstorbenen Mannes den Armen auf den Philippinen zu stiften, falls Bush sich dafür einsetze, dass Marcos in seiner Heimat beigesetzt werde. Außerdem wollte sie zwei alte Freunde aus glanzvollen Zeiten als Kronzeugen zum Prozess einladen: Ronald und Nancy Reagan.

In der Hauptverhandlung erlebten die Geschworenen einen »kämpferischen Schmetterling«, der vehement seine Unschuld beteuerte. »Marcos und ich haben nur im Sinne des philippinischen Volkes gehandelt«, erklärte Imelda. »Das Geld haben wir ehrlich erworben. Es gehört der Familie Marcos.«

Nach Imeldas Aussage war Marcos schon ein reicher Mann, als sie ihn kennen lernte. Das meiste Geld habe er durch legale Spekulationen mit Gold und Aktien verdient. Ein anderer Teil seines Vermögens stamme aus dem legendären Yamashita-Schatz, der über die ganze Insel verteilt nach dem Krieg von den Japanern zurückgelassen worden sei.

Da der Staat nur über magere Einnahmen verfügte, habe ihr

Mann sein persönliches Vermögen für den Bau von Straßen, Krankenhäusern und zahlreichen anderen Vorhaben verwendet. Das Geld, das er nach Amerika sandte, sei sein eigenes gewesen und nicht aus der Staatskasse. Als Beleg präsentierten Imeldas Anwälte dem Gericht einen Riesenordner mit unzähligen Kaufaufträgen und Transaktionen.

Was war mit den Gemälden und Juwelen? »Viele der Bilder habe ich für die armen Museen zu Hause gekauft«, erklärte Imelda. »Was die Juwelen betrifft – ich war eben mit einem Mann gesegnet, der sehr großzügig zu mir war.«

Nach langem Brüten über umfangreichen Gerichtsdokumenten sprachen die Geschworenen Imelda an ihrem 61. Geburtstag von der Anklage des Betruges und der Unterschlagung frei. Schon während der Verhandlung hatte der Richter gestöhnt: »Wozu ist ein amerikanisches Gericht da? Was habe ich hier, am Foley Square 40, mit einem Diebstahl aus philippinischen Banken zu tun?« Ein Geschworener sagte nach dem Verfahren: »Der Prozess fand auf der falschen Seite des Ozeans statt.« Und ein anderer erklärte: »Wir hatten das Gefühl, das wir die Frau nicht für schuldig erklären konnten, nur weil sie mit einem Mann verheiratet war, der vielleicht schuldig war.«

Nach dem Freispruch dankte Imelda der amerikanischen Justiz, die »die Entscheidung über ihr Schicksal dem Volk überlässt, nicht den Politikern«. Die »größten Schmerzen« hätten ihr die Angriffe auf ihren Mann bereitet: »Selbst Jesus Christus wurde nach seinem Tod nicht noch einmal gekreuzigt.«

Von der amerikanischen Regierung fühlte sie sich verraten: »Amerika hat mich entführt. Uns wurde gesagt, wir würden zur Heimatregion meines Mannes gebracht. Aber stattdessen wurden wir in die Staaten geflogen und mussten persönliche Demütigungen erleiden.«

Den Freispruch feierte Imelda anschließend mit ihrem arabischen Freund Kashoggi auf einer rauschenden Party in einem

New Yorker Nachtclub. Zuvor hatte sie in der St. Patrick's Kathedrale Gott gedankt. Auch Kashoggi, der ebenfalls freigesprochen wurde, gab sich fromm und gelobte nach Mekka zu pilgern.

Aber der »Kampf der Witwen« um die Marcos-Milliarden ging weiter. 1993 erreichte die philippinische Präsidentin Aquino, dass Imelda von einem Korruptions-Sondergericht zu einer zwölfjährigen Haftstrafe und einer Geldstrafe von 189,37 Millionen Pesos (rund 3,67 Millionen Euro) verurteilt wurde, weil sie sich in zwei Fällen durch Verträge der früheren Regierung mit zwei von ihr geführten Unternehmen bereichert haben soll. Außerdem ordneten die Richter an, dass Imelda kein öffentliches Amt mehr ausüben dürfe. Sie legte Berufung ein.

Im Tauziehen um die Marcos-Milliarden begann die nächste Runde. Zahlreiche Gruppen hatten inzwischen Anspruch auf das Vermögen in der Schweiz erhoben. Die Regierung in Manila sah das eigene Volk als den rechtmäßigen Besitzer an. Das bestritten dagegen die Erben um die Witwe Imelda Marcos. In den USA vertrat darüber hinaus der Anwalt Robert Swift rund 10 000 anerkannte Regimeopfer, die für die Verbrechen des Ex-Diktators entschädigt werden wollten. Und auch die US-Firma »Golden Buddha Corporation« machte acht Milliarden Schweizer Franken geltend. Sie vertrat die Erben von Rogelio Roxas, der den Yamashita-Schatz gefunden hatte.

1991 kehrte Imelda mit der gefriergetrockneten Leiche ihres Mannes im Gepäck in ihre philippinische Heimat zurück. Etwa hundertfünfzig Getreue, darunter auch pensionierte Generäle, gaben dem toten Diktator das letzte Geleit. Imelda bestand auf einem »Heldenbegräbnis« in der Hauptstadt Manila. Doch Präsident Fidel Ramos, seit mehr als einem Jahr im Amt, lehnte ab. Offenbar wollte er Demonstrationen und Zusammenstöße zwischen »Loyalisten« und Gegnern des heimgekehrten Potentaten vermeiden.

So fand der Ex-Diktator in seiner Heimatprovinz Ilocos Norte seine letzte Ruhestätte: In Batak wartete Mutter Dona Josefa seit fünf Jahren auf die Heimkehr des geliebten Sohnes, aufbewahrt in einem Glassarg und »versorgt« von einem Einbalsamierer, der sich fortan um den zwar blassen, aber wohl erhaltenen toten Diktator kümmern würde. Seine sterblichen Überreste wurden in einem Mausoleum beigesetzt, voll gekühlt.

Wegen der Kühlung der Leiche kam es im April 1997 zu einem makabren Streit, als die für die Krypta zuständige Elektrizitätsfirma wegen unbezahlter Rechnungen dem toten Diktator kurzerhand den Strom abdrehte. Ein Sprecher gab bekannt, dass die Marcos-Familie dem Unternehmen 5,6 Millionen Pesos (rund 179 000 Euro) schulde. Imelda klagte, dass sie den »armen Witwen des Landes angehöre« und die Kosten nicht länger tragen könne, da der Familienbesitz nach dem Sturz ihres Mannes 1986 eingezogen worden sei. Erst als der Marcos zu Lebzeiten sehr verbundene Bürgermeister die Hälfte der ausstehenden Rechnung bezahlte, wurde die Leiche des Ex-Diktators wieder voll gekühlt.

Nachdem Imelda die ersten anhängigen Klagen ohne große Blessuren überstanden hatte, begann sie in altbekannter Manier an einem Comeback zu basteln: »Ich möchte mein Leben den armen Menschen widmen, die meinen Mann liebten. Ein Land braucht einen Präsidenten, aber auch eine Mutter.«

Der gönnerhafte Slogan hatte Erfolg: Als sie bei den Parlamentswahlen im Mai 1995 in ihrem Wahlkreis Leyte für einen Sitz im Abgeordnetenhaus kandidierte, gewann sie spielend die absolute Mehrheit. Ihre Partei, die Nationale Loyalistische Bewegung (NLM), nannte Imelda eine »Märtyrerin für die Sache der Armen«.

Bei den Präsidentschaftswahlen vier Jahre später präsentierte sich Imelda als »Glücksfee« und versprach ihrem armen Volk, falls sie zur Staatspräsidentin gewählt werde, wolle sie persönlich dafür sorgen, dass das Vermögen ihres Mannes zum Wohle ihrer Landsleute eingesetzt werde.

Elf Tage vor der Wahl zog sie ihre Bewerbung zurück. Für politische Beobachter in Manila kam der Schritt nicht überraschend. Nach den Umfragen hätte die damals 69-Jährige ohnehin keine Siegeschance gehabt.

Im Oktober 1998 hob der Oberste Gerichtshof der Philippinen das Urteil des Korruptionsgerichts gegen Imelda auf. Die Richter begründeten ihre Entscheidung mit einem »Mangel an Beweisen«, der eine Verurteilung nicht zulasse. Auch das Verbot, wonach Imelda kein öffentliches Amt ausüben durfte, wurde aufgehoben. Das Urteil war rechtskräftig.

Von der Regierung Ramos hatte Imelda scheinbar nichts zu befürchten. Über den großen Deal wurde bereits hinter den Kulissen verhandelt. Wie aus gut unterrichteten Kreisen verlautete, sollte sie 75 Prozent der Marcos-Gelder zurückzahlen, dann würden alle Anklagen gegen sie fallen gelassen.

1998 machte das Schweizer Bundesgericht den Weg frei für die Rückgabe des auf Schweizer Konten eingefrorenen Marcos-Vermögens in Höhe von 500 Millionen Dollar. Zur Begründung hieß es, es liege nicht im Interesse der Schweiz, wenn sie zum Zufluchtsort für kriminelle Vermögen werde. Immerhin ließ das Bundesgericht damit erkennen, dass es das Marcos-Vermögen für kriminell erworben hielt. Aber das Monopoly mit den Marcos-Geldern ging weiter. Im August 2000 stießen die philippinischen Anti-Korruptions-Behörden in Hongkong auf weitere Marcos-Konten, auf denen 2,6 Milliarden US-Dollar liegen sollen.

Die genaue Höhe der einst zusammengerafften Potentatengelder und der Verbleib des Goldes wird wahrscheinlich niemals geklärt werden. Die einzige Zeugin, die den Ermittlern darüber Auskunft geben könnte, ist Imelda Marcos, die Dame mit den 1001 Schuhen.

Aber sie lächelt treuherzig: »Mein Verhältnis mit Marcos war romantisch und nicht ökonomisch.«

Die Opfer der Diktatur werden wohl niemals ein Wort der Entschuldigung von ihr hören.

V. Die Schahbanu

Soraya und Farah Diba:
Im Palast der Einsamkeit

»Der Schah und ich – wir siezten uns sogar im Bett …«
Soraya

»Der Schah ist nicht einfach als der politische Führer
seines Landes zu sehen. Er ist auch der geistige Führer.
Von ihm wird nicht nur erwartet, dass er seiner Nation
Brücken, Straßen und Dämme baut, er muss auch den Geist,
die Gedanken und die Herzen seines Volkes leiten …«
Schah Mohammad Reza Pahlawi

Die junge Frau erwachte, als über den Dächern Teherans der Ruf des Muezzins hallte. Von ihrem Zimmer aus konnte sie sehen, wie die Morgenröte den Himmel färbte. Aber sie bemerkte noch etwas anderes: An den Ästen der Platanen glitzerte der Reif und an den Fenstern hatten sich Eisblumen gebildet. In der Nacht hatte es gefroren und es war Schnee gefallen. Ein träumerisches Lächeln spielte um ihren Mund. Denn nach einer alten Legende ihres Landes bedeutete der Schnee Glück für jene, die sich gerade binden.

Und die schöne junge Frau mit den smaragdgrünen Augen und dem schwarzen Haar wollte an jenem Tag den Bund fürs Leben schließen. »Ich bin wie in Trance durch diesen Tag gewandelt«, erzählte sie später. Und ein Märchen aus Tausendundeiner Nacht schien in Erfüllung zu gehen – für sie und die ganze Welt.

Als sich die Flügeltüren des riesigen Spiegelsaales im Teheraner Kaiserpalast öffneten, fühlte sie sich in einen irrealen Traum versetzt. Marmor, Elfenbein, pures Gold und Diamanten überall. Sie selbst trug ein Brautkleid mit einer zehn Meter langen Schleppe. Ein Meisterwerk des Modeschöpfers Christan Dior aus fließendem Silberbrokat, dessen Saum und schulterfreier Ausschnitt mit weißem Nerz und zartem Schwanenflaum besetzt war. Darüber breitete sich hauchdünner Tüll, der in mühevoller Arbeit mit Abertausenden Pailletten, Simili-Brillantsplittern, bestickt war.

Außerdem trug sie eine Symphonie aus Juwelen: Ein Diadem sowie Arm- und Halsschmuck, die zum persischen Kronschatz gehörten – Leihgabe der Regierung für diesen glanzvollen Tag.

Sie lächelte den eleganten Mann an, dem sie diesen Traum verdankte und dem sie jetzt das Jawort geben wollte. Gläubige

Perser sahen in seiner Person den »Zis-es-Allah«, den »Schatten Gottes auf Erden«. Er trug eine dunkle, mit Gold, Silber und Auszeichnungen geschmückte Uniform. Sie hielt fest seine Hand. Dann stand sie vor dem gewaltigen und kunstvollen Spiegel, vor dem sie die heiligen Worte der Trauungszeremonie aussprechen sollte. Die Stimme des Großmullah von Teheran hallte durch die Stille des von Orchideenduft erfüllten Saales: »Wollen Sie Mohammad Reza zu Ihrem Mann nehmen?«

»Balé«, sagte sie.

Dann trat die Kaisermutter hinter die Brautleute und griff in ein Beutelchen. Es regnete Perlen und Goldmünzen auf das Paar. Und auch ein paar Krümelchen Zucker waren nach alter Tradition darunter: »So süß möge euer Bund sein. Aus Zucker eure Gedanken ...«

Dass ihre Liebe bereits in diesem Augenblick den Keim des Scheiterns in sich trug und nicht als Märchen, sondern als »Opfergang einer Kaiserin«, wie eine Illustrierte es später formulierte, in die Geschichte eingehen sollte, konnte die junge Frau in diesem Augenblick nicht ahnen. Da glaubte sie noch, dass die Liebe stärker sei als die mittelalterlichen Gesetze einer orientalischen Autokratie.

Die beiden, die am 12. Februar 1951 im Teheraner Kaiserpalast den Ehevertrag unterzeichneten, waren Mohammad Reza Pahlawi, der Schah von Persien, und die 19-jährige Soraya Esfandiary. Keine andere Frau hat die Medienwelt der fünfziger Jahre so beschäftigt wie sie. Die schöne Monarchin war das Lieblingskind der Regenbogenpresse, die Prinzessin Diana ihrer Generation. Sie lebte der Öffentlichkeit etwas vor, nach dem sich damals alle sehnten: den Traum von großen Gefühlen und der großen Liebe.

Heute wissen wir: Es gab keinen Sieg der Liebe, kein Happy End. Sieben Jahre später scheiterte die Ehe an der Kinderlosigkeit der Braut. Aber Soraya war nicht die einzige Frau an der Seite des »Shah-in-Shah Aryamehr« (König der Könige, Licht der Arier) mit den diktatorischen Zügen, deren Liebe unter einem ungünstigen Stern stand. Bereits vor ihr hatte seine erste Gattin, die rassige ägyptische Prinzessin Fawzia, ein ähnliches Schicksal erlitten. Und Farah Diba, die Frau, die nach Soraya kam, erlebte einen Alptraum, der sie in die Einsamkeit des Exils verbannte und das Ende einer Diktatur markierte.

Der Mann, der diesen drei Frauen seinen Stempel aufdrückte und ihr Leben zunächst in einen Traum und dann in einen Alptraum verwandelte, entstammte einer traditionsreichen Familie, dem Geschlecht der Pahlawiden. Er wurde am 26. Oktober 1919 in Teheran geboren und war der Sohn des Kosaken-Obersten und späteren Kaisers von Persien, Reza Pahlawi, der die Kadscharen-Dynastie stürzte und bis 1941 regierte. In seiner 16-jährigen Regentschaft verlieh er dem Iran ein modernes Gesicht. Er reformierte den Staatsapparat, baute neue Industrien und Hochschulen auf. Er ließ Straßen und Krankenhäuser errichten. Er schickte junge Männer zum Studium ins Ausland und führte ein bürgerliches Gesetzbuch ein.

Während dem Iran damals wichtige finanzielle Mittel für weitere Reformen fehlten, kassierten die Briten Milliarden aus der iranischen Erdölgewinnung. Zwar versuchte Reza Khan nach dem Ablauf der ersten Ölkonzession einen Vertrag mit besseren Konditionen auszuhandeln. Doch mit militärischem Druck zwangen die Engländer ihn zu neuen Knebelverträgen.

Am 15. September 1941 musste der Herrscher auf dem Pfauenthron auf Druck der Briten zugunsten seines erst 22-jährigen Sohnes von der Weltbühne abtreten, weil er mit Hitler sympathisiert hatte. Er wurde in die Verbannung nach Südafrika gezwungen, wo er 1944 im Alter von 66 Jahren starb.

Sein Sohn, der junge Kronprinz Mohammad Reza Pahlawi, hatte bisher im Schatten des mächtigen und selbstherrlichen

Vaters gelebt und eine harte soldatische Ausbildung absolviert. Schon als Achtjähriger wurde er auf eine Kadettenschule geschickt und danach auf das *Rosay Collège* in Lausanne. Kaum aus dem Schweizer Internat, kam er auf die Offiziersschule, die er nach zwei Jahren härtester Ausbildung als Leutnant verließ. Am Anfang regierte er mit wenig Interesse an seinem Land. Er überließ die Regierungsgeschäfte weitgehend seinen leicht bestechlichen Ministern und ging auf Brautschau.

1939 wurde er fündig und heiratete die ägyptische Prinzessin Fawzia. Sie war die Lieblingsschwester von König Faruk, dem einzigen Sohn des Königs Fuad von Ägypten, der 1917 als erster Sultan von Ägypten den Thron bestieg und 1922 als König des souveränen Staates Ägypten von London anerkannt wurde. Die Heirat zwischen dem 19-jährigen Kaisersohn aus Teheran und der kaum 16-jährigen Königstochter vom Nil war politisch nicht unmotiviert. Durch diese Verbindung wurden die beiden Monarchien im Nahen Osten aneinander gebunden. Aber aus dieser Ehe ging lediglich eine Tochter hervor: »Schahnaz«, was so viel heißt wie »Gnade des Kaisers«. Sie wurde 1940 in Teheran geboren.

Doch ein orientalischer Herrscher braucht einen männlichen Erben. Und als dieser sich auch in den folgenden Jahren nicht einstellte, trennten sich der Schah und Fawzia 1948. Außerdem war die »Blume vom Nil« in Teheran nie wirklich heimisch geworden. Sie war in ungeheurem Luxus aufgewachsen und vermisste die mondänen Salons von Kairo und Alexandria. Das monotone Hofleben in Teheran langweilte sie. Auch lernte sie nie richtig Persisch. Eines Tages kehrte sie einfach von einer Reise nach Kairo nicht mehr zurück. »Kaiserin Fawzia vertrug das persische Klima nicht«, höhnten ihre Kritiker am Hof. »Allah hat es so gewollt.«

Auch Fawzias Tochter wurde hinter den goldenen Gittern des Hofstaates nicht glücklich. Die Prinzessin führte sich als

»enfant terrible« auf. Sie liebte militärische Schauspiele und lief am liebsten provozierend in Hosen herum. Eine Zeit lang übernahm die Schwester des Schahs, Prinzessin Aschraf, die Rolle der Erzieherin. Später wurde Schahnaz in das Schweizer Pensionat »Ataric José« geschickt und dann auf das Lyzeum »Waha« nach Lüttich. Dort verbrachte sie praktisch fünf Jahre wie ein Waisenkind. Denn in dieser Zeit hat sie weder ihren Vater noch ihre Mutter gesehen.

Als sie 15-jährig nach Teheran zurückkehrte, hatte ihr Vater inzwischen die Prinzessin Soraya geheiratet. Sie war nur acht Jahre älter als Schahnaz: Einerseits zu jung, um die Mutterrolle zu übernehmen, andererseits war der Altersunterschied zu groß, als dass die beiden Frauen wirkliche Freundinnen hätten werden können.

Nachdem die »Staatsehe« mit der ägyptischen Prinzessin Fawzia wegen Ausbleiben eines Thronfolgers geschieden war, stürzte sich der Schah in eine Reihe von amourösen Abenteuern. Europäerinnen und Amerikanerinnen waren darunter. Er suchte verzweifelt eine neue Frau. Als Thonnachfolger brauchte er einen männlichen Erben. Viele junge, hübsche und gebildete Frauen wurden ihm vorgestellt. Doch keine einzige gefiel ihm, bis er eines Tages die 16-jährige Soraya zum ersten Mal auf einem Amateurfoto sah.

Soraya (auf Persisch = kleiner Wagen) wurde am 22. Juni 1932 in Isfahan geboren. In ihren Adern floss Nomadenblut. Ihr Großvater Sardar Assad stammte von der mächtigen Stammesfürstenfamilie der Bakhtiaren-Nomaden ab, die im Herzen von Persien zwischen den Städten Isfahan und Schiras leben. Er befehligte ein eigenes Heer aus Steppenreitern und hatte sieben Frauen. Als er eines Tages das Nomadenleben satt hatte, gründete er mehrere Dörfer. Er ließ Brunnen ausheben und Felder bestellen, er baute Häuser und ließ für seine Frauen und Nebenfrauen einen Harem errichten.

Während der Nomadenfürst nie einen Fuß nach Europa gesetzt hatte, reiste sein Sohn Khalil Esfandiary Bakhtiary im Herbst 1924 nach Berlin, um Volkswirtschaft zu studieren. Hier lernte er die in Moskau geborene deutsche Verkäuferin Eva Karl kennen. Ihr Urgroßvater, ein Büchsenmacher aus Thüringen, war 1860 nach Petersburg gekommen und hatte im Auftrag von Zar Alexander II. das russische Waffenwesen reorganisiert. Sein Sohn, Franz Karl, wurde in Petersburg geboren. Er arbeitete in Russland für die IG Farben und AEG und heiratete Alma Semer, eine Baltin deutschen Ursprungs. Sie schenkte ihm drei Kinder: Franz, Barbara und Eva, Sorayas spätere Mutter.

Im Ersten Weltkrieg konnte die Familie in den Westen flüchten. Sie fand in Berlin eine neue Heimat. Hier, in den verrückten dreißiger Jahren, begegnete Eva einem exotisch aussehenden jungen Mann, dem Nomadensohn Khalil Esfandiary vom Stamme der Bakhtiaren. Die Gegensätze hätten nicht größer sein können: Sie, blond und streng protestantisch erzogen, war gerade 16 Jahre alt und wusste nichts von dem Land und den Sitten, aus dem er kam. Er, groß, dunkelhaarig und knapp sechs Jahre älter, entstammte einer traditionellen Muslimenfamilie. Doch es war Liebe auf den ersten Blick und Eva war bereit, »Esfandiary-Khan« überallhin zu folgen: Auch in die fremde Welt, wo die Frauen ständig einen Schleier, den Tschador, trugen.

Nachdem das Einverständnis von Khalils Familie vorlag, wurde das Paar nach muslimischem Ritual von einem Imam vermählt. Dann brachen beide nach Persien auf. Sechs Jahre später kam Soraya im englischen Missionskrankenhaus in Isfahan auf die Welt. In der Stadt der historischen Paläste im Herzen Persiens, die als eine der schönsten der Welt gilt, verbrachte sie wichtige Jahre ihrer Kindheit.

Ihre Eltern wohnten in einem palastartigen Haus, das einem

Schah der Kadjaren-Dynastie gehörte. Es war sehr alt, sehr groß und besaß hohe Fenster mit Säulen. Zum Anwesen gehörte ein großer Garten mit Rosen, Jasminsträuchern, Zypressen und Kirschbäumen. Dort stand auch ein Pavillon, Sorayas allererste Schule. Hier wurden die Kinder deutscher Techniker, die im Iran arbeiteten, von einer Rheinländerin unterrichtet. Soraya war eine gute Schülerin. Außer Deutsch, Französisch und Englisch lernte sie auch die Sprache von Tausendundeiner Nacht: *Farsi*, wie die Iraner ihre Sprache nennen.

Alles in allem erlebte Soraya eine unbeschwerte Kindheit.

Doch sie fühlte sich hin- und hergerissen zwischen den völlig gegensätzlichen Kulturen ihrer Eltern. Die Mutter repräsentierte für sie die »methodisch europäische Art« zu leben, der Vater das »ungezügelte persische Wesen«.

Etwas von diesem ungezügelten Wesen hatte er seiner Tochter vererbt. »Das süße Mädchen, das mit seinen Puppen spielte, war ich nun freilich wirklich nicht«, schreibt Soraya in ihrer Autobiografie. »Ich spielte lieber mit Dingen, die mir die Natur bot (…) Ich war ein freies Kind.« Oft begleitete sie ihren Vater auf ausgedehnten Exkursionen in die Wüste. Dann galoppierte sie auf einem Araberfüllen neben ihm her. Sie liebte die Gefahr und sie lernte es, Schlangen, Wölfen, Leoparden und Sandstürmen zu trotzen.

In solchen Augenblicken fühlte sie, dass zwei Herzen in ihrer Brust schlugen: das einer Christin und das einer Muslimin. »Das Gefühl, Christin und Muslimin zu sein, nie jedoch beides gleichzeitig, schuf in mir zwei entgegengesetzte Pole, zwischen denen sich mein ganzes Leben abspielte«, erzählt Soraya. »Unter den iranischen Kindern fühlte ich mich nicht als Iranerin und unter den deutschen Kindern nie wirklich als deutsches Mädchen. Ich war weder das eine noch das andere. Es war, als wäre ich in zwei Hälften zerrissen. Für die einen hatte ich zu helle Augen und eine zu weiße Haut, den anderen erschien meine persische Art zu stolz – ich fühlte mich allein und einsam.«

Später wurde Soraya von ihrer Mutter auf eine englische Missionarsschule geschickt, dann mit dreizehn Jahren auf eine persische Schule: »Meine Mutter hatte einen ganz anderen Werdegang für mich im Sinn. Mein Vater wollte eine *najib*, eine tugendhafte Tochter. Eine *najib* darf nicht arbeiten. Ihre einzige Zukunft ist die Ehe.«

Das war eher eine traditionelle Perspektive als ein glanzvoller Traum. Die Vorstellung, dass Soraya eines Tages ihr Leben mit dem Schah teilen würde, schien bar jeder Realität. Der Schah, das war lediglich ein Foto, das im Klassenzimmer ihrer Schule hing. Der Schah war jenes kleine blaue Flugzeug am Himmel, das ihre Freundinnen in Verzückung versetzte: »Schau, Soraya, da oben fliegt der Kaiser.«

Er schien für Soraya unerreichbar zu sein. Sie wusste, dass er mit einer ägyptischen Prinzessin verheiratet war. Und man hatte ihr berichtet, dass sein Vater, der ehemalige Kosaken-Offizier und spätere Kaiser von Persien, auch jene Bakhtiary-Nomaden verfolgt hatte, denen sie entstammte. Er hatte die Kontrolle über deren Ölfelder an sich gerissen und den älteren Bruder ihres Vaters zum Tode verurteilt und hinrichten lassen. Es gab also für sie keinen Grund, Mohammad Reza zu lieben.

Nachdem Deutschland kapituliert hatte, beschlossen Sorayas Eltern, sich in Zürich-Vollishofen in der Schweiz niederzulassen. Sie meldeten ihre Tochter in dem noblen Mädchenpensionat »La Printanière« in Montreux an. Sorayas Mitschülerinnen waren zwischen dreizehn und fünfzehn Jahren und stammten aus aller Herren Länder.

Am Anfang ihrer Schulzeit genoss Soraya eine ihr bis dahin unbekannte Freiheit. Sie war hochgewachsen, schmal und trug lang wehendes Haar. Sie liebte es, sich mit rot geschminkten Lippen und hochhackigen Schuhen unter die Mädchen zu mischen. Sie fand es einfach herrlich, die Schaufensterauslagen zu bewundern, ins Kino gehen zu können oder bei einer Limonade in einem Café von einer Filmkarriere à la Rita Hayworth oder Judy Garland zu träumen.

Ein verwegener Traum, der absolut nicht in das Konzept ihres Vaters passte, der später zum kaiserlich-iranischen Botschafter in Bonn ernannt wurde. »Für ihn war ich doch eine *najib*«, erinnert sich Soraya. »Und eine najib geht abends nicht ins Kino, eine najib schminkt sich nicht, und eine najib darf keinen Mann ansehen.«

Nach dem Willen ihres Vaters war sie in »La Printanière«, um zur gesellschaftsfähigen Dame, zur perfekten Ehefrau ausgebildet zu werden. Man brachte ihr Tanzen, Kochen und gute Manieren bei. Gemeinsam mit den anderen Mädchen ging sie nach Gstaad zum Skilaufen. Sie diskutierte mit ihnen über Kunst, Literatur und Politik. Sorayas Fazit: »Wir eigneten uns das Leben an, das unsere Eltern für uns bestimmt hatten.«

Von Montreux wechselte sie auf ein neues Pensionat: »Les Roseaux« in Lausanne. Dort erwartete sie der gleiche Lehrplan, die gleichen Regeln, die gleichen Pflichten. Und nach Lausanne kam London, wo sie ihr Englisch vervollkommnen sollte. An der gleichen Sprachschule studierten auch ihre beiden Cousins, Gudars und Malekchah.

Gudars fotografierte leidenschaftlich gern. Eines Tages erklärte er Soraya, seine Mutter habe ihm aus Teheran geschrieben und um Fotos von ihr gebeten. Soraya dachte sich nichts dabei und willigte ein. Sie ahnte nicht, für wen die Fotos wirklich bestimmt waren. Und sie war ziemlich perplex und immer noch ahnungslos, als sie eine Woche später eine Einladung in die Persische Botschaft erhielt. Dort wurde sie bei einem Abendessen mit Kaviar und Champagner Prinzessin Chams vorgestellt. Sie war die ältere Schwester jenes Schahs, dessen Vater ihre Familie verfolgt hatte. Chams behandelte Soraya ausgesprochen höflich und wich von nun an nicht mehr von ihrer Seite. Sie gingen zusammen ins Theater, ins Museum und bummelten durch die Londoner Boutiquen.

Soraya wusste zu diesem Zeitpunkt noch nicht, dass die Prinzessin in einer geheimen Mission unterwegs war – als kaiserlicher Liebesbote. Doch eines Tages rückte ihr Cousin Malekchah mit der Sprache heraus: »Der Schah hat dein Foto gesehen. Jetzt will er unbedingt das Original kennen lernen.« Noch am selben Abend telefonierte Soraya mit ihrem Vater. Er war bereits informiert: »Eine Heirat zwischen dem Schah und dir würde die Pahlawis mit den Bakhtiary vereinen. Bist du einverstanden, dass du ihn kennen lernst?«

Sie stammelte: »Und wenn er mir nicht gefällt?«

»Du kannst frei entscheiden«, sagte ihr Vater.

»Und du wirst mich nicht zwingen, in eine Heirat einzuwilligen?«

»Nein. Ich gebe dir mein Wort.«

Am nächsten Tag reiste Soraya mit Prinzessin Chams nach Paris. Sie bummelten gemeinsam durch die Stadt und besuchten Modeschauen bei Dior, Balmain und Fath. Überall wurde sie ungemein zuvorkommend behandelt und sie kam sich vor wie ein Star in einem Kinofilm. Auf einem Spaziergang durch den Jardin des Tuileries erzählte ihr die Prinzessin, dass der Schah jeden Tag aus Teheran anrufe: »Er will Sie um jeden Preis kennen lernen. Er brennt förmlich vor Ungeduld. Die ganze Zeit spricht er nur von Ihnen (…) Es wäre phantastisch, wenn ein junges Mädchen wie Sie bereit wäre, sein Leben mit Mohammed Reza zu teilen.«

Dann erzählte sie Soraya von ihrem Bruder: Mohammad Reza sei sehr viel älter, nicht besonders groß und lächele nur selten. Auch sei er ein schüchterner, sanfter Mann, dem es an Selbstvertrauen mangele. Im Schatten seines allmächtigen Vaters habe er keine leichte Kindheit gehabt. Manchmal reagiere er ungerecht und autoritär. Doch dafür sei er ein Mann mit Herz, aufrecht, unkompliziert und außerdem sehr sportlich.

Wie ein weiblicher Machiavelli umgarnte Chams die junge Aspirantin für den Pfauenthron. Sie brachte Soraya den Hofknicks bei und informierte sie über die wichtigsten Persönlichkeiten und Gesetze am Teheraner Kaiserpalast: Taj ol Molouk, die Mutter des Schahs, sei das unbestrittene Oberhaupt der Dynastie, berichtete Chams. Mohammad Reza fürchte seine Mutter. Soraya müsse ihr Achtung entgegenbringen. Der Schah möge es nicht, wenn man sich seiner Mutter widersetze. Soraya müsse ihn zuvorkommend behandeln und ihm Kinder gebären. Natürlich einen Sohn.

Damit war Sorayas zukünftige Rolle klar umrissen. Rein protokollarisch gesehen besaß sie die idealen Voraussetzungen für die Frau an der Seite des »Königs der Könige«: Sie galt als »gesellschaftsfähig« und als »gute Wahl«. Sie war schön, sie war intelligent und sie stammte aus einer alten Adelsfamilie. Letzteres konnte nur von Vorteil für den Herrscher auf dem Pfauenthron sein.

Am 7. Oktober 1950 flog sie nach Teheran, wo sie zum ersten Mal der Kaisermutter und dem Schah vorgestellt werden sollte. Dr. Ayadi, der Hausarzt des Schahs, holte Soraya mit einer Limousine am Flughafen ab. Er brachte sie in eine Villa, damit sie sich für die Audienz am Kaiserhof vorbereiten konnte. Prinzessin Chams kontrollierte kritisch jedes Detail. Die Frisur, das Parfum, das Make-up: »Auf keinen Fall zu viel Lippenstift.« Sie wählte auch den Schmuck und die Garderobe für Soraya aus und instruierte sie noch einmal über den Hofknicks: »Sehr tief für den Schah, nicht ganz so tief für seine Mutter …«

Dann machte sich Soraya auf dem Weg zum Vorstellungsgespräch bei der Kaisermutter. Taj ol Molouk empfing sie in einem Salon im Kreise der Geschwister des Schahs zum Tee. Die alte Dame küsste sie auf beide Wangen. Dann tauschten sie eine Zeit lang Höflichkeitsformeln aus. Schließlich betrat ein Diener den Salon und verkündete: »Seine Hohe Majestät, der Schah.«

Soraya schildert diese erste Begegnung so: »Die Ankündigung des Dieners wirkt wie ein Paukenschlag. Alle erheben sich von ihren Stühlen. Vor mir steht der Schah in seiner Generalsuniform der iranischen Armee. Ich finde ihn beeindruckend, großartig, umwerfend. Ich bin völlig in seinen Bann gezogen. Er sieht einfach blendend aus. Chams hat Unrecht. Er sieht gut aus und er kann sehr wohl lächeln. Sie hat sich getäuscht, er ist groß, gut gebaut, jung (...) Ja, ich gebe es offen zu, für mich war es Liebe auf den ersten Blick.«

Sie war wie hypnotisiert: »Ich führe den Hofknicks aus, den ich so viele Male geübt habe. Und natürlich geht er daneben. ›Er war nicht tief genug‹, sagte mir Chams später – viel später, denn für einen Augenblick schien die Zeit stehen geblieben zu sein.«

Dann das Abendessen: Der Schah forderte Soraya auf, zu seiner Linken Platz zu nehmen. Während der einfachen Mahlzeit wechselten sie unverbindliche, höfliche Worte. Er wollte wissen, wo sie studiert hatte. Soraya erzählte ihm von Montreux, Lausanne und London. Er machte ihr Komplimente und immer wieder trafen sich ihre Blicke.

Der Abend endete gegen 23 Uhr und Soraya war zum ersten Mal in ihrem Leben verliebt. »Zwischen dem Schah und mir hatte sich eine starke Anziehungskraft aufgebaut«, beschreibt sie ihre Emotionen. »Ohne, dass wir wesentliche Dinge gesagt hätten, ohne dass auch nur der geringste Hauch von Vertrauen und Zärtlichkeit zwischen uns ausgetauscht worden wäre. Für das Leben, das er mit mir teilen wollte, hatte er mir bereits beim ersten Blick mehrere Anhaltspunkte geliefert: seine Schüchternheit, die auf eine romantische Ader hindeutete, die mich als junges Mädchen verzauberte; seine Eleganz und Bildung, die von einer vollendeten Kultiviertheit geprägt waren, seine Ungeduld, die meiner Eitelkeit schmeichelte. Immerhin war doch ich diejenige, die er von allen jungen Anwärterinnen, die der Hof für ihn ausgesucht hatte, auf ein einfaches Foto hin auserwählt hatte.«

Noch am gleichen Abend sprach sie mit ihrem Vater über die Begegnung. »Soraya«, sagte er. »Du hast dem Schah sehr gut gefallen. Bist du bereit, ihn zu heiraten?«

Sie blickte ihn ungläubig an: »Heißt das, ich muss mich jetzt gleich entscheiden?«

»Ja, er möchte schon morgen eure Verlobung bekannt geben.«

Sie fürchtete sich ein wenig vor der Antwort, aber die Liebe war stärker: »Sage dem Schah, dass ich einwillige. Ich will seine Frau werden.«

Am nächsten Tag wurde die Verlobung im Radio bekannt gegeben und ihr Foto erschien in allen Zeitungen: »Ich war 16 Jahre alt. Man machte 18 daraus. Der Altersunterschied wäre sonst zu groß ausgefallen.«

Die Verlobung wurde im großen Spiegelsaal des Teheraner Marmorpalastes gefeiert. Soraya trug ein weißes, ärmelloses Kleid. Ein Orchester spielte, sie tanzte zum ersten Mal mit dem Schah Walzer und fühlte sich wie in einer neuen, wunderbaren Welt. Jetzt konnte sie Mohammad Reza jeden Tag sehen. Sie ritt mit ihm aus oder fuhr mit ihm im Auto spazieren. Eines Tages saß sie auch in jenem kleinen blauen Flugzeug, das sie als Kind immer am Himmel von Isfahan gesehen hatte. Sie flog mit dem Schah ans Kaspische Meer, tummelte sich mit ihm in den Wellen und in einem Orangenhain gab sie ihm den ersten Kuss.

»Trotz seiner ersten Ehe, trotz der vielen Mätressen, die er vor mir hatte, war Mohammad Reza gegenüber Frauen wirklich außerordentlich schüchtern«, berichtet Soraya in ihren Memoiren. Ihre Erklärung: Durch die harte Ausbildung an den

Militärschulen sei er es nicht gewöhnt gewesen, seine Gefühle preiszugeben. Noch schwerer sei es ihm gefallen, zärtliche Worte zu finden.

Der Mann, der sie in seinen Bann gezogen hatte, war laut Soraya auch nicht besonders humorvoll: »Mochte er über andere urteilen, was ihm stets trefflich gelang, so hasste er die geringste Infragestellung seiner eigenen Person. Verwöhnt von den Schmeicheleien seines Hofstaates, empfindlich wie alle Iraner, ertrug er nicht die leiseste Kritik. Sein Gesicht verschloss sich, seine Augen verengten sich, seine Lippen waren auf einmal zusammengekniffen. Manchmal jagte er damit seiner Familie richtig Angst ein.«

Damals ahnte Soraya wohl zum ersten Mal, dass ihr Leben als Kaiserin voller Hindernisse und Zwänge sein würde. Ein Jahr später fand in Teheran die prunkvolle Hochzeit statt. Der Kaiserpalast ähnelte einem Blumenmeer aus Flieder, Nelken und Orchideen. Staatsoberhäupter der ganzen Welt gratulierten dem Paar. Der sowjetische Diktator Stalin schenkte der Braut einen kostbaren Zobelmantel, US-Präsident Truman schickte eine wertvolle Kristallvase, deren Gegenstück Prinzessin Elizabeth von Großbritannien zu ihrer Trauung mit dem Herzog von Edinburgh erhielt.

Zu diesem Zeitpunkt saß der junge Schah noch auf einem wackeligen Thron. Persien war ein Spielball der Großmächte, die sich um das iranische Erdöl rauften. Anfang der fünfziger Jahre verstaatlichte der populäre Ministerpräsident Dr. Mohammed Mossadegh die »Anglo-Iranian Oil Company«. Dies brachte ihm zwar große Sympathien unter der Bevölkerung ein, führte jedoch zu Spannungen zwischen dem Iran und Großbritannien und schließlich zu einem internationalen Ölboykott, der den Iran in eine schwere Wirtschaftskrise stürzte und seine Bevölkerung schwer traf.

Die Anhänger des »alten Löwen«, wie Mossadegh genannt

wurde, demonstrierten auf den Straßen Teherans gegen die Großmächte. Für den westlich orientierten Schah spitzte sich die Lage zu. Sein Versuch, Mossadegh zu entmachten, schlug fehl. Darauf mussten Mohammad Reza und Soraya vorübergehend aus dem Iran fliehen. Die entthronten Herrscher tauchten zunächst in Bagdad unter, wo König Feisal sie mit großer Zuvorkommenheit empfing. Er stellte ihnen seinen königlichen Pavillon zur Verfügung und bot ihnen an, dass sie in Bagdad bleiben könnten, so lange sie wollten.

Doch der Schah und Soraya entschieden sich anders. An Bord eines Privatflugzeuges flogen sie weiter nach Rom. Dort wurden sie von einem Heer von Journalisten empfangen. Um vor den Nachstellungen der Paparazzi einigermaßen sicher zu sein, verschanzten sie sich in einer Suite in der vierten Etage des Hotels Excelsior, die ihnen ein persischer Unternehmer zur Verfügung gestellt hatte. Abends verfolgten sie am Radio die Nachrichten aus Teheran. Die Lage war hoffnungslos. Außenminister Fatemi hatte in einer Rede vor dem Golestan-Palast erklärt: »Alle Pahlawis gehören an den Galgen.«

Für den Schah schien kein Platz mehr im Iran zu sein, an eine Rückkehr war nicht mehr zu denken. Doch am 19. August 1953 kam die überraschende Wende. Unter der Führung von General Zahede und mit Hilfe des amerikanischen Geheimdienstes CIA besetzten schahtreue Truppen Teheran, Mossadegh wurde verhaftet und später wegen Hochverrats zu drei Jahren Gefängnis verurteilt.

Durch diesen Umsturz gelangte Mohammad Reza wieder an die Macht. Kampfbereiter als je zuvor, entschloss er sich, die Zügel in seinem Land straffer anzuziehen. Er traf jetzt seine Entscheidungen allein. Zunächst setzte er einen Säuberungsausschuss ein, der die Armee von eventuell eingeschleusten Mossadegh-Anhängern säubern sollte. Dann konzentrierte er sich auf seinen »Traum«, den Iran vom rückständigen Entwicklungsland in eine der fortschrittlichsten Nationen des 20. Jahrhunderts zu verwandeln.

Zur Bekämpfung des Analphabetentums ließ er neue Schulen errichten. Er verbesserte die Gesundheitsfürsorge und führte moderne landwirtschaftliche Methoden ein. Als weitere Reformmaßnahme folgte die gesetzliche Gleichstellung der Frau. Außerdem begann er einen groß angelegten Feldzug gegen die Opiumsucht und ließ fast alle Mohnfelder vernichten.

Während Mohammad Reza einerseits bei der Umsetzung seiner Politik immer stärker auch größenwahnsinnige und diktatorische Züge an den Tag legte, richtete Soraya Armenküchen ein, sammelte Geld für notleidende Mütter und Kinder, förderte den Bau von Schulen und Krankenhäusern und kämpfte für die Emanzipation der iranischen Frau.

Auch im Ausland hat die First Lady des Iran vermutlich mehr erreicht als alle persischen Diplomaten zusammen. Mit ihrer Schönheit, ihrem Charme und ihrer Anmut gewann sie die Sympathien der ganzen Welt. Indirekt legte sie so den Grundstein für die anfänglichen großen Erfolge des Schahs, der auf Auslandsreisen und bei Staatsbesuchen wie kaum ein anderes gekröntes Haupt hofiert und umjubelt wurde – nicht zuletzt dank der modernen »Märchenkaiserin« an seiner Seite. Sie war sein elegantes und charmantes Aushängeschild. Er brauchte sie zum Vorzeigen.

Als das Herrscherpaar im Februar 1955 unter starker Anteilnahme der Öffentlichkeit die Bundesrepublik besuchte, löste es einen ungeheuren Medienrummel aus. Soraya brachte Eleganz und Glanz in den grauen Alltag ihrer zweiten Heimat, die zum Teil noch in Trümmern lag; als Pettycoats und Nyltesthemden, der Eierlikör auf Nierentischen und die Musiktruhe »in« waren und als der erste Diskjockey Deutschlands, Chris Howland, »Mister Pumpernickel« genannt, die neuesten Hits aus Amerika spielte.

Der Staatsbesuch des Kaiserpaares ging als das gesellschaftliche Ereignis in die Annalen der fünfziger Jahre ein. Die Deutschen liebten Soraya wie später die Briten ihre Lady Di. Und
selbst Konrad Adenauer war von ihr beeindruckt, als sie ge-
konnt die Rolle der Dolmetscherin übernahm. Denn der Alte
aus Rhöndorf war des Englischen kaum mächtig und der Schah
sprach kein Deutsch.

Die Berichterstatter der Herz-und-Schmerz-Presse informier-
ten Sorayas Fangemeinde laufend über jedes Detail: Jeder neue
Brillant an ihrer Robe wurde registriert, über jedes Lächeln, ob
glücklich oder melancholisch, wurde ausgiebig spekuliert.

In der Gerüchteküche brodelte es bereits seit geraumer Zeit.
Denn nach vier Jahren Ehe hatte die weltweit beliebte Kaiserin
dem Schah und dem persischen Volk noch keinen Thronfolger
geboren. Bereits seit Herbst 1954 wurde gemutmaßt, dass der
persische Herrscher die Ehe wegen Kinderlosigkeit auflösen
werde.

Die Boulevardpresse kolportierte immer neue Intimitäten aus
dem Leben des Kaiserpaares. Der Alltag sei alles andere als
traumhaft. Soraya lebe in einem Palast der Einsamkeit. Es herr-
sche dort ein striktes Hofzeremoniell. Der Schah und sie würden sich sogar im Bett siezen. Sie dürfe nicht allein ausgehen
und sei hilflos den Intrigen des »Frauen-Clans« am Kaiserhof
ausgeliefert.

Diesen Berichten zufolge hatten die Frauen der Pahlawi-Fami-
lie einen dominierenden Einfluss auf den Schah. Zwar besaßen
sie offiziell keine Rechte, aber es gelang ihnen, mit allen er-
denklichen Kniffen und Tricks ihren Willen durchsetzen. Kom-
mandiert wurde das »Frauen-Regiment« von Taj ol Molouk,
der Kaisermutter. Nach ihrem Selbstverständnis war sie
schließlich die »Kaisermacherin«, denn aus ihrem Schoß entstammte der »Schah-in-Schah«.

Auch Soraya fürchtete sich vor der mächtigen und strengen

Schwiegermutter: »In den Augen Taj ol Molouks spüre ich manchmal Hass mir gegenüber. Als ob es sie verstimmte, dass ich die einzige Frau ihres Sohnes bin. An das Leben im Harem gewöhnt, gefällt es ihr und gefällt sie sich in diesem Frauen-universum. In ihrem Palast, wo sie sich umgeben von ihren Hofdamen buchstäblich verschanzt, liebt sie es, Intrigen zu spinnen (…) Taj ol Molouk läßt nicht locker und stellt immer wieder die verfängliche Frage: Nun, wann gedenken Sie denn, meinem Sohn einen Jungen zu schenken?«

Wenig schmeichelhaft waren auch die Gerüchte, die in Teheran und in der Presse über die angeblichen »Machenschaften« der beiden Schah-Schwestern, Chams und Ashraf, kursierten. Es hieß, dass die Prinzessinnen sich spinnefeind seien. Ashraf wurde die »schwarze Pantherin« genannt. Man munkelte, dass sie sich unzählige Liebhaber hielt und vor nichts zurück-schrecke. Um den Schah von der politischen Bühne zu verdrän-gen, habe sie angeblich versucht, Soraya zu vergiften. Beweise für diese Behauptungen gab es allerdings nie.

Immer häufiger wurde in der Klatschpresse auch über Sorayas Kinderlosigkeit spekuliert. Sie hatte sich auf das Risiko der Liebe zu einem mächtigen Herrscher eingelassen, sich ganz in seine Hand begeben. Ihre Hauptfunktion bestand jetzt darin, ihm einen Thronfolger zu gebären. Von ihr hing die Fortexis-tenz seiner Dynastie ab.

So genannte Experten diskutierten in der Presse ungeniert über Sorayas Kinderlosigkeit: Wurde sie mit dem Druck nicht fer-tig? Lag ein körperlicher Defekt vor? Oder hatte Mohammad Reza beim Attentat 1949 einen derartigen Schock erlitten, dass er dadurch zeugungsunfähig war? In Palastkreisen wurde sogar getuschelt, eine »Feindin« des Schahs habe Soraya verhext und wolle sie vom Thron jagen.

Man schickte ihr Amulette, Talismane und gerahmte Koran-verse. Auch Mohammad Reza wollte die Hoffnung nicht aufgeben und klammerte sich laut Sorayas Tagebuch daran wie der »Kleine Prinz von Saint-Exupéry«. Er reiste mit ihr nach New York, wo sie sich im American Hospital einer gründlichen Untersuchung unterzog. Aber alle Glücksbringer und medizinischen Tests halfen nichts. Der lang ersehnte männliche Thronfolger wollte sich nicht einstellen.

Für Soraya wurde es immer mehr zur Gewissheit, dass ihre Ehe keinen Bestand mehr haben würde: »Ich war nicht mehr die Kaiserin, sondern eine Frau, von der man etwas erwartete, das sie – das ihr Körper – nicht zu geben vermochte.«

Um die kinderlose Ehe zu retten, sah der Schah jetzt nur noch einen Ausweg: Nach schiitischem Recht konnte er im Staatsinteresse eine andere Frau heiraten. Aber diese legitime Ehe dauert nur so lange, bis diese Frau schwanger war. Danach konnte er sie verstoßen. Der Thron hätte einen Nachfolger und Soraya könnte an seiner Seite bleiben.

Soraya war entsetzt, als Mohammad Reza ihr diesen Vorschlag unterbreitete. Eine Nebenfrau, das konnte sie nicht akzeptieren. Nach diesem Angebot war ihr klar, dass ihre Zeit in Teheran abgelaufen war. Am 13. Februar 1958, beinahe auf den Tag sieben Jahre nach ihrer Hochzeit, packte sie in der kaiserlichen Villa Echtessassi ihre persönlichen Dinge zusammen. Sie verbrannte Hunderte von Briefen, nur die Fotos wollte sie mitnehmen. Dann fuhr sie in Begleitung des Schahs zum Flughafen Mehrabad. Seine Minister und die Kaisergarde standen ein letztes Mal vor ihr stramm.

Mohammad Reza lächelte sie an: »Sie werden bald wieder zurück sein.«

Sie lächelte zurück: »Vielleicht aber auch nie.«

Das Ende einer Ehe: Sie ging die Gangway hinauf und nahm in der Maschine Platz. Ein letzter Blick durch das Kabinenfenster, und dann blieb ihr nur noch die Erinnerung an sieben Jahre, die sich unauslöschlich in ihr Gedächtnis eingebrannt hatten. In dem Augenblick, als die Maschine abhob, wusste sie, dass ihr Leben niemals wieder so sein würde wie vorher.

Sie flog nach Sankt Moritz, wo sie bei ihrer Mutter und ihrem Bruder Bijan Trost fand. Am 14. März gab der Schah im Radio die Trennung bekannt: »Ich bin tief betrübt, dass ich mich von meiner Frau trennen muss, mit der ich keine Kinder haben konnte. Iranisches Volk, ich schulde Dir einen Sohn.«

Die offizielle Scheidung wurde am 6. April 1958 vollzogen. Für diesen »Opfergang« erhielt Soraya den Adelstitel einer »Prinzessin Esfandiary« sowie 17 Millionen Dollar Abfindung, teilweise in Aktien angelegt. Außerdem durfte sie ihren Schmuck behalten. Im Gegenzug, so wurde damals in der Presse spekuliert, habe sie das Versprechen abgelegt, dass sie keine neue Ehe eingehen werde. Kein anderer Mann sollte die Frau besitzen, die einst dem »König der Könige« gehörte.

Und tatsächlich kam es bis heute nicht dazu. Zwei ihrer ständigen Begleiter, der Schweizer Bankier Edmond Artar und der Vicomte de Barbot, starben eines unnatürlichen Todes – vermutlich durch Selbstmord. Damals entstanden Gerüchte, wonach des Schahs Geheimdienst SAVAK offenbar das diktierte Eheverbot durchgesetzt habe. Beweise dafür gibt es allerdings nicht.

Nach dem kaiserlichen Drama aus anfänglichem Glück, Kinderlosigkeit und Trennung erwarb Soraya zunächst ein Haus in München. Aber den Sommer verbrachte sie meist im mondänen spanischen Marbella. Von der Abfindung des Schahs kaufte sie sich eine vier Millionen Mark teure Villa, die sie rosa anstreichen ließ. Hier, an der Costa del Sol, stürzte sie sich ins Dolce Vita der Amüsieroase und durchtanzte die Nächte auf den rauschenden Festen der Schickeria, umgeben von prominenten Jetsettern wie Alfonso von Hohenlohe bis Gunter Sachs. Sie hatte großen Durst nach einem neuen Leben. Vor allem wollte sie vergessen. Aus der verlassenen und verstoßenen

»Märchenkaiserin« wurde eine glamouröse »Partyprinzessin«. Die Sensationsreporter folgten ihr auf Schritt und Tritt und dichteten ihr unzählige Liebhaber an, Playboys und Mitgiftjäger.

Die Klatschgeschichten führten zu einer hochpolitischen Posse. Bereits 1957 hatte die Iranische Botschaft in Bonn beim Auswärtigen Amt gegen die Sensationsberichte protestiert. Als der Vorstoß nicht fruchtete, reagierte der Schah unwirsch und drohte mit dem Abbruch der diplomatischen Beziehungen zu Deutschland. Adenauer wies daraufhin das Justizministerium an, in aller Eile eine stark umstrittene Strafrechtsnovelle zurechtzuzimmern – die sogenannte »Lex Soraya«. Danach sollte die »herabwürdigende Darstellung des Privatlebens ausländischer Staatsoberhäupter« unter Strafe gestellt werden. Das Kabinett verabschiedete die Gesetzesnovelle sogar, doch der Bundestag verweigerte der »Lex Soraya« seinen Segen.

Daraufhin widmete sich die Presse der Ex-Kaiserin noch intensiver. Ihr Schicksal faszinierte weltweit Millionen Leser. 1994 erschienen ihre Memoiren »Palast der Einsamkeit«. Darin beschrieb »Ihre kaiserliche Hoheit« erstmals ihr Leben als »Normalbürgerin«: »In Teheran hatte ich buchstäblich kein Recht, irgend etwas selbst zu tun. Allein schon Tee einzuschenken galt als unschicklich. Dafür war ja eine Hofdame da. Da ich als Kaiserin auch nicht das Recht hatte, Bargeld bei mir zu tragen, wurden alle meine Käufe von einem Adjutanten geregelt (...) Und jetzt bin ich plötzlich ganz auf mich selbst angewiesen. Wie zahlt man im Restaurant? Wie viel Trinkgeld gibt man? Ich fürchte mich davor, allein den Fahrstuhl zu nehmen, eine Steckdose zu benützen, zu telefonieren.«

Ihr »zweites Leben« führte Soraya Anfang der sechziger Jahre nach Rom. Dort traf sie den berühmten italienischen Produzenten und Regisseur Dino de Laurentis. Er wollte die Ex-Kaiserin groß als Filmstar herausbringen: mit »Drei Gesichter einer Frau«. Doch das Publikum akzeptierte Sorayas Wandlung von der »Märchenkaiserin« zum Glamourstar nicht. Und auch die Kritiken fielen vernichtend aus. In Frankreich wurde der Film schon nach sechs Tagen aus den Kinos genommen. »Le Figaro« kommentierte: »Wo Soraya ihren Fuß hinsetzt, wächst kein Zelluloid mehr.« Angeblich soll der Schah sämtliche Kopien für zwei Millionen Dollar aufgekauft haben. Er wollte nicht, dass seine Ex-Gemahlin öffentlich zur Schau gestellt wird. Sorayas Kommentar: »Das sähe ihm gleich. Der Herr und Gebieter, der das Bild seiner Frau konfisziert, die ihre Ketten abgeschüttelt hat.«

Unglücklich verlief auch Sorayas zweite große Liebe: Der verheiratete, aber von seiner Frau getrennt lebende italienische Regisseur Franco Indovina, mit dem sie mehrere Jahre liiert war, kam im Mai 1972 bei einem Flugzeugunglück ums Leben. Nach seinem Tod verließ sie Rom und flüchtete nach Paris, wo sie in der exklusiven Avenue Montaigne ein Sieben-Zimmer-Appartement bezog. Sie ließ es orientalisch einrichten – ganz in Blau, der Lieblingsfarbe ihres Ex-Mannes. Nach Rom kehrte sie nie wieder zurück.

Eine Zeit lang wurde Prinz Hassan Nagyb Abdullah, ein Neffe des ägyptischen Königs Faruk, als ihr ständiger Begleiter gesichtet. Aber ähnlich wie die greise und einsame Marlene Dietrich, die in unmittelbarer Nachbarschaft lebte und sich bis zu ihrem Tod in ihrer Wohnung verbarrikadierte, zog sich auch Soraya im Laufe der Jahre mehr und mehr aus der Öffentlichkeit zurück.

Die Frau, die von sich sagt: »In meinen Adern fließt Nomadenblut, ich kann nirgends Wurzeln schlagen«, jettete nicht mehr von Party zu Party, zierte nicht mehr die Titelseiten der internationalen Klatschpresse. Mit der Reife des Alters wurde das Nomadenblut »Ihrer Kaiserlichen Hoheit Prinzessin Esfandiary« dickflüssiger. Gesellschaftliche Verpflichtungen nahm sie nunmehr eher selten wahr und nur auf Einladung guter Freunde an. Sie genoss es, inkognito durch Paris zu bummeln. Keiner bat die Ex-Kaiserin um ein Autogramm. Der Illustrierten »Paris Match« war Sorayas 65. Geburtstag nicht einmal eine Fußnote wert.

Ohne Zweifel, der Weg von der märchenhaften Kaiserin zur »Normalbürgerin« war für Soraya lang und schwierig. Nach ihrer Scheidung hatte sie jeden Kontakt zum Schah abgebrochen. Er wurde 1979 von Khomeini aus dem Iran vertrieben und starb danach einsam im Exil an Krebs.

Soraya hat den Mann überlebt, der ihr Leben prägte. Mit 16 hatte sich für sie ein Wunschtraum erfüllt. Sie wurde umschwärmt, sie kam zu unermesslichem Reichtum, sie machte Reisen und lernte viele prominente Menschen kennen. Und einige Jahre lang genoss sie das Karussell des Luxus und der Herrlichkeit. Aber dann traf auch sie die schmerzliche Erkenntnis eines Wortes von Marilyn Monroe, wonach Prominenz zwar wunderbar sein kann, aber nichts ist, woran man sich in einer kalten Nacht erwärmen kann.

Eine andere Frau wäre unter den Schicksalsschlägen zusammengebrochen oder verbittert geworden. Soraya jedoch blieb eine beeindruckende Frau, die trotz Krisen und Einsamkeit ihr zeitloses Lächeln nicht verlor: »Ich hatte das Glück, zwei Männer zu lieben und von ihnen geliebt zu werden. Wie viele Frauen können das Gleiche von sich behaupten?« Sie starb im Alter von 69 Jahren im Oktober 2001 in ihrer Pariser Wohnung.

Die Einsamkeit und die Kälte der Macht sollte auch ihre Nachfolgerin im Gulistan-Palast, Farah Diba Palawi, kennen lernen. Die letzte Kaiserin Persiens wurde am 14. Oktober 1938 in Iranisch-Aserbaidschan geboren und entstammt einer angesehenen nordpersischen Familie. Ihr Vater, der 1946 verstarb, war Offizier und Diplomat.

Farah wuchs bei ihrem Onkel, einem Architekten, auf. In Teheran besuchte sie zunächst eine italienische Grundschule und später das französische Jeanne-d'Arc-Gymnasium. Schon als Schülerin war sie selbstbewusst und aufgeweckt. Nach dem Abitur wollte sie in Paris Architektur studieren. Sie schrieb sich an der Ecole Spéciale d´Architecture ein und wohnte in der Cité Universitaire.

In Paris lernte sie Ardeshir Zahedi, den Leiter des iranischen Programms für Auslandsstudenten, kennen. Er war der Schwiegersohn des Schahs. Beeindruckt von ihrem Charme, ihrer Eleganz und ihrer Persönlichkeit machte er sie mit seiner Frau, Prinzessin Schahnaz, bekannt. Diese arrangierte ein Treffen mit dem Schah in Teheran.

Die junge Architekturstudentin mit den schmalen Schultern faszinierte den Schah sofort. Sie brauchte sich dafür nicht in Szene zu setzen. Sie war ungewöhnlich hochgewachsen und bildhübsch, zudem konnte sie blitzschnell und analytisch formulieren.

Als der Schah sie fragte, ob sie seine Frau werden wolle, zögerte Farah allerdings einen kurzen Augenblick. Sie musste an Sorayas Schicksal denken. Der Schah hatte sich gerade von ihr getrennt. Soraya hatte man vom hohen Sockel gestürzt – welches stürmische Schicksal erwartete sie?

Farah war zwar erst 21 Jahre alt, aber sie wusste, dass Entscheidungen, die persönliche Gefühle betreffen, die schwersten im Leben sind. Doch das unwiederbringliche »Jetzt«, die vielleicht nie wiederkehrende Gelegenheit, war in diesem Augenblick stärker als alle Bedenken. Und so akzeptierte sie das Heiratsangebot des Schahs.

Sechs Monate später fand ihre Verlobung mit Persiens mächtigem Herrscher statt; am 21. Dezember 1959 wurde das Paar vermählt. Farah Diba war nach Prinzessin Fawzia und Soraya Esfandiari die erste reinblütige Perserin unter den Frauen des

Schahs. Und sie erfüllte ihre eheliche Funktion zur höchsten Zufriedenheit des kaiserlichen Hofstaates: Bereits ein Jahr später wurde der lang ersehnte Thronerbe Reza Cyrus geboren, im März 1963 folgte Tochter Masumeh Fahranaz, im April 1966 ein zweiter Sohn, Ali Reza, und im März 1970 die zweite Tochter Leila.

Während der Schah mit hektischer Besessenheit und harter Hand sein Land in weniger als einer Generation vom Mittelalter in die Neuzeit führen wollte, widmete sich Farah Diba neben ihrem Wirken in der Familie den 34 sozialen, pädagogischen und kulturellen Organisationen, deren Präsidentin sie war. Sie förderte Schulen, soziale Einrichtungen und Zentren für Familienplanung. Ihre eigenen Kinder erzog sie nach modernen westlichen Richtlinien.

Ein weiteres wesentliches Ziel war für sie die Befreiung der persischen Frau aus mittelalterlichen Traditionen. Sie setzte sich für die gesetzliche Gleichberechtigung der Frau und für liberalere Ehe- und Scheidungsgesetze ein. Und sie wurde zu einer wichtigen Beraterin des Schahs in kulturellen und sozialen Belangen.

Auch begleitete sie ihren Ehemann auf fast allen Reisen, zu Staatsbesuchen nach Norwegen und Frankreich, Moskau und Washington sowie zu den Olympischen Spielen in Innsbruck. Vom 27. Mai bis 4. Juni 1967 besuchte das Kaiserpaar auch die Bundesrepublik. Es sollte der Wendepunkt im Leben von Farah Diba sein, ein Staatsbesuch mit langen Schatten, denn damals begann auch ihr Abstieg. Aber nicht nur dies: Die Visite löste auch die bundesdeutsche Studentenrevolte aus, den Aufstand der 68er Generation, der Deutschland tief veränderte.

Am 2. Juni 1967 sollten der Schah und Farah Diba Berliner Boden betreten. Bereits im Vorfeld des Besuches hatte die Kaiserin in einem Artikel in der »Neuen Revue« vom 7. und 14. Mai für die Politik des Schahs geworben. Sie würdigte ihn

151

als »einfache, hervorragende und gewissenhafte Persönlichkeit, einfach wie ein ganz normaler Bürger«. Und: »Der einzige Unterschied ist, dass mein Mann nicht irgendwer ist, sondern dass er größere und schwerere Verantwortung als andere Männer tragen muss.«

Die Journalistin Ulrike Meinhof antwortete der Kaiserin in einem offenen Brief und warf ihr vor, die deutsche Öffentlichkeit falsch zu informieren. In Wahrheit sei der Schah ein verschwendungssüchtiger Diktator, der die Verantwortung für Hunger, Folter, Mord und Rauschgiftsucht in Persien trage. Er sei auch der Garant dafür, dass Armee, Geheimdienst und Polizei das Land in Schach hielten.

Auch persische Exilstudenten machten in Flugblättern Stimmung gegen den Schahbesuch und lösten den größten Polizeialarm der Geschichte der BRD aus. Allein in Berlin sollten 5000 Polizeibeamte das Kaiserpaar abschirmen. Schon Wochen zuvor wurden mutmaßliche Gewalttäter festgenommen. Autobahnen, auf denen der Schah fahren sollte, wurden abgesperrt.

Als Reza Pahlawi und Farah Diba am 2. Juni kurz nach 11 Uhr in Berlin-Tempelhof landeten, wurden sie von etwa 100 kaisertreuen Persern mit Fahnen und Jubelgeschrei begrüßt. Ein Freundschaftsbesuch stand auf dem Programm, doch dieser sonnenüberflutete Freitag sollte furchtbar enden.

Vom Flughafen fuhr das Kaiserpaar zunächst ins Hilton-Hotel und die Reporterin der »Berliner Morgenpost« notierte euphorisch: »Die delikate Milde im Gesicht der Kaiserin begeistert.« Nach kurzer Rast in der Präsidentensuite fuhren die Gäste dann zum Rathaus Schöneberg. Als sie dort gegen 14.30 Uhr eintrafen, wurden sie von einigen hundert Demonstranten erwartet und die »Sonne der Arier« mit Sprechchören wie »Schah, Schah, Schabernak« oder »Schah, Schah, Scharlatan« empfangen. Als auch »Mörder! Mörder!«-Rufe laut wurden und Farbeier flogen, kam es zur ersten Konfrontation: Rund 70 »Jubelperser«, offensichtlich Geheimdienstmänner des Schahs, schlugen mit Holzlatten wahllos auf die Demonstranten ein.

Aber das Besuchsprogramm lief normal weiter: Am Abend ein pompöser Staatsempfang in Schloss Charlottenburg, an dem auch Bundespräsident Heinrich Lübke teilnahm. Zum krönenden Abschluss des Berlinbesuches dann Mozarts »Zauberflöte« in der Deutschen Oper an der Bismarckstraße. Ruth Brandt, Gattin des damaligen Außenministers, hatte sich extra aus diesem Anlass in Berlin ein Kleid schneidern lassen.

Rund 800 Demonstranten erwarteten den hohen Besuch vor der Deutschen Oper. »Nieder mit dem Schah«, riefen sie dem Potentaten entgegen. Gegen 20 Uhr schlossen sich die Tore der Oper hinter den Gästen. Während drinnen die politische Elite den ersten Takten lauschte, skandierten draußen an diesem heißen Juniabend jugendliche Störer ihre Parolen gegen Pomp, Autoritäten und Staatsgewalt.

Schon vor dem Betreten der Oper hatte Berlins empörter Bürgermeister Heinz Albertz seinem Polizeipräsidenten zugezischt: »Wenn ich hier herauskomme, ist alles sauber!« Die Jagd auf die Demonstranten hatte begonnen.

Die Augenzeugin Friederike Hausmann berichtete: »Plötzlich riss die Polizei von der Mitte her die Absperrungen weg und schlug auf alles ein, was ihr in den Weg kam. Es brach eine unvorstellbare Panik aus, Menschen trampelten übereinander, brachen blutend zusammen (…) Die Polizisten kamen im Laufschritt mit ihren Knüppeln hinterher. Ich rannte mit vielen anderen in die Krumme Straße, die in Richtung Ku'damm führt.«

Dort standen sich dann plötzlich im Dämmerlicht der 26-jährige Student Benno Ohnesorg und der damals 39-jährige Kripobeamte Karl-Heinz Kurras zufällig gegenüber. Über den einen sagten seine Professoren, er sei ein zurückhaltender, höflicher, neugieriger und gewissenhafter Student gewesen. Der andere war als ziviler Fahnder im Einsatz und sollte »Rädelsführer« festnehmen.

Gegen 20.30 Uhr kam es in der Krummen Straße 66/67 zum Showdown. Einige Beamte meinten, unter den flüchtenden Studenten einen »Rädelsführer« ausgemacht zu haben: Es gab ein Handgemenge, in das auch Kurras verwickelt wurde, in der Hand eine entsicherte Pistole. Ein Schuss löste sich, traf den inzwischen halb bewusstlos geprügelten Studenten Ohnesorg über dem rechten Ohr und zerschmetterte die Schädeldecke.

Die Demonstrantin Friederike Hausmann versuchte als Erste Ohnesorg zu helfen: »Er war offensichtlich am Kopf verletzt, es rann Blut heraus. Ohne lange nachzudenken, legte ich ihm meine kleine Handtasche unter den Kopf. Zwei Polizisten zerrten mich hoch und wollten mich wegjagen, aber ich schrie sie nur an, sie sollten doch lieber einen Krankenwagen holen ...«

Der Krankenwagen kam auch ziemlich schnell, aber Ohnesorg war nicht mehr zu helfen. Er starb gegen Mitternacht im Krankenhaus Moabit an den Folgen eines Schädelsteckschusses, abgefeuert aus geringer Entfernung. Kurras beteuerte hinterher, der Schuss sei ihm versehentlich losgegangen, und wurde von der Anklage der fahrlässigen Tötung freigesprochen.

Farah Diba hat nach der Anti-Schah-Demonstration nie wieder die Bundesrepublik besucht. »Natürlich habe ich noch immer die Bilder vor Augen«, sagte sie 30 Jahre später in einem Stern-Interview. »Die Krawalle und der tödliche Zwischenfall bei der Demonstration in Berlin ...«

Aber der Tod Ohnesorgs, an den heute ein Denkmal an der Deutschen Oper erinnert, löste nicht nur die Studentenrevolte aus, sondern sollte auch Farah Dibas Leben verändern. Denn damals begann auch der allmähliche Niedergang des Schahs, der sich durch seinen kontroversen Lebensstil und seine autoritäre Politik immer mehr Kritiker schuf. Er fühlte nicht mehr den Puls des Volkes. Geblendet von Macht und Reichtum wollte er den wachsenden Widerstand gegen sein Regime nicht wahrhaben.

Am 26. Oktober 1967 krönte er in einer prunkvollen Zeremonie Farah Diba als erste Frau in der Geschichte Persiens zur Kaiserin. Danach trug sie – wie einst Soraya – den Titel »Schahbanu« (Gemahlin des Schahs). Außerdem setzte der Schah im Parlament durch, dass seine Frau im Falle seines Todes bis zur Volljährigkeit des Thronfolgers, Reza Cyrus Ali, einem achtköpfigen Regentschaftsrat vorzustehen hätte. Die »Schahbanu« wäre also Staatsoberhaupt geworden.

Während er einerseits weiterhin den Glanz einer überholten Monarchie (Pfauenthron aus purem Gold, Diamanten und Perlen im Wert von 70 Millionen Dollar) zelebrierte, wollte er andererseits sein Land in die »Große Zivilisation« drängen und zur »grande nation« machen, ohne zu merken, dass er es in den Abgrund steuerte.

Die hektische radikale Verwestlichung, der »American way of life«, den der Herrscher einführen wollten, überrollte die Traditionen, Moralwerte und die Religion der Menschen im Iran. Damit brachte er nicht nur die islamischen Religionsführer gegen sich auf. Die Mehrheit der Bevölkerung wurde in einen Konflikt gestürzt, der sich aus dem schmerzhaften Aufeinandertreffen der alten Lebensformen und Denkweisen mit einer modernen, europäischen Art ergab. Außerdem profitierte nur eine relativ kleine Gruppe vom Reichtum der Ölfelder, die Masse des Volkes ging leer aus.

Als die Stimmung gegen das Herrscherhaus umschlug, ließ der Schah Oppositionelle und politische Gegner durch Pressezensur, Bespitzelung und Folter mundtot machen. Mit Hilfe des berüchtigten und verhassten Geheimdienstes SAVAK, der zuletzt bis zu 300 000 Mann stark gewesen sein soll, gelang es ihm zunächst, alle Ansätze zum Umsturz im Keim zu ersticken. Die Symbolfigur des Widerstandes, Ajatollah Khomeini, ließ er erst ins Gefängnis stecken, dann verbannte er ihn aus dem Iran. Daraufhin rief der radikale Religionsführer den »Heiligen Krieg« gegen das Schah-Regime aus. 1978 begannen die großen Anti-Schah-Demonstrationen, bei denen neben islamischen Geistlichen auch Tausende von Studenten protestierten. Am 8. September 1978, dem »Schwarzen Freitag«, wurden bei einer Demonstration in Teheran fast 1000 Demonstranten getötet.

Der »Schwarze Freitag« besiegelte das Schicksal des »Königs der Könige«. Der Monarch, vor dem sich einst seine Untertanen in den Staub geworfen hatten, musste am 16. Januar 1979 in einer Nacht-und-Nebel-Aktion mit seiner Frau und seinen vier Kindern durch die Hintertür den Iran verlassen. Zwei Wochen später kehrte Ajatollah Khomeini aus knapp 15-jährigem Exil zurück, erklärte die Dynastie Pahlawi für illegal und proklamierte am 1. April 1979 die »Islamische Republik Iran«. In Abwesenheit wurde der Schah zum Tode verurteilt und der Ayatollah Khalkali machte Farah Diba damals das zynische Angebot, falls sie ihren Gemahl töte, könne sie unbehelligt wieder in den Iran zurückkkehren.

Mit dem Exodus aus der Heimat begann für Farah Diba ein Spießrutenlaufen um die halbe Welt, denn kein Land wollte ihrem krebskranken Mann Asyl gewähren. Monatelang musste sie vergeblich um ein Bett in irgendeinem Krankenhaus für ihn betteln. Kurzfristig wurde der Schah-Familie erlaubt, in Ägypten Station zu machen. Im Februar reisten die Pahlawis für zwei Monate nach Marokko zu König Hassan II. Von da aus ging es weiter auf die Bahamas.

Erst durch die Vermittlung des ehemaligen amerikanischen Außenministers Henry Kissinger war schließlich Mexiko bereit, den Schah aufzunehmen. Anfang Juni 1979 brachte ihn eine Sondermaschine nach Cuernavaca. Schwer bewacht und von der Öffentlichkeit abgeschirmt, begann er dort an seinen Memoiren zu schreiben.

Wenige Monate später musste er sich zur Krebsbehandlung in eine New Yorker Klinik begeben. Obwohl die US-Regierung erklärte, es handele sich dabei nicht um eine Aufenthaltsgenehmigung, kam es zur Konfrontation mit dem Iran: In Teheran besetzten iranische Studenten die US-Botschaft, nahmen mehrere Geiseln und forderten die Auslieferung des ehemaligen »Großkaisers aller Perser«. Daraufhin wurde der Schah kurzfristig in ein texanisches Hospital verlegt und anschließend auf eine kleine Insel nach Panama abgeschoben.

Entgegen allen Widerständen hatte nur einer den Mut, die unwürdige Odyssee des todkranken Monarchen zu beenden: Ägyptens Staatspräsident Anwar as-Sadat bot ihm an, sich mit seiner Familie in Kairo niederzulassen: In einem alten osmanischen Palast, an dem die Patina der Zeit nagte, mit vierhundert Zimmern, abgenutzten Möbeln, verblassten Bildern und tropfenden Wasserhähnen.

Nach mehreren Operationen starb der Schah am 27. Juli 1980. Im Iran wurde sein Tod überschwänglich gefeiert. Kurz vor seinem Tod hatte er Farah Diba noch sein politisches Testament diktiert, in dem er dem iranischen Volk seinen Sohn, Reza Cyrus, als Nachfolger empfahl.

In der Al-Rifai-Moschee, einer der ältesten und prächtigsten Moscheen im Zentrum Kairos, fand der ehemalige »Großkaiser aller Perser« seine letzte Ruhestätte: Wie sein Vater auf fremdem Boden, weit von Persien entfernt, unter einer Grabplatte aus dunklem Marmor neben einem anderen gestürzten Herrscher, Ägyptens Ex-König Faruk.

Nach dem Tode des Schahs blieb Farah Diba zunächst in Kairo und erstand dort eine Villa im Vorort Heliopolis. Später erwarb sie auch ein Landhaus an der Côte d'Azur, eine Eigentumswohnung in Paris und ein Domizil in der Universitätsstadt Williamstown im Bundesstaat Massachusetts, wo sie sich häufig aufhielt, da ihre Kinder in Amerika Schulen und Universitäten besuchten: Reza Cyrus studierte politische Wissenschaften und ließ sich zum Jet-Piloten ausbilden, Fahranaz studierte Psychologie, Reza Ali Geschichtswissenschaften und die jüngste Tochter Leila wollte Journalistin werden.

Während sich Farah Diba immer mehr aus der Öffentlichkeit zurückzog, ließ sich ihr ältester Sohn zum Nachfolger seines Vaters auf dem Pfauenthron erklären. Er lebt heute mit seiner Frau, Yasmine Etamad Amini, der Tochter eines angesehenen iranischen Kaufmanns, und seinen beiden Töchtern im US-Bundesstaat Maryland. Von hier unterhält er Kontakte zu Exil-Iranern in der ganzen Welt.

Seit seiner Volljährigkeit ist er das Oberhaupt der Familie. Seinem Willen unterliegen alle, auch die ehemalige Kaiserin. Familienangelegenheiten oder finanzielle Entscheidungen bespricht Farah Diba zuerst mit ihm. Auch als sich in der Presse hartnäckig Gerüchte verdichteten, es gäbe einen neuen Mann im Leben der Ex-Monarchin, kam es zu einem langen Gespräch zwischen Mutter und Sohn. Danach erklärte die »Schahbanu«: »Nein, es gibt keinen neuen Mann. Der Schah war meine große Liebe. Seinen Tod mitzuerleben war eine große Qual für mich. Ich habe es auch nicht geschafft, mich von persönlichen Dingen zu trennen, habe noch seine Anzüge im Schrank hängen, seine Uniformen. In allen Wohnungen stehen Fotos, Andenken. Er lebt für mich weiter ...«

Sein Sohn wird seit seinem angemeldeten Anspruch auf den Pfauenthron gut bewacht. Denn Reza II. muss befürchten, dass er auf der schwarzen Liste moslemischer Fundamentalisten steht, die, ähnlich wie bei dem Schriftsteller Rushdie, den Auftrag haben, ihn im Auftrag Allahs zu töten.

Auch Farah Diba geht nie ohne Leibwächter aus dem Haus. Die letzten Jahre ist es still um sie geworden. Sie treibt viel Sport, spielt oft stundenlang Klavier und pflegt den Kontakt zu Exil-Iranern. Interviews gibt sie ganz selten.

Die meiste Zeit widmet sie ihren Enkelkindern. Im Exil spricht sie am liebsten nur mit ihnen über ihr Leben an der Seite des »Lichtes der Arier«: »Ich versuche, sein Andenken lebendig zu halten durch Bilder und Fotos, und natürlich auch durch Erzählungen.«

Heute ist Farah Diba eine »Schahbanu« ohne Krone, die nur noch selten in der Öffentlichkeit auftritt, aber nichts von ihrer Faszination verloren hat. Denn trotz ihrer 63 Jahre ist sie immer noch eine Schönheit und wirkt so, als wären die letzten zwanzig Jahre im Exil fast spurlos an ihr vorübergegangen.

Als sie zum 20. Todestag ihres Mannes zu einer Gedenkfeier nach Kairo kam, schien es vielen Beobachtern so, als würde sie immer noch das funkelnde Diadem tragen. Souverän und selbstsicher, aber ohne sich in Szene zu setzen, schritt sie durch das Spalier getreuer Exil-Iraner, die aus aller Welt angereist waren und sich im Halbdunkel der blumengeschmückten Al-Rifai-Moschee versammelt hatten. Anteilnahme, Aufregung und Hitze spiegelten sich in den Gesichtern. Hände streckten sich der Ex-Kaiserin ehrfürchtig entgegen, Royalisten knallten zackig die Hacken zusammen.

Aber während ihre Untertanen ihre Regungen nicht unterdrücken konnten, schien die Monarchin weit weg zu sein, in einer anderen Zeit. Und tief in ihren dunklen melancholischen Augen spiegelte sich etwas von der Tragik, der Einsamkeit und der schmerzenden Vergangenheit, die ihr widerfahren sind.

Der tragische Tod ihrer jüngsten Tochter war sicherlich der größte Schmerz für sie: Prinzessin Leila wurde im Juni 2001 tot in einer Hotelsuite in London aufgefunden. Die Polizei schloss nicht aus, dass es sich um Selbstmord nach einer Überdosis Schlafmittel handelte. Die 31 Jahre alte Prinzessin lebte in Amerika, verbrachte aber jedes Jahr mehrere Monate in London. Laut der Zeitung »Daily Mail« litt die »ehemals wunderschöne« Tochter des Schahs an Depressionen und Magersucht.

Farah Diba teilte mit, ihre Tochter sei nach »langer Krankheit« gestorben: »Leila ging mit neun Jahren ins Exil und war seit Jahren depressiv.« Sie habe die Absetzung ihres Vaters im Jahr 1979 und seinen Tod nach seiner Krebserkrankung ein Jahr später nie überwunden. »Sie ertrug das Leben in Europa nicht. Sie liebte den Iran.« Von den iranischen Medien wurde ihr Tod nicht gemeldet.

Auch Farah Diba träumt seit 20 Jahren davon, dass sie eines Tages wieder in ihre Heimat zurückkehren kann: »Es ist eine große Strafe für mich, dass ich mein Land nicht mehr besuchen kann. Ich vermisse Persien, ich vermisse die Landschaften, die Gerüche, ich sehne mich danach, wieder über den Markt zu gehen, Menschen zu beobachten. Das Leben in den USA oder in Frankreich ist sehr schön, aber es ist für mich keine Heimat.« Dass ihre Heimat nach dem Sturz des Schahs in einen mittelalterlichen islamischen Gottesstaat zurückfiel, kommt ihr heute wie ein diabolischer Treppenwitz der Geschichte vor. Der Schah, von dem sie immer nur in der dritten Person spricht, ist für sie ein Opfer dieser Geschichte. Er habe sein Land weltoffen gestalten wollten, habe Universitäten gegründet und einen Mittelstand geschaffen.

»Das Volk muss offenbar erst begreifen, was es aus der Hand gegeben hat«, sagt sie. Aber sie sagt auch: »Es ist vielleicht so, dass das Volk nicht in gleichem Umfang an der Regierung beteiligt war, wie es der rasante Fortschritt im Land geboten hätte.«

Eine neue Ehe hat die Ex-Kaiserin niemals erwogen. »Wenn man mit einem Mann wie dem Schah verheiratet war, kann man sich nichts anderes mehr vorstellen«, sagt sie. »Ich bin dankbar für die wunderbaren Kinder, die mir der Schah hinterlassen hat (...) Ich warte auf den Tag, an dem ich wieder in Teheran lebe und die Asche meines Mannes heimführen kann ...«

VI. Die Prinzessin

Elisabeth von Toro:
Idi Amins Außenministerin

»Ich hatte den Vorteil, zu den wenigen Frauen Ugandas
zu gehören, die sich sexuellen Annäherungsversuchen
durch Prominente widersetzen konnten …«
Elisabeth von Toro

»Es ist die Pflicht eines guten Moslems, seine Liebe gerecht
unter seinen Frauen zu verteilen …«
Idi Amin

Er blieb nie länger als eine knappe halbe Stunde, wenn er kam. Doch jedes Mal war es die Hölle für sie. Aber sie wusste, dass sie ihm keinen Korb geben konnte. Er hätte sie von seinen Bodyguards umbringen lassen.

Sie kamen immer zuerst und sie waren schwer bewaffnet. Sie traten mit ihren genagelten Stiefeln fast die Tür ein. Sie rissen Schränke und Schubladen auf. Sie sahen unter dem Bett nach und fuhren mit dem Lauf ihrer Maschinenpistolen unter die Bettdecke, um nachzusehen, ob jemand darunter versteckt war. Und sie verstreuten grölend ihre Unterwäsche im Zimmer.

Und dann kam er. Sein massiger Körper füllte fast die ganze Türfüllung aus. Er hatte etwas Unmenschliches an sich, wie er mit gesenktem Kopf und Händen, die wie Pendel aus Fleisch an den Armen baumeln, langsam auf sie zukam. Sein Schatten tanzte an der Wand und schwoll an. Er lächelte sie an, aber seine dunklen Augen funkelten gefährlich wie die eines gereizten Gorillas.

Es gab keinen Fluchtweg für sie. Am liebsten hätte sie sich in der Wand verkrochen. Doch das ging nicht. Und dann stand er schon vor ihr und legte ihr seine riesigen Hände um die Taille und drückte sie so fest, dass es wehtat.

Sie schloss die Augen. Jetzt konnte sie ihn nicht mehr länger ansehen. Denn alles an ihm war überdimensioniert. Er wog hundertzwanzig Kilo und sie nur knapp die Hälfte.

»Ich habe nicht viel Zeit«, sagte er. »Ich bin der Präsident und Oberkommandierende der Streitkräfte. Ich muss noch regieren.«

Die Sekretärin Nonny Kwinga aus Jinja am Viktoria-See hat als einzige Frau beschrieben, wie es ist, einem psychopathischen Kannibalen als Mätresse ausgeliefert zu sein, der als der »schwarze Hitler« *(The Economist)* von 1971 bis 1979 in Uganda, das Churchill einst die »Perle Afrikas« nannte, seine Gegner abschlachtete oder den Krokodilen im Nil zum Fraß vorwarf: Idi Amin »Dada« Oumee.

Nach Schätzungen von Amnesty International hat der frühere Diktator Ugandas und ehemalige Boxmeister im Halbschwergewicht 300 000 Menschen auf dem Gewissen. Seine Terrorherrschaft war geprägt von Rassismus und Folter, Menschenjagd und Kannibalismus, Geisterglauben und schwarzer Magie. Zehntausende seiner politischen Gegner wurden vertrieben oder nie wieder gesehen.

Und auch ein Dutzend seiner Frauen gerieten in einen gespenstischen Strudel von Unterwerfung, Gewalt und Tod. Alle seine »Gespielinnen« behandelte er mit größter Brutalität. Einige verschwanden spurlos und auf immer. Kay Adroa wurde am 12. August 1974 in vier Teile zerstückelt im Kofferraum eines Personenwagens gefunden. Die Hintergründe dieses Verbrechens wurden nie geklärt. Andere flohen, bevor der grausame Liebhaber zu ihnen »good-bye« sagte.

So auch Nonny Kwinga. Es gelang ihr, sich nach Kenia abzusetzen. Denn »good-bye« war meistens gleichbedeutend mit einem Todesurteil. »Es war eine Qual«, berichtete sie nach ihrer Flucht. »Auf die Dauer hätte er mich umgebracht – so oder so.«

Aber keine der Frauen im Dunstkreis des bizarren »King Kong« hat die Phantasie der internationalen Öffentlichkeit so beschäftigt wie die bildhübsche Prinzessin Elisabeth von Toro. Als Topmodel zierte sie die Modemagazine, als exotische Diplomatin und Außenministerin des Machtmonsters Idi Amin glänzte sie vor der UNO und wurde weltberühmt.

Elisabeth Bagayas Leben ist geprägt von uralten afrikanischen Traditionen, aber auch von Einflüssen moderner Kultur. Nach eigenen Angaben wurde sie im Februar 1943 als Prinzessin Elisabeth von Toro und Tochter des Ex-Königs George David Matthew Kamurasi Rukiidi III. im ehemaligen Königreich am Fuße der schneebedeckten Mondberge geboren. Damals war das an natürlichen Ressourcen und landschaftlicher Schönheit überaus reiche Uganda noch in fünf Königreiche unterteilt: Ankole, Buganda, Bunyoro, Busoga und Toro. 56 Volksgruppen lebten in dem ostafrikanischen Land, das auf einer ca. 1000 Meter hohen Hochebene liegt: Der wichtigste Fluss ist der Nil, der Uganda vom Viktoriasee bis Nimule an der Grenze zum Sudan durchfließt.

1894 hatte Großbritannien einen Protektoratsvertrag mit vier Königreichen geschlossen. Die Kolonialherren führten das Prinzip der »Indirect Rule« ein. Neben den Bauern hielt die Handel treibende Gruppe der Inder, die während der britischen Kolonialzeit nach Uganda gebracht worden waren, sowie die grundbesitzende einheimische Aristokratie die Monopolstellung in Wirtschaft und Handel.

Als Elisabeth Bagaya das Licht der Welt erblickte, war Uganda noch britisches Protektorat. Amtssprache war Englisch. Erst 1962 erhielt das Land unter Ministerpräsident Dr. Milton Obote die Unabhängigkeit. Die Prinzessin wuchs in einer magischen Welt auf, die nichts gemein hatte mit dem späteren Terrorregime, das der Massenmörder Amin in Uganda einführte.

Elisabeths Vater war von 1929 bis 1965 König von Toro und wie schon seine Vorgänger wurde er als Gottheit und Hoher Priester verehrt, dessen Person geheiligt war. In ihrer Autobiographie beschreibt sie ihn als »frommen Christen« und »Riese von einem Mann«, der fünf Frauen und etwa 25 Kinder hatte. Er residierte in einem zweistöckigen Palast, der auf den Hügeln von Kabarole stand, knapp zweitausend Meter über dem Meeresspiegel.

Zum königlichen Hof zählten verschiedene Gebäude, das zweistöckige Versammlungshaus sowie die sieben Häuser der »Heiligen Gilde«. Eins der wichtigsten Häuser war das »Rwengo«, wo die Königin Gäste empfing. Die Prinzen residierten im »Kacwabwemi«, die Prinzessinnen waren in einem Haus untergebracht, das »Kabagarama« hieß. Die geringeren Damen des Hofes, die Tanten und die »Kleine Königsmutter« (die jüngere Frau des Königsvaters), wohnten im »Bwikya«. Der König empfing seine Gäste in einem Vorderzimmer des Versammlungshauses.

Sein Thron war aus einem massiven Holzblock geschnitzt und mit Kupfer und Eisen verziert. Er stand zwischen zwei Trommeln und war mit acht Säulen und einem Baldachin verbunden. Außerdem war er mit Löwen-, Leoparden- und Rinderfellen ausstaffiert. Rund um die Uhr wurde der Königsthron von einer Wache sowie zwei Frauen bewacht. Vor der Tür lag ein riesiger Elefantenstoßzahn, über den nur der König hinwegsteigen durfte.

Elisabeth hatte nach eigenen Angaben »eine große Scheu« vor ihrem Vater und wurde stets dazu angehalten, vor ihm selbst und seinen Dienern niederzuknien: »Als Kinder durften wir nicht sprechen, außer wenn es galt, Fragen zur Stammesgeschichte zu beantworten. Ansonsten saßen wir still neben den beiden Löwenjungen, die immer zugegen waren, bis sie zu groß wurden und man sie in den Nationalpark brachte. Ich hasste diese Katzen. Sie machten mir Angst, aber um dabei sein zu können, ertrug ich sie. Vor meinem Vater verbarg ich meine Furcht, denn Tiere spielten eine große Rolle am Hof und es war keinem erlaubt, sie zu misshandeln oder etwa nicht zu mögen.«

Das Leben der Königstochter wurde durch einen strengen rituellen Tagesablauf bestimmt. »Das war wie ein endloses Theaterstück, bei dem jeder Tag seine feststehenden Szenen und Akte hatte«, erinnert sich Elisabeth. Jeden Morgen um sieben

Uhr wurden sie und die anderen Kinder durch ein Hornsignal und Trommeln geweckt. Sie sprangen aus ihren Betten und trafen sich mit der ganzen Familie im Versammlungshaus zum Morgengebet. Beim Vorbeten mussten sich die Kinder abwechseln.

Nach dieser Zeremonie wurde Elisabeth von Ammen gewaschen und angezogen. Die Frauen wachten auch streng darüber, dass sie ihre Morgenmilch trank. Um acht Uhr verließ sie dann den Palast und machte sich zusammen mit den anderen Kindern auf den zwei Meilen langen Schulweg – alleine.

Denn der König hatte angeordnet, dass die Kinder nicht zur Schule begleitet werden durften. Auch durfte kein Kind Krankheit vorschützen. Für die Abwesenheit von der Schule war eine ausdrückliche Erlaubnis des Königs erforderlich.

Mittags kehrte Elisabeth gewöhnlich in den Palast zurück, um den König in seinen Gemächern zu besuchen. »Wenn er beschäftigt war, warteten wir – auf Knien«, berichtet sie. »Drehte er sich herum, berührte ihn jedes Kind an der Stirn und am Kinn mit den Spitzen beider Zeigefinger und wünschte ihm einen guten Tag. Danach zog man sich rückwärts gehend zurück und setzte sich auf den Boden, bis alle den König begrüßt hatten. Anschließend gab es Essen, unter der strengen Aufsicht des Chefkellners und des Chefkochs.«

Ihre Mutter, Königin Kezia Byanjeru, porträtiert Elisabeth als eine »kultivierte Frau« und »wundervolle Unterhalterin«. Sie spielte nicht nur Harfe und unterrichtete ihre Tochter darin, sondern faszinierte sie auch mit ihrem ungeheuren Schatz an Volksmärchen und Anekdoten. Elisabeth liebte diese Séancen und die Rituale der Königsfamilie prägten sich unauslöschlich in ihr Gedächtnis ein.

Der Jahrestag der Krönung am 29. Januar und die »Melkzeremonie«, bekannt unter der Bezeichnung »Enkorogi«, waren wichtige traditionelle Stammesrituale. Beim ersten Schrei des

Hahnes wurde der König mit Musik geweckt und die neun-
tägigen Feierlichkeiten konnten beginnen. Nach dem Bad legte
der König sein königliches Amulett sowie die Staatsrobe aus
Rindenstoff an. Dann ging er zur »Melkzeremonie«.
Das Ritual gehörte deshalb zu den wichtigsten heiligen Pflichten des Monarchen, weil Toro ein Land der Viehzüchter war.
Zunächst wurden die Kühe aus dem Kral in das »Haus der
Milch« getrieben. Dann nahm der König auf einem Schemel
Platz, der mit den Fellen von neun weißen Kühen bedeckt war,
und seine Frauen und die Prinzessinnen brachten die Milch-
gefäße.
Anschließend wurden zwei Kühe gemolken und eine Dienerin
reichte dem König in einem sterilisierten Gefäß den »heiligen
Trank«. Danach wurden die Trommeln geschlagen, das königliche Mahl aufgetragen und der König vom Chefkoch mit einer
zweizinkigen Gabel gespeist. Wieder erklangen Trommeln: Es
war das Signal für das neuntägige Fest mit Prozessionen, Dank-
gottesdiensten und Feiern unter freiem Himmel.
Bei der Prozession ging der König auf Matten, die vor ihm aus-
gebreitet wurden und die niemand anders betreten durfte. Auf
dem Kopf trug er die Krone und um den Hals eine weiße Kette
mit zwei Löwenklauen, die einen Halbmond bildeten. Der
Herrscher begab sich in den siebten Hof, »Omurogo« genannt,
wo er die Stammeshäuptlinge empfing und symbolisch ein paar
Rechtsfälle verhandelte.
Elisabeth erinnert sich: »Wenn sich mein Vater von dem Mann
die Hand küssen ließ, dann bedeutete das, dem Mann wurde
verziehen, zog mein Vater aber die Hände zurück, dann wusste
der Angeklagte, dass er verurteilt war und dass ihn möglicherweise der Tod erwartete – natürlich nur symbolisch.«
Ihr Vater entschied auch, dass Elisabeth auf die »Gayaza High
School« nach Buganda, eines der vier Königreiche von Uganda,
geschickt wurde. »Dieses Kind wird seine Fähigkeiten nicht

ausschöpfen, wenn es das Königreich nicht verlässt«, hatte ihm die Schuldirektorin geraten. Der Monarch fand, dass dies eine »kluge Überlegung« sei, und ordnete an, dass Elisabeths Onkel, der König von Buganda, während dieser Zeit ihr Vormund sein sollte.

Aufgeregt und nicht ohne Furcht wartete die junge Prinzessin auf den Tag der Abreise. Denn es handelte sich um eine lange und gefährliche »Safari« von zweihundert Meilen, die alten Pfaden folgte, auf denen Elefanten und Löwen frei herumstreiften. Auf Anordnung des Königs wurde die Reise mit fast militärischer Präzision vorbereitet. Fahrer, Sekretäre, Diener, Prinzen und Prinzessinnen wurden genau instruiert, bevor man die Landrover mit Proviant belud. Der König fuhr den ersten Wagen, Elisabeth nahm hinter ihm auf dem Rücksitz Platz. Dann wurde die Flagge entrollt und die königliche Karawane fuhr los.

Die strengen Regeln der »Gayaza High School« gefielen Elisabeth vom ersten Tag an nicht. Direktorin der Schule war Nancy Corby, eine Methodistenmissionarin, die Musik und Frömmigkeit über alles schätzte. Am Tag ihrer Ankunft wurden Elisabeth ein Eimer mit der Nr. 19 sowie eine Hacke ausgehändigt. Dann führte man sie in einen schlecht erleuchteten Schlafsaal mit kleinen eisernen Betten.

In der ersten Nacht konnte sie kaum schlafen. Morgens wurde sie durch Trommeln geweckt. Wie die anderen Mädchen sprang sie aus dem Bett, nahm ihren Eimer und rannte los, um Wasser zu holen, mit dem sie sich wusch. »Danach erklang die Trommel wieder«, erinnert sie sich, »und nun schickte man uns mit unseren Hacken in die Bananenplantagen. Zuerst mussten wir das Elefantengras jäten. Ich hasste das. Das Gras war so scharf und zerschnitt uns die Hände. Das Hacken hasste ich noch mehr. Ich konnte es nicht richtig, aber jeder musste so lange hacken, bis er mit dem ihm zugeteilten Stück fertig war.

Die ganze Nacht fürchtete ich mich vor dem Morgen, der wieder das entsetzliche, ewige Hacken mit sich bringen würde.«

Schon bald sehnte sich Elisabeth nach Toro zurück. Dort genoss sie die Privilegien einer Prinzessin und jeder war dazu da, sie zu bedienen. Auf der High School war das ganz anders. Sie musste wie alle anderen Mädchen die gleiche englische Schuluniform mit einem Stern auf der Brust und den Schulinitialen G. H. S. tragen. Ihre königliche Herkunft spielte hier keine Rolle. Im Gegenteil: Sie wurde von den anderen Mädchen gehänselt, wenn ihr Vater sie gelegentlich im Rolls-Royce abholte.

Aber allmählich gewöhnte sich Elisabeth an die neuen Regeln und sie bekam Spaß an der Schule. Sie sang leidenschaftlich gerne und glänzte als Schauspielerin, am liebsten als »sehr großer und dünner Julius Cäsar«. Und sie begann wie alle Mädchen davon zu träumen, dass sie bald ihr Haar wachsen lassen durfte »wie richtige Frauen« und es nicht mehr auf den »vorgeschriebenen Stoppelschnitt« gestutzt wurde; und dass sie bald »tanzen und trinken und rauchen« und mit »Jungen befreundet« sein konnte.

Bald sollte es so weit sein. Eines Tages schlich sie sich mit einer Freundin aus dem Palast ihres Onkels, um sich heimlich mit zwei Schülern vom »King's College« zu treffen. Sie fuhren nach Kampala, wo sie tanzten und Fotos austauschten. Das heimliche Rendezvous blieb allerdings nicht unbemerkt. Als Elisabeths Onkel davon erfuhr, unterrichtete er ihren Vater, der seine Tochter sofort nach Hause zitierte und zur weiteren Ausbildung nach England verbannte.

Der Empfang dort war frostig. Als Elisabeth auf dem Flughafen von Heathrow in London eintraf, schneite es und die Temperaturen lagen unter dem Gefrierpunkt. Bisher hatte sie richtigen Schnee nur aus der Ferne gesehen, auf den Gipfeln der Mondberge in ihrer Heimat.

Zunächst wurde sie in einem kleinen Dorf in Wiltshire in einem Missionshaushalt untergebracht, wo sie sich wie in einem Kloster vor kam. Sie musste ihre Namenschilder auf die Schulkleidung nähen und außer viel Beten und gelegentlichen Landausflügen gab es kaum Abwechslung. Schließlich war es so weit, dass sie auf die »Sherborne School« nach Dorset geschickt wurde, eine der besten Schulen Englands.

Anfangs war Elisabeth geschockt. Sie war die einzige schwarze Schülerin und litt stark unter Kommunikationsproblemen. Die Sherborne-Elevinnen sprachen ein absolut korrektes Englisch, während sie das Englisch sprach, das »eben in Afrika gesprochen« wurde. Auch das Tempo des Tagesablaufs machte ihr zu schaffen. Es kam ihr vor, als bewegten sich die anderen Mädchen mit »Überschallgeschwindigkeit«: »Sie redeten schnell, gingen schnell, rannten schnell, schlangen ihr Essen hinunter und spielten sogar schnell.«

In der ersten Zeit war Elisabeth geradezu verzweifelt. Sie konnte nicht darüber lachen, wenn die anderen Mädchen sie »Baggy« nannten und abfällige Bemerkungen über Afrika und die schwarze Rasse machten. Sie hasste den fast männlichen Drill in Sherborne und war jeden Morgen in »Tränen aufgelöst«, um jemanden zu finden, der ihr die Schulkrawatte band. Aber sie lernte schnell, sich anzupassen. Vor allem lernte sie, dass »englische Mädchen ebenso gut wie Jungen sein müssen«.

Der Drill lohnte sich. Schließlich wurde Elisabeth als erste Afrikanerin zum Studium an der ehrwürdigen Universität Cambridge zugelassen. Beim Vorstellungsbesuch wurde ihr ein langer Brief ihres Vaters vorgelesen, in dem er darlegte, wie er sich ihre Ausbildung wünsche. Elisabeths Studienleiterin interpretierte die Anweisung so: »Die Prinzessin wird Platos philosophischem König gleichen ...«

Diese Deutung regte Elisabeths Ehrgeiz an: » Meine Studien in Rechts-, Geschichts- und Politikwissenschaften waren alle nur auf ein Ziel gerichtet – die Macht und den Einfluss, die ich als königliche Prinzessin von Toro haben würde, in die richtige Form zu gießen.«

Sie sollte zur Herrscherin erzogen werden. Denn nach der Tradition ihres Landes besteigt in Toro – ebenso wie im alten Ägypten – der König zusammen mit seiner ältesten Schwester den Thron. Als »Batebe« teilt sie mit dem Herrscher die Verantwortung. Und so wie ihre Großtante Bagaya die »Batebe« ihres Großvaters, König Kyebambes war, und ihre Tante, Ruth Komuntale, die »Batebe« ihres Vaters, so war Elisabeth dazu bestimmt, die »Batebe« ihres Bruders Patrick Kaboyo Olimi zu werden, wenn er ihrem Vater auf den Thron folgte.

Cambrige lernte Elisabeth mit all seinen Überspanntheiten und Eitelkeiten kennen. Die Vorlesungen ließen ihr genügend Zeit, um an dem munteren und piekfeinen Leben der High Society teilzunehmen. Und schon bald war sie ein ständiges Mitglied in diesem VIP-Club, dessen Hauptbeschäftigung aus Rudern und intellektuellen Teepartys, Theaterbesuchen und eleganten Diners, Jagden und ausgelassenen Champagnergelagen bestand.

Elisabeth war sehr gefragt auf den Festen der Reichen und Schönen. Sie ließ sich verschwenderisch bewirten und tanzte in den Modellroben großer Pariser Modehäuser auf Bällen und Nachtclubs bis in den frühen Morgen. Eine Zeit lang wurde Eben Hamilton, ein wohlhabender Schotte, als ihr ständiger Begleiter gesichtet. Dann folgte Alistair Hamilton, ein Halbitaliener und Sohn eines Verlegers. Mit ihm zusammen besuchte sie Rom, Florenz, Venedig, Pisa und Mailand. Und auch ein königlicher Verehrer interessierte sich für sie: Prinz William von Gloucester. Aber trotz aller starken Gefühle und emotionalen Bindungen blieb die Prinzessin standhaft und verließ Cambrige nach eigenem Bekunden als Jungfrau.

Elisabeths Welt der Reichen und Schönen unterschied sich

erheblich von der Welt, in der Idi Amin aufwuchs. Er wurde am 1. Januar 1928 als armer Bauernsohn in Arua im Gebiet des westlichen Nils im Norden Ugandas geboren. Er gehörte dem Stamm der Kakwa an, wurde als Moslem erzogen und ging nur vier Jahre zur Schule.

Laut seinem Biografen Erich Wiedemann konnte er weder lesen noch schreiben und radebrechte lediglich ein wenig Kisuaheli: »Außer Ziegen hüten hatte er nichts gelernt. Seine Mutter lebte teils von den Erträgen ihrer Zauberei, teils von den Almosen, die ihre Liebhaber ihr zusteckten. Sein Vater hatte sich schon vor Jahren abgesetzt. Idi begann seine Karriere wie viele große Männer – als Tellerwäscher.«

Der bullige Küchenboy fiel britischen Offizieren auf, die Nachwuchs für ihre schwarzen Kolonialsoldaten rekrutierten. Denn er entsprach genau dem Askari-Typ, den sie suchten: Er war stark, brutal und loyal dem Union Jack ergeben. »Ein fabelhafter Bursche«, so eine Beurteilung aus Amins frühen Militärakten. Dass er »ein bisschen knapp an grauen Zellen« war, schadete nicht.

Amin wurde als einfacher Soldat zum 4. Uganda-Bataillon der »King's African Rifles« abkommandiert. Er lernte nach englischen Kommandos Griffe kloppen und trickste als »schwarzer Bomber« auf dem Rugbyfeld die weißen Stürmer aus.

Den Spitznamen »Dada« erwarb er sich durch seine zahllosen amourösen Abenteuer in Kasernenbetten. Einmal wurde er in Nakuru mit der Frau eines Regimentskameraden erwischt. Der Ehemann jagte ihn nackt auf die Straße und Idi musste anschließend in einer anderen Kaserne Dienst tun.

Ein anderes Mal wurde er vom wachhabenden britischen Offizier im Unteroffiziersquartier gleich mit zwei Frauen im Bett angetroffen. Aber Amin ließ sich nicht aus der Ruhe bringen, als der Vorgesetzte ihn ziemlich perplex fragte: »Wer ist das?« Amin: »Welche?«

Der Offizier zeigte auf die rechte Frau: »Die da.«

Amin: »Das ist meine Frau.«

»Und die da?«

Amin grinste: »Meine Dada.«

Die Affäre machte als eine der zahlreichen Bettgeschichten über Amin die Runde. Aber dank seiner Schlagfertigkeit hatte er die Lacher auf seiner Seite und trug fortan den Spitznamen »Dada« – was auf Kisuaheli »Schwester« heißt.

Im Zweiten Weltkrieg kämpfte er als einfacher Soldat in der britischen Kolonialarmee in Birma. Von 1953 bis 1957 war er als Sergeant in Kenia gegen die Mau-Mau-Rebellen im Einsatz, wo seine blutige Karriere begann.

Der Krieg gegen den Geheimbund der Mau-Mau, der sich 1950 gegen die britische Kolonialherrschaft erhob, wurde von beiden Seiten mit mörderischer Härte geführt. Die Eskalation der Grausamkeit, so der britische Chronist Anthony Clayton, führte zu einem kompletten »Ausverkauf der Werte«.

Die schwarzen Rebellen hatten durch Geheimrituale eine große Gefolgschaft an sich gebunden. Sie überfielen die weißen Farmer und metzelten sie und die mit ihnen kollaborierenden Afrikaner mit der Panga, einem macheteähnlichen Haumesser, nieder. Aber die Kolonialarmee, so Afrika-Experte Erich Wiedemann, stand »trotz beträchtlichen Zivilisationsvorsprungs ihren animistischen Gegnern an Brutalität kaum nach«.

Die »King's African Rifles«, bei denen Amin seinen Dienst versah, wurden angewiesen, »jeden nach Belieben abzuknallen, vorausgesetzt, dass er schwarz ist«. Damals erlernte Feldwebel Idi als Bannerträger der britischen Kolonialarmee die kaltblütige Jagd auf politische Gegner und das Folterhandwerk. Schwarze Aufrührer wurden mit Bluthunden gehetzt. Gefangenen schnitt man die Ohren ab, oder sie wurden mit Petroleum übergossen und in Brand gesteckt.

Britische Offiziere benutzten Idi als »Geheimwaffe« im Kampf gegen die Mau-Mau. Denn bei seinen Stoßtruppunternehmen schreckte er vor nichts zurück. Ab und zu brachte er auch einen abgehackten Penis als »Souvenir« mit. Einmal drang er nachts mit seinen Askaris in ein Turkana-Dorf ein. Die Bewohner wurden wie Vieh zusammengetrieben und mehrere von ihnen zu Tode gefoltert. Später wurden die Leichen ausgegraben. Sie waren grausam verstümmelt, einigen Männern fehlten die Geschlechtsteile.

Amins Methoden standen laut Wiedemann »nicht ganz im Einklang mit der britischen Rechtstradition. Aber in jenen Tagen zählte der schnelle Erfolg.« Jedenfalls wurde der Killer niemals wegen der Menschenjagd in dem Turkana-Dorf vor ein Militärgericht gestellt, obwohl Einzelheiten der mörderischen Razzia in der Hauptstadt Nairobi bekannt wurden.

Ermittlungen, die der Chef der »Kenya Police« aufnahm, wurden abgewürgt. Der Befehl zur Einstellung des Verfahrens kam von höchster Ebene. Die beiden amtierenden britischen Gouverneure von Kenia und Uganda sowie Milton Obote, der erste Premierminister Ugandas, hatten sich darauf geeinigt, die Angelegenheit zu vertuschen, um unnötiges Aufsehen zu vermeiden. Amin ging straffrei aus und kassierte von den Kolonialherren lediglich eine strenge Rüge.

»Der Keim der Gewalttätigkeit hatte gewiss bereits in Idi gesteckt, bevor er zu den ›Rifles‹ kam«, resümiert Wiedemann das Geschehen. »Nur, die Briten haben den Humus geliefert, auf dem dieser Keim gedeihen konnte.«

Nach der Niederwerfung des Mau-Mau-Aufstandes wurde Amin als erster farbiger Soldat in den Offiziersstand erhoben. Die Armee des unabhängig gewordenen Uganda brauchte schnell einheimische Offiziere. Da war es egal, dass er kaum lesen und schreiben konnte und für die Ermordung von einem halben Dutzend Menschen verantwortlich war.

Er rückte schnell zum Hauptmann auf und wurde 1963 als

Major zur weiteren militärischen Ausbildung nach Großbritannien abkommandiert. Als 1964 die britischen Offiziere die Uganda-Armee verließen, avancierte Amin zum Oberst und stellvertretenden Oberbefehlshaber der Armee.

Leichen sollten auch weiterhin seinen Weg pflastern: 1964 wurde er nach Kongo-Kinshasa entsandt, wo er Rebellen gegen Joseph D. Mobutu unterstützte. Amin organisierte dort den Gold- und Elfenbeinschmuggel für die kongolesischen Terroristen und verdiente dabei selber ein Vermögen. Eine immer noch florierende Branche: Auch heute noch wird der ugandischen Armee vorgeworfen, Gold aus dem Osten des Kongos zu schmuggeln.

Auch Gründer-Präsident Milton Obote, als Sohn eines Häuptlings im Dorf Akokoro in der Nordprovinz von Uganda geboren, setzte Amin als »Mann fürs Grobe« ein: Im April 1966 erteilte er ihm den Auftrag, den Kabaka (König) von Buganda abzusetzen: Mutebi Mutcsa II. war einer der Gegenspieler von Obote und hatte 1939 nach dem Tod seines Vaters als 15-Jähriger den Thron bestiegen. Er entstammte einer seit dem 16. Jahrhundert in ununterbrochener Folge regierenden Fürstenfamilie, die zu den angesehensten in Zentralafrika gehört. Der erste Kabaka im Lande Buganda am Nordwestufer des Viktoriasees, dem bevölkerungsstärksten und reichsten Teil der Republik Uganda, hieß Kintu.

Nach mündlichen Überlieferungen war er entweder Gottes Enkel oder ein nilotischer Krieger, der sich Land und Leute unterwarf. Als einigermaßen sicher gilt aber, dass er im 14. oder 15. Jahrhundert von Norden her in die Gegend zwischen Albert- und Viktoriasee kam und sich eine Baganda-Frau nahm. Seither muss jeder Kabaka seine Frau oder Frauen unter den Baganda nehmen. Nach einer 600 Jahre alten Sitte durfte der König allerdings nur an seinem Hochzeitstag Sex haben.

Kabaka Mutesa hob zwar diese Regel nach dem Ende der

Kolonialepoche auf, aber er zelebrierte weiterhin feudale Bräuche und spielte sich als Herrscher auf, dem sich seine Untertanen nur auf den Knien zu nähern hatten. »His Majesty« trug eine blaue, mit Diamanten und goldenen Sternen verzierte Robe und eine imposante Krone. Und wenn er mit seinem Rolls-Royce durch Kampala kurvte, wurde er stets von einem gezähmten Leoparden begleitet.

Trotz dieses höfischen Mantels war Mutesa nur ein Schatten der Könige vor ihm. Sie waren absolute Herrscher und Herren über Leben und Tod ihrer Untertanen. »König Freddy«, wie Mutesa auch genannt wurde, besaß dagegen keine wirkliche Macht. Als er die Unabhängigkeit Bugandas innerhalb des Commonwealth forderte, setzten ihn die Engländer 1953 kurzerhand ab und verbannten ihn nach London. Im Exil kompensierte der Monarch seine Schwäche mit schottischem Whisky, für den er schon während seiner Studienzeit in Cambridge eine Vorliebe entwickelt hatte.

1955 durfte er in seine Heimat zurückkehren. Als Uganda unabhängig wurde, bot man ihm als Konzession das Amt des Staatspräsidenten an. Doch gemessen an dem Machiavellisten Obote war er eine schwache politische Figur. Und als der 1966 unter Aufhebung der Verfassung die gesamte Regierungsgewalt an sich riss, war auch Mutesas Schicksal besiegelt.

Im Auftrag Obotes stürmte Amin am 23. Mai mit seiner Kamarilla den Palast in Mengo und zwang »König Freddy« zur Flucht ins britische Exil, wo er 1969 an Alkoholvergiftung starb. Schlächter Amin schwärmte später über das blutige Gefecht und seine Strafexpedition gegen die Buganda-Bevölkerung: »Die Straßen Kampalas waren damals voll von Leichen. Es war gründliche Arbeit.« Und die »gründliche Arbeit« zahlte sich aus. Obote beförderte ihn zum Armeechef.

Fast zur gleichen Zeit hatte Elisabeth Bagaya in Cambridge als erste zentralafrikanische Studentin das juristische Staatsexamen mit Erfolg abgeschlossen. Sie kehrte nach Kampala zurück, trat in die Anwaltspraxis Kazzorra & Co. ein und leistete ein sechsmonatiges Praktikum, ehe sie die Zulassung als Anwältin bekam. Ihr Vater war inzwischen verstorben und ihr Bruder Patrick zum neuen König von Toro gekrönt worden. Nach afrikanischer Tradition war Elisabeth jetzt die »Batebe« des Königs.

Aber nur symbolisch, denn Obote hatte inzwischen das Königtum abgeschafft, die Familie aus dem Palast verjagt, die Kronen und die Gewänder konfisziert und selbst das königliche Bett beschlagnahmt. Nachdem ihr Bruder Patrick ins Exil nach Kenia ausgereist war, wurde auch Elisabeth von ihrer Familie bedrängt, das Land zu verlassen.

Rein zufällig ergab sich eine unverdächtige Ausreisemöglichkeit. Von der englischen Prinzessin Margaret wurde Elisabeth zu einer Commonwealth-Modenschau in London eingeladen. Sie sollte als Model auftreten. Elisabeth überlegte nicht lange und nahm das Angebot an: Es war das Jahr 1967 und es sollte der Start zu einer glitzernden Karriere als Top-Mannequin und Filmdarstellerin in England und in den USA sein.

Nach der Laufsteg-Premiere in London rissen sich Modeagenturen und Magazine um sie, denn schwarze Models, speziell eine afrikanische Prinzessin, waren damals ungewöhnlich. Und Elisabeth sah im Modelsein die Möglichkeit, »den Mythos von der überlegenen weißen Schönheit und Kultiviertheit zu zerstören«. Sie unterschrieb einen Vertrag mit einer der führenden Agenturen in London und ließ sich zum Top-Model drillen.

Sie erlernte den Gang der Models. Sie studierte die Technik des Vorführens und eignete sich die Sprache der Modewelt an. Außerdem unterzog sie sich einer strengen Diät (Obst und schwarzer Kaffee), um den typischen mageren Model-Look zu bekommen. Schon bald zierte ihr Konterfei die Titelseiten internationaler Modemagazine und sie entzückte als klassische afrikanische Schönheit, groß, schlank und graziös, die Phantasie der weißen Männer.

David Bailey fotografierte sie für die britische »Vogue« als Königin von Saba. Bald darauf erschienen auch Fotos von ihr in den Top-Magazinen »Harper's Bazar« und »Queen«. Man präsentierte sie als stolze, aristokratische Lady, die zur Herrscherin erzogen wurde. Jetzt begann sich das Karussell der Publicity immer schneller zu drehen. Lord und Lady Hartwell, die Besitzer des »Daily Telegraph«, stellten sie Jacqueline Kennedy vor und schon bald darauf wurde Elisabeth nach New York eingeladen, ihrem Traumziel.

New York sollte der Wendepunkt in ihrer Karriere sein. Sie liebte die Ungezwungenheit und Professionalität der Millionenstadt. Und New York liebte Elisabeth. Die Mode-Redakteure waren von ihrer Schönheit begeistert. Im Sommer 1968 widmete »Vogue« ihr eine Beilage. Andere Magazine wie »Harper's«, »Look« und »Life« folgten. Es war das erste Mal, dass ein schwarzes Model die Titelseiten der Top-Modemagazine eroberte und den Mythos von der überlegenen weißen Schönheit widerlegte. Und plötzlich war Elisabeth das Idol der schwarzen Amerikanerinnen, sie kopierten ihr Make-up und ihre Frisur.

Inzwischen war sie von der führenden New Yorker Agentur Ford unter Vertrag genommen worden. Man bot ihr auch lukrative Aktaufnahmen an. Aber sie lehnte kategorisch ab: »Ja, ich bin Model, aber eines schönen Tages möchte ich wieder nach Hause zurückkehren können ...«

Auf dem Höhepunkt ihrer Karriere kamen auch die ersten Schauspielangebote. Man bot ihr die Hauptrolle in dem Film »Things fall apart« an. Das Drehbuch basierte auf zwei Büchern des nigerianischen Autors Chinua Achebe und handelte von einem Liebespaar, das durch die verschiedenen Lebens- und Denkweisen der afrikanischen und westlichen Kultur in einen Konflikt gestürzt wird.

Der Film wurde in Nigeria gedreht und lief später in amerikanischen, englischen und deutschen Kinos. Obwohl er alles andere als ein Kassenfüller war, wartete schon die nächste Superrolle auf Elisabeth: Eine Rolle auf einer viel größeren Bühne, der Bühne der Weltpolitik. Hier sollte sie unter der Regie eines »Regisseurs« auftreten, der als Spezialist für Horror-Inszenierungen galt.

Am 25. Januar 1971 hatte General Idi Amin in Uganda die Macht übernommen. Durch einen Staatsstreich war er seiner drohenden Absetzung durch Obote zuvorgekommen. Bei den Vorbereitungen zum Umsturz wurde Amin vom israelischen Geheimdienst unterstützt.

Die Putschbombe wurde gezündet, als Präsident Obote im Januar 1971 zur Commonwealth-Konferenz nach Singapur reiste. An Bord einer VC-10 der »East African Airways« erhielt er über dem Indischen Ozean die Nachricht, dass ihn der »analphabetische Buschmann« Amin gestürzt hatte.

Die meisten Einwohner Ugandas nahmen den Fall Obotes mit Freude und Jubel auf. Auch Prinzessin Bagaya: Denn er hatte nicht nur Hunderte von oppositionellen Intellektuellen und Politikern hinter Gitter gesperrt und liquidiert, sondern auch die vier ugandischen Königreiche Buganda, Toro, Ankole und Bunyoro abgeschafft, die Könige ins Exil getrieben und damit eine 600 Jahre alte monarchistische Tradition zerschlagen.

Für Elisabeth von Toro war somit nicht der »Gorilla« Amin, wie ihn manche seiner Landsleute bezeichneten, der Hauptfeind, sondern Obote, der Mann, der ihrem Vater und ihr alle königlichen Privilegien geraubt hatte. Amin hielten anfangs viele Beobachter für »ganz in Ordnung«. Er hob die Pressebeschränkungen auf und führte im State House oberhalb des Viktoriasees ein offenes Haus, wo er alle möglichen Repräsentanten empfing, die sich danach drängten, ihm vorgestellt zu werden.

Selbst im Westen wurde sein Coup begrüßt und man verschloss zunächst die Augen vor seinen Säuberungsaktionen, lachte über seine Polit-Clownereien sowie seinen bonapartistischen Größenwahn, mit dem er in den folgenden Jahren versuchte, Weltpolitik zu betreiben. Großbritannien war das erste Land, das ihn anerkannte und nach London einlud, wo er mit der Königin im Buckingham-Palast speiste.

Auch Prinzessin Bagaya fühlte sich geschmeichelt, als der »Regenkönig aus den Wäldern« *(Frankfurter Allgemeine)* ihr übermitteln ließ, dass er sie zu sprechen wünsche. Als sie in Kampala eintraf, wurde sie mit »großem Bahnhof« empfangen: Auf der Titelseite des »Uganda Argus« erschien ein Foto von ihr, das sie im Minirock mit schimmerndem Trikot und goldfarbenen Schuhen zeigte.

Bald darauf wurde sie zu einem Bankett ins State House eingeladen und Amin vorgestellt. Er war sehr freundlich und wechselte ein paar höfliche Worte mit ihr: »Sie sind für Uganda ein sehr guter ›Botschafter‹ im Ausland gewesen.« Amin machte auf Elisabeth den Eindruck eines »unkomplizierten Mannes, von dem die Leute offenbar meinten, sie könnten ihn leicht beeinflussen«.

Nach diesem ersten kurzen Gespräch wurde sie schon kurze Zeit später, am 22. Juli 1971, in sein Büro bestellt. Er machte ihr das Angebot, dass er sie zur Sonderbotschafterin ernennen wolle. Sie werde ihm direkt unterstellt und sollte als seine Gesandte Botschaften von einem Staatsoberhaupt zum anderen überbringen. Als Garantie bot Amin ihr einen Drei-Jahres-Vertrag mit allen Privilegien an: Eine großzügige Vergütung, ein Haus in Kampala, ein eigenes Büro samt Personal sowie einen Regierungswagen mit der ugandischen Flagge.

Elisabeth unterschrieb und reiste fortan als eine Art Public-Relations-Managerin für das neue Regime in Kampala durch die diplomatische Welt: »Amin hatte sehr genau erkannt, dass eine Frau ebenso viel bewegen kann wie ein Mann.« Tatsächlich konnte sie einiges bewegen und Amin konnte hochzufrieden sein mit der Art und Weise, wie sie ihre Aufgabe erledigte. Sie verhalf dem Potentaten zu internationalem Ansehen, von dem Großbritanniens Regierungschef Harold Wilson später sagte: »Man hätte ihn in eine Klapsmühle stecken müssen, lange bevor er Feldwebel wurde.«

Nicht zuletzt dank des bedingungslosen Engagements der bildhübschen Aristokratentochter wurde der analphabetische Diktator eine Zeit lang von den Repräsentanten der internationalen Diplomatie wie ein König hofiert und manche politische Entgleisung wurde ihm augenzwinkernd nachgesehen.

Amin über die Briten: »Sie werden noch zu meinen Füßen kriechen ...« Amin über Hitler: »Hitler hatte Recht mit den Juden. Denn die Israelis arbeiten nicht im Interesse des Volkes und deshalb hat er die Juden lebend mit Gas auf deutschem Boden verbrannt.« Einmal ließ er folgendes Telegramm an Golda Meir aufsetzen: »Sammeln Sie Ihre Schlüpfer ein und gehen Sie nach Amerika zurück, wo Sie hergekommen sind.« Elisabeth konnte jedoch verhindern, dass das Telegramm abgeschickt wurde.

1971 reiste Amin zu einem fünftägigen offiziellen Besuch in die Bundesrepublik und wurde von Bundeskanzler Brandt und Bundespräsident Heinemann empfangen. Hinterher erklärte er: »Ich war erstaunt, dass ich auf meiner Deutschlandreise nicht irgendwo ein Denkmal Adolf Hitlers gesehen habe ...«

Sogar der Papst gewährte dem »Schlächter und Clown« (*Die Weltwoche*) und seiner Frau Sarah eine Audienz. »Big Daddy« war von der Pracht und dem Ritual im Vatikan so beeindruckt, dass er in seiner Residenz in Kampala nach Vatikan-Vorbild den zeremoniellen Handkuss einführen wollte.

Mit dem obligaten päpstlichen Segen ausgestattet und »unseren besten Wünschen für ein langes Leben und eine segensreiche Tätigkeit für das von Ihnen vertretene Volk« kehrte Amin nach Uganda zurück und demonstrierte bald darauf, was er unter »segensreicher Tätigkeit« verstand. Seinen paramilitärischen Killerkommandos fielen Hunderte von Richtern, Professoren, Intellektuellen und Führungskräften aus Armee und Verwaltung zum Opfer.

Viele wurden im Makindiye-Gefängnis am Stadtrand von Kampala gefoltert. Ein Volksschullehrer, der überlebte, berichtete, man habe ihn in einem Konzentrationslager gezwungen, von der Leiche eines Mitgefangenen zu essen.

Besonders makabre Szenen beobachteten auch Fischer am Viktoria-und-Albert-See. Lastwagen fuhren vor und Dutzende von Leichen wurden entladen. Den Toten wurden die Bäuche aufgeschnitten und mit Sand gefüllt, damit sie auch wirklich im See versanken. Manchmal warfen die Killer ihre Opfer auch lebendig den Krokodilen zum Fraß vor. Und die Krokodile im Nil wurden so fett, dass frische Leichen unversehrt an der Oberfläche schwammen.

Während Amis Mordmaschinerie auf Hochtouren lief und er 1972 die 60 000 in Uganda lebenden Asiaten mit britischem Pass ihrer gesamten Habe beraubte und sie aus dem Land jagte, tourte Elisabeth Bagaya weiterhin als seine Star-Diplomatin durch die Weltgeschichte und verkündete: »Für mich ist er ein Erfolgsmensch.«

Den Höhepunkt ihrer diplomatischen Karriere bildete Ende 1974 ein bühnenreifer Auftritt vor den Vereinten Nationen. Um ihrer Mission einen gewissen Glanz zu verleihen, hatte Elisabeth eigens von einer jungen Designerin traditionelle ugandische Gewänder für die Frauen der Delegation entwerfen lassen und außerdem eine nigerianische Haarkünstlerin engagiert. Dann flog die Gruppe mit der Maschine des Präsidenten nach New York, wo sie Quartier in der Residenz des ugandischen Botschafters bezog.

Bei ihrer Rede vor der UNO-Vollversammlung trat die erste weibliche Außenministerin Afrikas wie ein Star auf: Sie trug ein langes, eng anliegendes Kleid aus chinesischem Goldbrokat, ein Geschenk der chinesischen Regierung. Ihr Haar war zu einer Krone geflochten. Die amerikanische Presse lobte einstimmig die engagierte Rede der »schönsten Frau der UNO«.

Das diplomatische Talent und die körperlichen Reize seiner attraktiven Außenministerin ließen auch Präsident Amin nicht kalt. Laut Elisabeth kam er auf die »verrückte Idee«, dass es ein »geschickter politischer Schachzug« wäre, sie zu heiraten. Mit ihrer Mannequinfigur (Maße: 84 – 58 – 84) entsprach sie eigentlich nicht dem Typ von Frau, den er bevorzugte. Die meisten seiner Ex-Freundinnen waren mollig. Neben »Big Daddy« wirkte die grazile Prinzessin wie eine schwarze Barbiepuppe neben einem schwarzen Goliath.

Seine vielen Affären und Streifzüge durch die Damenwelt hatten bereits vor ihrem Zusammentreffen den Stoff für zahlreiche Klatschmeldungen geliefert. Es war ein offenes Geheimnis, dass sich der Diktator in Häusern und Appartements rund um Kampala mit den Allüren eines Paschas einen ganzen Harem an Konkubinen hielt. Er war berüchtigt für seinen unersättlichen Sexhunger und seine Grausamkeiten. Und er war gefürchtet für sein Misstrauen und seinen Eifersuchtswahn. Wer den Mannesstolz des Herrschers verletzte und ihn abblitzen ließ, riskierte sein Leben. Einige seiner Ex-Mätressen verschwanden unter mysteriösen Umständen und wurden nie wieder gesehen.

Zeitweilig war Amin (»Es ist die Pflicht eines guten Moslems, seine Liebe gerecht unter seinen Frauen zu verteilen«) mit vier Frauen verheiratet. Auch sie mussten sich seinen Launen und Brutalitäten unterwerfen. Die Zahl seiner Kinder wird auf 43 geschätzt. Im März 1974 löste er die Ehen mit drei seiner Frauen (Kay, Norah und Maliamu) auf. Sein Vorwurf: Sie hätten seine »revolutionäre Politik« torpediert.

Maliamu Mutei wurde am 10. April 1974 im Grenzort Tororo verhaftet, Kay Adroa zehn Tage später in Kololo. Maliamu wurde angeklagt, weil sie angeblich versucht hatte, fünf Ballen Kattunstoff nach Kenia zu schmuggeln. Kay wurden eine Hand voll Gewehrpatronen zum Verhängnis, die Amins Fahnder bei ihr gefunden hatten.

Um ihre »Sünde« zu tilgen, musste sie im Stil mittelalterlicher Sitten in Amins Büro wie eine Büßerin vor einem Heiligen niederknien. Und erst nachdem sie gelobt hatte, sich nie wieder in »schmutzige Geschäfte« einzulassen und künftig eine »gute Bürgerin Ugandas« zu sein, wurde ihr Ablass erteilt. Derweil musste Maliamu zwei Wochen lang in einem Gefängnis in Tororo schmoren.

Einen Monat zuvor hatte Amin seinen Außenminister, Oberstleutnant Michael Ondonga, abgesetzt und Elisabeth Bagaya zur Außenministerin ernannt. Die schillernde Königstochter war zu ehrgeizig und zu machtverliebt, um den starken Mann abblitzen zu lassen: »Wenn ein Mann wie er sich aufmacht, etwas zu tun, dann kann man sich ihm nur noch als Instrument seiner Politik unterwerfen.«

Sie war unter 18 Männern die einzige Frau in seinem Kabinett und empfand dies als einen »Meilenstein« und »eine außergewöhnliche Ehre für das Königshaus«. Berichte, dass sie sich dem Präsidenten auch im Bett unterworfen habe, hat sie immer heftig dementiert: »Als Prinzessin hatte ich den Vorteil, zu den wenigen Frauen Ugandas zu gehören, die sich sexuellen Annäherungsversuchen durch Prominente widersetzen konnten (…) Mein Verhältnis zu Amin war rein formell.«

Trotzdem: Annäherungsversuche soll es gegeben haben. Amin-Kenner Wiedemann berichtet, der schwarze Mercedes des Staatschefs sei nachts häufig vor der Bagaya-Villa gesichtet worden, die Amin selbst zuvor bewohnt habe. Und die späten

Rendezvous hätten gewiss nicht nur der Erörterung von Staatsgeschäften gegolten.

Laut Wiedemann waren Amin und die Prinzessin »unbewusst durch eine sublime sexuelle Anziehung« miteinander verbunden. Die feinsinnige Königstochter, die vorwiegend unter Intellektuellen groß geworden war, habe die »urwüchsige Dynamik«, mit der Amin seine politischen Ziele anging, bewundert.

Amin, der sich 1976 zum Feldmarschall ernannte und zum Präsidenten auf Lebenszeit proklamieren ließ, war nach Angaben informierter Kreise in Kampala höllisch eifersüchtig auf jeden Mann, der sich seiner Nobeldiplomatin näherte. Er betrachtete sie als sein Privateigentum und ließ sie auf Schritt und Tritt beschatten. Als seine Spitzel ihm meldeten, dass der von ihm geschasste Ondonga gleichfalls ein Auge auf die Prinzessin geworfen habe und ernsthaft entschlossen sei, sich scheiden zu lassen, um sie zu heiraten, schäumte der Diktator vor Wut. Er konnte keinen Nebenbuhler neben sich ertragen, zumal der Karrierediplomat einer angesehenen Familie entstammte: Ondonga, der bis zu seiner Ernennung zum Außenminister Botschafter in der Sowjetunion war, galt Frauen gegenüber als charmant und ritterlich, mit einem Wort, er war ein Gentleman.

Knapp vier Wochen nach seiner Amtsenthebung wurde Ondonga in dem Vorort Nakasero von vier unbekannten Männern gekidnappt, als er seine Tochter vom Kindergarten abholen wollte. Sie zerrten ihn auf offener Straße in ein Auto und rasten mit ihm davon. Die Fahndung nach den Entführern verlief erfolglos. Ondongas Leiche wurde wenige Tage später tot im Nil treibend entdeckt.

Spekulationen, er habe Ondonga aus dem Weg räumen lassen, dementierte Amin empört und präsentierte zugleich seine Version des mysteriösen Verbrechens: Wahrscheinlich sei der

Diplomat von »imperialistischen Agenten« gekidnappt und ermordet worden.

Aber Amins geschiedene Frau Kay Adroa, die mit der Familie Ondongas verwandt war, wollte diese Version nicht akzeptieren. Mit schrecklichen Folgen, denn auch sie wurde das Opfer eines ungewöhnlichen Verbrechens: Am 12. August 1974 fand der Frauenarzt Doktor Peter Mukasa im Kofferraum seines Wagens in Kampala ihre Leiche, in viele Teile zerhackt und in Plastikfolie eingewickelt.

Der Doktor geriet in Panik. Er musste damit rechnen, dass Amin ihm den Mord an Kay in die Schuhe schieben würde. Und Mukasa konnte sich ausrechnen, was dies bedeutete: Der »Schwarze Nero« würde mit ihm kurzen Prozess machen.

Mukasa sah keinen anderen Ausweg: Er fuhr nach Hause und erzählte seiner Frau und seinen fünf Kindern, dass sie eine große Reise machen würden. Und damit sie die Reise gut überstehen würden, sollten sie Pillen schlucken. Die Kinder absolvierten diese Prozedur ohne Widerspruch. Sie ahnten nicht, dass etwas nicht stimmte. Dann nahm auch der Doktor von dem Gift. Er und zwei seiner Kinder starben kurz darauf.

Nach seinem Tod gab Amin bekannt, der Doktor habe eine illegale Abtreibung an seiner Frau Kay vorgenommen und sie sei an den Folgen eines »Kunstfehlers« gestorben. Er ließ ihre Leiche im Mulago-Hospital aufbahren. Aber Kays Familie zufolge hatte Amin sie in einem Wutanfall verprügelt und dann seiner Leibwache befohlen: »Macht mit ihr, was ihr wollt.«

Fast mit einer Katastrophe endete auch für Maliamu Mutei das Leben an der Seite des Despoten. Sie ist die Mutter von sechs Amin-Kindern. Ihr Bruder, Außenminister Wanume Kibedi, hatte sich mit dem Diktator überworfen und war nach London geflüchtet. Nicht auszuschließen ist, dass sich Amin für diesen Verrat an Maliamu rächen wollte. Jedenfalls wurde ihr Auto auf der Gaba Road in der Nähe von Kampala von einem

Militärlastwagen gerammt. Ihr Wagen überschlug sich und landete im Straßengraben. Doch Maliamu überlebte das Attentat wie durch ein Wunder und wurde nur leicht verletzt. Aber sie wusste jetzt, dass sie ihres Lebens nicht mehr sicher sein konnte, und floh 1975 nach London.

Dass die Nähe zu dem Tyrannen Amin mit tödlicher Gefahr verbunden war, hatte inzwischen auch Prinzessin Bagaya erkannt. Die Horrormeldungen aus Uganda ließen sich nicht länger als »imperialistisch-journalistische Verschwörung« verkaufen. Aber durch ihr außerordentliches Fixiertsein auf den Gewaltherrscher und die tatkräftige Unterstützung seiner unberechenbaren Politik hatte sie inzwischen im Ausland den größten Teil ihres diplomatischen Kredits verspielt: »Getrieben ebenso von Furcht wie von Macht«, so der *Stern*, »hat sie in dieser Zeit ihre politische Unschuld verloren.«

Von der »Unschuld« seiner eleganten Außenministerin war auch Amin nicht mehr überzeugt. Eifersüchtig ließ er sie bewachen und bespitzeln. Sie konnte keinen unbeobachteten Schritt mehr tun. Im November 1974 zitierte er sie überraschend nach Kampala und gab in einer Kabinettssitzung ihre Absetzung wegen eines »eklatanten moralischen Fehltritts« bekannt. Die kuriose Anschuldigung: Die Prinzessin habe auf der Toilette des Pariser Flughafens Orly sexuellen Kontakt mit einem Weißen gehabt.

Elisabeth fühlte sich als Opfer eines Komplotts: »Die ganze Geschichte war Amin von Paris aus eingeblasen worden, zu einem Zeitpunkt, als er meinetwegen besonders empfindlich war, wollte er doch die Heirat zur Sprache bringen (…) Die Sache traf ihn, weil er den Eindruck hatte, ich würde ihn nicht nur abweisen (…) sondern ich würde einen Weißen ihm vorziehen.«

Noch am gleichen Tag kamen Polizisten und durchsuchten Elisabeths Wohnung: Sie wurde festgenommen, zur zentralen

Polizeistation gebracht und in einer winzigen Zelle eingesperrt. Ihre Verhaftung und die ihr unterstellte Beischlafszene führten in der internationalen Presse zu wilden Spekulationen.

Selbst auf höchster diplomatischer Ebene löste die Story ungewöhnlichen Wirbel aus. Die französische Regierung erklärte offiziell, dass der angeführte Vorfall nicht stattgefunden habe. Während der 15-minütigen Abreiseformalitäten, so die Flughafenbehörde, sei Elisabeth Bagaya ständig von Sicherheitsbeamten und anderen Offiziellen umringt gewesen. Laut deren Aussage habe sie »nicht an der kleinsten Ausschweifung teilnehmen können, selbst wenn sie es gewollt hätte«.

Der Hohn und Spott in den Medien, mit dem Amin daraufhin selbst von afrikanischen Kommentatoren überschüttet wurde, machten ihn nur noch wütender. Nachdem der angeblich »eklatante moralische Fehltritt« der Prinzessin nicht mehr zu halten war, konstruierte er eine neue Anklage gegen sie: »Verschwendungssucht«.

Auf Dienstreisen nach New York und Ottawa habe seine Außenministerin 4280 Dollar für »Dienstgarderobe« sowie 900 Dollar an Trinkgeldern für Kofferträger und Portiers ausgegeben, ließ der Landesherr in der *Voice of Uganda* seinem hungernden Volk verkünden.

Er ordnete an, dass alle Zeugenaussagen der Delegierten protokolliert würden. Die Akte wurde anschließend dem Generalstaatsanwalt sowie dem Obersten Richter übergeben. Doch die Belege reichten am Ende nicht für eine Anklage wegen Veruntreuung oder Vergeudung staatlicher Gelder. Amin musste Elisabeth wieder auf freien Fuß setzen. Aber um sein Gesicht zu wahren, strafte er sie mit einer Geldstrafe von 750 Dollar ab.

Damit war allerdings seine persönliche Vendetta gegen die Prinzessin nicht beendet. Um sie vor den Augen der ganzen Welt zu diskreditieren, ließ der Diktator im Fernsehen und der Presse das großformatige Foto einer nackten Frau veröffentlichen, von dem er behauptete, es handle sich um seine Ex-Außenministerin.

Jetzt war auch der Cambridge-Absolventin klar, dass Amin »ein grober und unberechenbarer Regent« war, der Frauen wie Freiwild behandelte. Der Diktator hatte sie zum »Abschuss« freigegeben. Sie musste jeden Augenblick damit rechnen, dass seine schwarzen »Hunters« auftauchten. Sie musste sich in Sicherheit bringen.

An Fluchtangeboten mangelte es nicht: Eine deutsche UN-Angestellte bot Elisabeth an, sie in einem Auto mit Diplomatenkennzeichen an die Ostgrenze zu Kenia zu fahren. Ein befreundeter ugandischer Anwalt wollte sie in einem Tankwagen, in den ein spezielles Versteck eingebaut war, aus dem Land schmuggeln. Der Filmproduzent Edward Mosk schaltete Amnesty International ein und Elisabeths Schwester Mabel bat Henry Kissinger um Unterstützung.

Durch die Vermittlung von engen Freunden fand Elisabeth schließlich einen Weg, um aus Uganda zu fliehen. Für die Zahlung von etwa 30 000 Schilling war eine Gruppe von Schmugglern bereit, ihren Helfern eine geheime Route nach Kenia zu zeigen. »Die Schmuggler hatten keine Ahnung, dass ein Mensch hinausgeschmuggelt werden sollte«, erinnert sich Elisabeth. »Man hatte ihnen gesagt, es handle sich um Elefantenstoßzähne.«

Noch ehe Amins Geheimpolizisten nach ihr ausschwärmten, konnte Elisabeth in einem Dorf bei einer befreundeten Familie untertauchen. Sie verkleidete sich als einfaches Dorfmädchen, dann stieg sie in das Fluchtauto, das sie zur Grenze bringen sollte. Inzwischen war in Funk und Fernsehen die Fahndung nach ihr angelaufen. Dreimal musste sie unterwegs den Wagen wechseln. Die letzten vier Meilen bis zur Grenze musste sie durch den Busch laufen.

In Kenia wurde Elisabeth mit offenen Armen empfangen. Zunächst wohnte sie bei ihrem Bruder Patrick in Nairobi. Dann bot ihr Präsident Kenyatta eine Zuflucht an und sie zog in das Haus seiner Tochter Margaret. Aber während Elisabeth sich in Sicherheit wiegen konnte, musste sie um das Schicksal ihrer Familie und ihrer Freunde in Uganda bangen. Waren sie jetzt Amins gefürchteten Verhören und Folterungen ausgesetzt?

Präsident Kenyatta riet ihr: »Rufen Sie Amin an und sprechen Sie ihm Ihr Beileid zum Tod seines Vaters aus. Damit kommen Sie der Verfolgung Ihrer Familie zuvor.«

Elisabeth folgte seinem Rat. Sie telefonierte mit Amin und kondolierte ihm zum Tod seines Vaters.

Der Präsident gab sich ungewöhnlich moderat: »Aber möchten Sie nicht zurückkommen? Sie können Ihr Amt wiederhaben und Ihr Haus.« Außerdem versicherte er Elisabeth, dass keinem Mitglied ihrer Familie ein Haar gekrümmt würde.

Es sollte das letzte Mal sein, dass sie miteinander telefonierten. Sie sahen sich auch nicht wieder. Elisabeth reiste nach Österreich, wo sie eine Zeit lang in Wien lebte. Sie bekam Sicherheitsbeamte gestellt und Bundeskanzler Bruno Kreisky bot ihr das Appartement seiner Tochter als Zuflucht an. Doch Elisabeth entschloss sich nach London zu gehen, wo sie Freunde hatte. Ihre Ankunft löste in der Presse einen Riesenwirbel aus.

Die unfreiwillige Rolle als »die nackte Prinzessin« sollte sie auch weiterhin im Exil verfolgen. Ein Dutzend internationaler Blätter druckte das umstrittene Foto ab und schmückte es mit wilden Spekulationen. Und der italienische Regisseur Cesare Carnevari drehte einen Dokumentarfilm mit gleichnamigen Titel. Darin wurde die heikle Liebesszene in Orly von der farbigen Brasilianerin Ajita Wilson nachgestellt.

Elisabeth fühlte sich verleumdet und prozessierte gegen verschiedene Blätter, denen sie Rufmord vorwarf. So auch den italienischen *Playboy,* der ihr Foto neben einer Szene aus dem Dokumentarfilm publiziert hatte. Die meisten dieser Prozesse hat sie gewonnen und bekam zum Teil beträchtliche Entschädigungen.

1981 heiratetet sie im Exil einen Mann aus ihrem Clan. Er kam sechs Jahre später bei einem Flugzeugabsturz in Casablanca ums Leben. Da war Idi Amins Schreckensregime bereits zusammengebrochen.

Anfang 1979 hatte der tansanische Staatschef Julius Nyerere genug von dem unberechenbaren Demagogen (»ein Wahnsinniger, ein Idiot«) und schickte eine Invasionsarmee nach Uganda. Denn Amin war zunehmend zur Belastung für die afrikanische Sache geworden.

Bis zu diesem Zeitpunkt hatte er sich mit finanzieller Hilfe des libyschen Revolutionsführers Gaddafi, palästinensischen Beratern, sudanesischen und nubischen Söldnern über Wasser halten können. Aber als die Invasionsarmee – aus Tansaniern und Exil-Ugandern – auf Kampala vorrückte und sich die libyschen Militäreinheiten zurückzogen und auch seine eigenen Truppen Auflösungserscheinungen zeigten, war Amins Sturz nur noch eine Frage der Zeit. Am 11. April 1979 fiel Kampala und zusammen mit seiner Leibgarde und seiner vierten Frau Sarah Kyolaba floh der Diktator über Zaire nach Libyen.

Sein langjähriger Geldgeber und Gönner Gaddafi gewährte ihm nicht allzu lange Zuflucht. 1980 fand Amin schließlich in Saudi-Arabien Asyl. Dort lebt er heute mit seiner Sippe am Rande der Hafenstadt Dschidda am Roten Meer.

In Dschidda genießt Amin zwar keinen großen Luxus, aber er leidet auch keinen Mangel. Er wohnt mit neun seiner 43 von ihm anerkannten Kinder in einer bequemen Villa. Seine vierte Frau Sarah Kyolaba war 1984 hochschwanger in die Bundesrepublik geflohen und hatte dort die Scheidung beantragt.

Angeblich ist der Schlächter jetzt gottesfürchtig geworden. Er trägt ein weißes Büßergewand, liest im Koran und verbringt viele Stunden beim Beten mit Blick nach Mekka. Aber von

Büßen kann keine Rede sein. Er träumt immer noch von einem Comeback. Aus der Hauptstadt Kampala und seiner Heimatregion im Kakwaland lässt er sich landestypische Nahrung wie Kochbananen und Maniok schicken.

Einmal hat er bereits versucht, mit gestohlenem Pass und unter falschem Namen dorthin zurückzukehren. Anfang 1989 war er über Nigeria und Gabun nach Zaire gereist, wo noch Reste seiner einstigen Armee und treue Angehörige seines Kakwa-Stammes auf seine Rückkehr warteten. Von Zaire aus soll er versucht haben, eine Invasion vorzubereiten. Doch er wurde schon nach wenigen Tagen geschnappt und wieder nach Saudi-Arabien abgeschoben.

Seitdem haben die saudischen Behörden seine Bewegungsfreiheit offenbar eingeschränkt. Auch der Kontakt zu Journalisten und Politikern soll ihm untersagt sein. Der Ex-Diktator will nicht einsehen, dass er sein Land ruiniert hat. Und das neue Uganda und der neue Staatspräsident Yoweri Kaguta Museveni interessieren ihn wenig.

Museveni, der »gute Diktator« (*Süddeutsche Zeitung*), ist der erste seit 27 Jahren, dessen Amtsführung nicht begleitet ist von täglichen Horrormeldungen. Der Ex-Rebellenführer und älteste Sohn eines Bauern wurde im äußersten Südwesten von Uganda, dem damaligen Königreich von Ankole, geboren. Er gilt als etwas Besonderes. Nicht nur weil er die Uhr entgegen der Gewohnheit am rechten Handgelenk trägt und seinen Tee ganz gegen die Gepflogenheiten ohne Zucker trinkt. Er ist einer der hoffnungsvollsten afrikanischen Politiker der jüngeren Generation, die nicht mehr in Europa oder Amerika ausgebildet wurden.

Er bescherte dem von Idi Amin ruinierten Land Stabilität, wirtschaftlichen Boom und relative politische Freiheit. Die »Perle Afrikas«, die längst allen Glanz verloren hatte, bekam einen zarten Schimmer zurück. In den Straßen von Kampala, in denen Amins Todesschwadronen einst Angst und Schrecken verbreiteten, herrscht heute buntes, geschäftiges Treiben. Die jüngere Generation kennt die Gräueltaten des »schwarzen Nero« nur aus den Erzählungen der Älteren. Viele waren zu Amins Zeiten noch gar nicht geboren.

Museveni gilt heute als der ungekrönte König Ugandas. Und seitdem er den traditionellen Stammesfürsten wieder eine kulturelle Rolle zugebilligt hat, konnte auch die ehrgeizige Prinzessin von Toro wieder als stolze Repräsentantin ihres Landes auftreten. Zunächst als Botschafterin in den Vereinigten Staaten, wo sie im Weißen Haus von Präsident Reagan empfangen wurde, und später als Botschafterin in Frankreich.

Vor 27 Jahren floh sie vor dem blutrünstigen Diktator Amin. Aber das Ende ihrer zwiespältigen Mission in seinem Namen und die folgende Odyssee nach seinem Sturz nagen immer noch an der Prinzessin. »Für euch Weiße wird Amin nie sterben«, entgegnet sie ihren Kritikern. »Er hat euch den dummen Nigger gemacht und ihr habt mitgespielt (...) Amin war nicht mehr und nicht weniger als ein Papiertiger – manipulierbar, um den Interessen anderer zu dienen (...) Entsprechend dem Bild, das der Westen von Schwarzafrika hat, haben die Regierungen Narren und Gauner wie Amin immer als nützlich für den Beleg ihrer These empfunden, dass schwarze Länder unfähig sind, sich selbst zu regieren (...) Bei den Weißen hießen wir nur noch Idi-Land und Idi-oten. Sie können Afrika nicht verstehen ...«

VII. Die Fee

Natalia »Naty« Fernández:
Die Geliebte Castros

»Ich komme mir so winzig klein vor
angesichts Deines unermesslichen Wissens,
Deiner Philosophie und Zärtlichkeit …«
Natalia »Naty« Fernández

»Es gibt Dinge, die das Elend dieser Welt überdauern,
und Dinge, die ewig sind, wie meine Erinnerung an Dich,
die niemand mir nehmen kann …«
Fidel Castro Ruiz

Der alte Kampfanzug und die Briefe des Comandante: Es sind nur wenige Erinnerungsstücke, die Natalia »Naty« Fernández an die atemberaubenden Jahre der Revolution geblieben sind. Souvenirs aus einer anderen Welt. Träume, die in die Jahre gekommen sind.

Die Briefe aus dem Gefängnis auf der Isla de Pinos hat Naty sorgsam mit einem orangefarbenen Seidenband zu einem Bündel verschnürt, das sie wie einen Schatz in ihrer Wohnung aufbewahrt: Reliquien einer längst nicht mehr erwiderten Liebe, die im Jahre 1953 begann.

Der Schauplatz: Das Havanna der Spieler und Schieber, Gangster und Revolutionäre. Naty war damals 25 Jahre alt. Eine reiche Arztgattin mit sinnlichen Lippen und eindrucksvollen grünen Augen, mit denen sie reihenweise die Männer verzauberte.

In diese Augen verliebte sich auch ein junger, feuriger Revolutionär, der angetreten war, Cuba von dem Diktator Batista zu befreien. Seine Name: Fidel Castro Ruiz. Für seine Ideale war Naty bereit, das Luxusleben an der Seite ihres Mannes, eines wohlhabenden Arztes, aufzugeben. Sie setzte für den Untergrundkämpfer sogar ihr Leben aufs Spiel, stellte ihm eine konspirative Wohnung zur Verfügung und tippte seine Aufforderung zum Umsturz.

Auch als die Revolte zunächst brutal niedergeschlagen wurde, hielt Naty weiter zu ihrem Fidel und versorgte ihn im Gefängnis mit Geschenken, Büchern und Naschereien. Er schrieb ihr zärtliche Briefe: »Wenn Du meinetwegen in vielerlei Hinsicht gelitten hast, denk daran, dass ich liebend gern mein Leben gäbe für Deine Ehre und Dein Wohlergehen. Was die Welt von uns denken mag, darf nicht wichtig sein, es zählt allein unsere

197

Gewissheit und Überzeugung. Es gibt Dinge, die das Elend dieser Welt überdauern, und Dinge, die ewig sind, wie meine Erinnerung an Dich, die niemand mir nehmen kann und die mich bis ins Grab begleiten werden ...«

Die Liebesschwüre des Comandante sind heute Legende, zugleich aber doch hochinteressante Zeitdokumente einer *amour fou* in den Jahren der kubanischen Revolution.

Naty wurde wie Fidel im Jahre 1927 auf Kuba geboren. Sie wuchs in Havanna (spanisch *La Habana*) auf. Die Hauptstadt der Insel hatte damals den Ruf eines Paris der Karibik. Mit ihrem berauschenden Flair von kolonialem Luxus, Verschwendung und schlaflosen Nächten zog sie Glücksritter, Schieber und Spekulanten magisch an.

Als eine der ältesten und malerischsten Städte der Neuen Welt war Havanna von Beginn an ein El Dorado für Abenteurer und Freibeuter. Der berühmteste hieß Christóbal Colón, Kolumbus. Er hatte 1492 auf seiner ersten Reise die größte Insel der Antillen entdeckt. In jener Zeit lebten dort 100 000 indianische Ureinwohner.

Nach Kolumbus kam eine Armada spanischer Konquistadoren. Sie plünderten die Schätze der Insel und nannten *La Habana* ihren »Schlüssel zur Neuen Welt«. Sie bauten den Hafen der Stadt zu einem wichtigen Flottenstützpunkt aus. Kurzfristig schlugen auch englische Kolonialherren in Havanna ihr Hauptquartier auf und karrten Tausende westafrikanischer Sklaven in Eisenketten auf die Insel, wo sie auf Zuckerrohrplantaten malochen mussten.

Im 16. und 17. Jahrhundert wurde Kuba immer wieder von Piraten jeglicher Couleur heimgesucht. Sie erbeuteten ein Vermögen. Aufstände der schwarzen Sklaven gegen die spanischen Herrscher wurden brutal niedergeschlagen. Erst durch eine Intervention der USA im Jahre 1898 verzichteten die Spanier auf ihre Kolonie. Bis Mai 1902 regierte eine amerikanische Militärregierung, die Sklaverei wurde abgeschafft, dann erhielt Kuba seine Unabhängigkeit.

Als Naty geboren wurde, herrschte in der formal unabhängigen, aber von Washington kontrollierten Republik Präsident G. Machado y Morales. Rum, Zigarren und Zuckerrohr hatten die Wirtschaft des Landes angekurbelt. Von dem Aufschwung profitierten vor allem die Zuckerbarone, korrupte Politiker und ihre Kurtisanen. Kubas Hauptstadt wurde ein Dollarparadies und ein karibisches Moulin Rouge der Leidenschaften und schönen Künste. Die berühmtesten Orchester und besten Ballette der Welt traten auf. Daneben blühten Glücksspiel, Rauschgifthandel und Prostitution. Diese berauschende Mischung zog weltberühmte Künstler und nicht weniger berühmte Mafiosi an. Ernest Hemingway genehmigte sich in seiner Lieblingskneipe »Bodeguita del Medio« hochprozentige Mojitos und Gangsterboss Lucky Luciano hielt in der Bar des »Hotel Nacional« Hof.

Während Naty in dieser »Hauptstadt der Träume« aufwuchs, verbrachte Fidel die ersten Jahre seines Lebens in einem entlegenen Winkel Kubas, auf der Zuckerrohrplantage seines Vaters Angel Castro in Biran. Don Angel war 1898 aus der nordspanischen Provinz Galicia nach Ostkuba ausgewandert. Während des Bürgerkrieges kommandierte er eine Milizgruppe und kämpfte als Angehöriger der spanischen Streitkräfte zunächst gegen die kubanische Unabhängigkeitsbewegung und gegen die Armee der Vereinigten Staaten. Nach der Niederlage der Spanier verdingte er sich als Arbeiter bei der *Nipe Bay Company* und war hauptsächlich damit beschäftigt, in einem Lagerhaus Zuckerrohrkörbe zu wiegen.

Von seinen Ersparnissen, die er als Tagelöhner zusammenkratzte, kaufte er Land und pflanzte Zuckerrohr an. So erwarb er im Laufe der Jahre einen Grundbesitz im Werte von einer halben Million Dollar. Trotz dieses nicht unbeträchtlichen Vermögens lebte die Familie in ärmlichen Verhältnissen: in einem großen, baufälligen Haus, ohne Toilette, nur ein »Häuschen« auf dem Feld, Bücher gab es keine und das Federvieh lief in der Küche herum.

Castro senior behandelte die schwarzen Tagelöhner auf seinen Zuckerrohrplantagen wie Sklaven. Die Arbeiterfamilien lebten in strohgedeckten Bretterbuden. Sie mussten im Freien kochen und selbst fünfjährige Kinder mussten auf den Plantagen aushelfen. Es gab keine Ärzte. Diebstahl, Unterschlagung und sogar Mord waren an der Tagesordnung. Und es war allgemein bekannt, dass Don Angel niemals ohne umgeschnallte Pistole auf die Felder ging. Arbeiter, die sich von ihrem Platz entfernt hätten, so berichteten Leute aus dem Ort, seien von ihm erschossen worden.

Als junger Mann hatte Angel eine Kubanerin geheiratet, die Lehrerin war. Mit ihr hatte er zwei Kinder. Später fing er mit der Köchin des Hauses, Lina Ruiz Gonzales, ein Verhältnis an, aus dem fünf Kinder hervorgingen, darunter Fidel. Da Angel Katholik war, konnte er sie erst nach dem Tod seiner ersten Frau heiraten. Lina galt als hartherzig, aber auch als außerordentlich tüchtig. Sie verwaltete die Zuckerplantage, die Zuckerfabrik und das Lagerhaus.

Natys Mutter Natica war eine der schönsten und begehrtesten Frauen Havannas. Sie konnte sich vor reichen Verehrern kaum retten. Aber sie heiratete einen mittellosen Trinker und schon wenig später erblickte Naty das Licht der Welt. Sie wurde getauft, Fidel nicht, denn er war ein uneheliches Kind. Den ersten Schulunterricht erhielt er in einer kleinen Holzhütte. Später besuchte er das *Colegio Dolores* in Santiago de Cuba, eine Jesuitenschule. Seine Eltern hatten beschlossen, dass er Rechtsanwalt werden sollte. Nach amtlichen Unterlagen war er ein ausgezeichneter Sportler und guter Schüler. Das 1945er Jahrbuch der Schule sagte voraus, dass sein Leben mit »glänzenden Seiten« angefüllt sein werde.

Natys Kindheit wurde von den existenziellen Sorgen ihres Vaters Manolo und dem starken Charakter ihrer Mutter geprägt. Die Kleine war zwar häufig krank, aber nichts schien sie umbringen zu können. Mit zwei Jahren überlebte sie eine Epidemie, die viele Kinder dahinraffte. Einige Jahre später erkrankte sie an Brucellose und musste im Fieberdelirium mehrere Wochen in einer mit Eis gefüllten Badewanne verbringen. Danach machten ihr die Gelbsucht und die Weil'sche Krankheit zu schaffen. Aber immer wieder erholte sich Naty wie durch ein Wunder und wuchs zu einem schönen Mädchen mit blonden Haaren, dunkler Haut und riesengroßen grünen Augen heran. Sie sah aus, als sei sie einem Bild von Goya entsprungen.

Naty liebte Havanna. Die Luft aus Sonne und Salz. Den Geruch von Muscheln und Menschen. Und den Hauch von Sinnlichkeit und Verschwendung. Spitzenarchitekten aller Epochen hatten eine großartige Mischung von Prachtbauten hinterlassen, die mit der Patina vergangener Jahrhunderte überzogen war. Havanna sah aus wie eine eindrucksvolle alte Dame, die in der Vergangenheit lebt, immer noch ganz Aristokratin.

Es dauerte nicht lange, bis auch Naty mit ihrer Jugend und Schönheit die reiche und elegante Welt eroberte. Sie wurde von den Inhabern der feinen Adressen hofiert, die Männer waren vernarrt in sie. Ihr Leben drehte sich zwischen Modenschauen, Bridge-Partien und Tennis-Matches. Damals lernte sie den Arzt Orlando Fernández kennen. Er war von ihrem Charme fasziniert und hielt alsbald um ihre Hand an. Sie gebar ihm eine Tochter, die auf den Namen Natalia getauft wurde.

Etwa zur selben Zeit studierte Fidel in Havanna Rechtswissenschaften und verliebte sich in eine junge Frau namens Myrta Díaz-Balart. Sie heirateten 1948 und hatten einen Sohn, den sie Fidelito nannten. Neben seinem Studium züchtete Fidel

Hühner und eröffnete eine Garküche in der Altstadt von Havanna. 1950 promovierte er zum Doktor jur. und ließ sich als Rechtsanwalt nieder. Seine Klientel kam vorwiegend aus der armen Bevölkerung. Denn in Kuba herrschten große soziale Übelstände. Der in Havanna zur Schau getragene Reichtum befand sich in der Hand weniger Leute und war zum größten Teil durch Schiebereien erworben. In den ländlichen Gebieten überwog bedrückende Armut. 1952 kandidierte Fidel erfolglos für einen Sitz im Parlament. Im gleichen Jahr putschte sich General Fulgencio Batista an die Macht und ernannte sich zum Präsidenten Kubas. Er herrschte mit einer Kombination von Bestechung, Schiebung und brutaler Gewalt.

Viele Kubaner fühlten sich verpflichtet, ihn zu bekämpfen. Auch Naty suchte Abenteuer und eine neue Aufgabe. Das Luxusleben an der Seite ihres Mannes füllte sie nicht mehr aus: »Natürlich hätte ich genauso gut zu Hause bleiben, den ganzen Nachmittag Bridge oder Tennis spielen und Cocktails trinken können wie fast alle meine Freundinnen«, so beschrieb sie später ihre damalige Situation. Aber ein Schlüsselerlebnis hatte sie tief aufgewühlt: »Eines Morgens lag ein toter Junge vor dem Haus. Batistas Spitzel hatten ihn ermordet und zerstückelt. Ich glaube, das hat mir die Augen geöffnet, denn ich begann auf einmal all die Leute zu sehen, die keine Träume mehr hatten, und die abertausend Kinder, die ohne die Hoffnung aufwuchsen, je der Armut zu entkommen.«

Naty begann sich für die Schwachen und Benachteiligten der korrupten Republik zu interessieren und schloss sich einer Gruppe Martianischer Frauen an, die im Untergrund arbeiteten. Bei einer Demonstration zur Erinnerung an die Erschießung von acht Medizinstudenten begegnete sie Fidel auf der Freitreppe vor der Universität. Er galt als ungeheuer dynamischer Mann, der nicht nur wegen seiner durchtrainierten Baseballspielerfigur bei den Frauen Aufmerksamkeit erregte.

Wenn er mitten in einer schreienden Menge seine ekstatischen Reden hielt, sahen sie aus, als vergingen ihnen die Sinne, sie lächelten ekstatisch zurück.

Auch auf Naty wirkte er »voller Energie, sehr vital« und sie fand ihn »sehr attraktiv«. Ein paar Monate später hörte sie wieder von ihm. Sie hatte gerade eine Fehlgeburt überstanden, als Fidel sie fragte, ob er sie besuchen könne. Bereits wenige Tage später tauchte er in ihrer Wohnung auf.

Naty und ihr Mann luden ihn zum Essen ein. Bei Schinken mit karamellisierter Ananas, Kartoffelpüree und Gemüse sprach Fidel davon, dass man Batista gewaltsam stürzen müsse, weil auch er so an die Macht gekommen sei. Der »Visionär« überzeugte Naty. Nach der Mahlzeit gab sie ihm alles Geld, das sie im Hause finden konnte. Er nahm es. Für ihren Mann war die Geschichte damit beendet. Für Naty nicht: »Mir hatte sich eine neue Welt erschlossen, ich hatte einen Weg gefunden, für meine Überzeugung zu kämpfen.«

In den folgenden Wochen wurde ihr Haus zur geheimen Kommandozentrale der Bewegung. Fidel kam jetzt immer öfter. Manchmal brachte er auch junge Guerilleros mit, die auf der Fahndungsliste von Batistas Schergen standen. Ohne Natys Hilfe hätten sie kaum überleben können. Sie versorgte die Untergrundkämpfer mit dem Nötigsten und erledigte Kurierdienste. Außerdem hatte sie in ihrem Haus einen Zwischenboden einziehen lassen. Dort wurden die Waffen für den Tag X versteckt, den Tag des Aufstandes.

Fidels waghalsiger Plan: Durch einen Angriff auf die Moncada-Kaserne in Santiago de Cuba wollte er einen Volksaufstand gegen den Diktator Batista auslösen. Nur wenige Leute waren eingeweiht. Sein Bruder Raúl, sein Stellvertreter José Luis Tasende und Naty: »Eines Tages bat Fidel mich, die Musik auszusuchen, die im Radio über Cadena Oriental ausgestrahlt werden sollte, wenn sie die Moncada-Kaserne angriffen.

Er sagte, es solle eine kämpferische Musik sein, revolutionär, denn es sei möglich, dass Blut vergossen werde. Ich verbrachte mehrere Abende im Musikarchiv von Radio Centro. Ich nahm Beethoven auf, Prokofjew, Mahler, Kodaly, Dvorák, Berlioz, die Nationalhymne, die Eroberungshymne ...«

Während Fidel mit der Ausbildung junger Aktivisten auf dem Gut Capellania in Pinar del Rio, einer Provinz im Westen von Havanna, begann, nähte Naty Uniformen für die Untergrundkämpfer und sie verkaufte all ihren Schmuck, um Waffen zu bezahlen. Der Plan sah außerdem vor, dass sie zum Zeitpunkt des Angriffs ein Manifest auf den Straßen von Havanna verteilen sollte.

Zwei von Fidels Agenten erhielten zunächst den Auftrag, die Moncada-Kaserne zu erkunden: es war die zweitwichtigste Festung des Heeres und Sitz der Militärkommandantur der damaligen Ostprovinz. Hier war das 1. »Maceo«-Regiment, eine Infanterietruppe von 1000 Mann mit modernen Waffen, stationiert. Nach den Erkenntnissen von Fidels Kundschaftern schien sich das Wochenende am besten für einen Angriff zu eignen. Dann hatten alle Offiziere frei. Meistens verließen sie schon am Samstagabend die Kaserne, um sich in der Stadt zu amüsieren. Die Angreifer hatten es dann nur mit den Wachen zu tun. Alles schien ganz einfach zu sein.

Fidel stellte eine Angriffstruppe von etwa 100 Aktivisten zusammen. Sie sollten am Sonntag, den 26. Juli, um 5.30 Uhr losschlagen. Die Aufständischen versammelten sich auf einem Bauernhof, etwa fünf Kilometer außerhalb von Santiago. Eine halbe Stunde vor dem Angriff wurden Pistolen und Gewehre ausgegeben. Bei Anbruch der Dämmerung setzte sich eine Kolonne aus etwa zwei Dutzend Wagen in Richtung der Kaserne in Bewegung. Die Angreifer trugen Uniformen der kubanischen Armee. Zur Truppe gehörten auch zwei junge Mädchen als Krankenschwestern.

Der erste Wagen mit Aufständischen rollte unbehelligt durch das Kasernentor. Als das zweite Fahrzeug mit Fidel passieren wollte, schrillte die Alarmglocke und die Wachposten eröffneten das Feuer. In dem wilden Schusswechsel kam die Kolonne zum Stehen. Fidel hatte nicht mit dieser heftigen Gegenwehr gerechnet. Als er sah, dass die Operation schiefging, gab er den Befehl zum Rückzug. Damit saß die Vorhut in der Falle und es kam in der Kaserne zu einem blutigen Gemetzel. Fidel blieb zwar unverletzt, wurde aber wenig später geschnappt. Nur wenige der Aufständischen konnten in die östlichen Berge fliehen.

Naty war verzweifelt, als sie von dem Fehlschlag erfuhr. Und vor Angst wie gelähmt. Was würde mit ihr geschehen, wenn bekannt wurde, dass sie Fidels Bewegung unterstützt hatte? Viele seiner Männer waren in ihrem Haus ein- und ausgegangen. Sie hatte ihren Schmuck versetzt, um Waffen zu beschaffen. In dieser scheinbar ausweglosen Situation beschloss sie, alles einem Pater zu beichten. Dann ließ sie sich das Abendmahl reichen.

Aber sie hatte großes Glück. Ihre Rolle als »Fee der Aufständischen« wurde im Prozess gegen Fidel nicht untersucht. Er kam mit 15 Jahren Zwangsarbeit davon, obwohl ihm und seinen Gefolgsleuten als besonders »verabscheuungswürdiges Verbrechen« vorgeworfen wurde, unbewaffnete und kranke Soldaten im Lazarett ermordet zu haben. Fidel bestritt dies allerdings. Seine Version: Dutzende der eingeschlossenen Angreifer seien vor ihrer Ermordung gefoltert, kastriert und geblendet worden: »Die Wände waren mit menschlichen Körperfetzen bespritzt, mit Haut, Hirn und Haaren.«

Damit schuf er die jungen Märtyrer, die er für seine Bewegung brauchte. Die Bewegung nannte sich in der Folge »Bewegung des 26. Juli«, und unter diesem Namen wurde sie im ganzen Land bekannt. Während Fidel auf der Isla de Pinos seine Strafe verbüßte, wurde Naty zu seinen »Augen und Ohren« außerhalb der Gefängnisstadt auf der Pinieninsel, die schon seit den 20er Jahren kubanischen Diktatoren dazu gedient hatte, politische Gefangene zu isolieren.

So kümmerte sie sich um Fidels Frau Myrta und seinen Sohn Fidelito, damit es ihnen an nichts fehlte. Außerdem unternahm sie alles, um Fidel die Haftzeit zu »versüßen«. Sie überhäufte ihn mit Liebespäckchen, schickte ihm Mahlzeiten, ausgewählte Lektüre und romantische Briefe. Sie wollte, dass etwas »Farbe in die Tristesse seiner Gefängniszelle« gelangte, und ihm die Zeit vertreiben.

»Ich komme mir so winzig klein vor angesichts Deines unermesslichen Wissens, Deiner Philosophie und Zärtlichkeit«, schrieb sie ihm. »Du weißt so viel, doch noch mehr beeindruckt mich Deine schmeichelhafte und großzügige Art, mich an all dem teilhaben zu lassen, was Dir tatsächlich mit größter Natürlichkeit gelingt. Du führst mich an Deiner Hand durch die Geschichte der Menschheit, der Philosophie und der Literatur; Du schenkst mir einen unermesslichen Schatz an Gefühlen und Grundsätzen; Du eröffnest mir neue unerforschte und überraschende Horizonte, und dann willst Du mich noch glauben machen, hinter Deinen Ideen und Handlungen stünde nur ein unerschütterliches Gewissen. Nein, Fidel, all dieser Reichtum wohnt Dir inne, und Du bist ihn niemandem schuldig; mit ihm wurdest Du geboren, er wird mit Dir sterben. Dass Du ihn teilen möchtest und auch zu teilen weißt, steht auf einem anderen Blatt. Ich wäre sehr unaufrichtig, wenn ich Dir nicht sagte, dass es mich sehr glücklich macht, dass Du so bist und dass es mich mit Stolz erfüllen würde, wenn Du Dich niemals ändertest …«

Fidel dankte ihr in seinen Briefen für die »schönen Gedanken und Worte«, die ihn jedes Mal aufs Neue verzauberten. »In Deinem gastfreundlichen Haus, das mir immer offen stand (…) traf ich eine edle Seele voller Leben, die meine Verzweiflung über die Verdorbenheit der Menschheit, die ich wenige Momente zuvor noch empfunden hatte und uns alle niederschlägt, plötzlich in Fröhlichkeit und Tatkraft verwandelt«, schrieb er. »Ich weiß nicht, ob dieses Leben lang oder kurz sein wird, fruchtbar oder vergebens. Aber ich fühle, wie sich meine Überzeugung, dass ich kämpfen und Opfer bringen muss, festigt (...) Eines Tages werden wir die Stunden der Angst hinter uns lassen und uns freuen (...) Ich werde bei Dir sein; wer liebt, vergisst nicht.«

Zufall oder böswillige Absicht? Der Zensor in der Haftanstalt vertauschte eines Tages zwei Briefe, sodass Fidels Frau den erhielt, der für Naty bestimmt war. Darauf reichte sie die Scheidung ein. Aber Fidels Liebesschwüre an Naty waren nicht der einzige Grund für die Trennung. In der Ehe hatte es bereits seit geraumer Zeit gekriselt. Myrta war hin- und hergerissen zwischen den revolutionären Ideen ihres Mannes und der Sympathie ihrer Familie für den Diktator Batista. Sie entschied sich für ihre Familie.

Zwei Jahre nach seiner Verurteilung wurde Fidel frühzeitig aus der Haft entlassen. Naty hatte inzwischen ihrem Mann gestanden, dass sie den Comandante liebe. Doktor Orlando reagierte gelassen. Er sah in der Verliebtheit seiner Frau keinen Anlass, sich scheiden zu lassen.

Die »Fee« und Fidel trafen sich so oft sie konnten in einer Wohnung, die ihnen nicht gehörte. Schon nach wenigen Wochen geriet die Liebe außer Kontrolle und Naty wurde schwanger. Doch ein gemeinsames Familienleben war nicht geplant. Fidel wollte nach Mexiko gehen und dort Rekruten für die bewaffnete Invasion Kubas anwerben. In Mexiko wartete Che Guevara auf ihn.

Am 19. März 1956 wurde Naty von einem Mädchen entbunden. Sie taufte Fidels uneheliche Tochter auf den Namen Alina Maria Jose. Lina wegen ihrer Großmutter. Nach der Geburt schickte sie Fidel ein Foto nach Mexiko. Aber der Comandante wollte weitere Beweise und beauftragte seine Halbschwester Lidia, sich die Kleine genau anzusehen und nach typischen Familienmerkmalen zu untersuchen. Als sie ein Muttermal in der Kniekehle des Kindes entdeckte, bestanden keine Zweifel mehr. »Dieses Mädchen ist eine Castro«, verkündete Lidia.

Dann übergab sie Naty ein Geschenk von Fidel: Runde Ohrringe und ein Armband aus fein zisieliertem mexikanischem Silber. Und ein Ohrgehänge für Alina, mit einer Perle und einem winzigen Brillanten. Bald tauchte auch Fidels Mutter Lina auf, um sich die neue Enkelin anzuschauen.

Ein halbes Jahr später gingen Fidel und 82 seiner Anhänger in der mexikanischen Hafenstadt Tuxpan an Bord der Jacht »Gamma«, um Kuba zu erobern. Der Operationsplan sah vor, gleichzeitig mit der Landung einen Aufstand in Santiago zu entfesseln. Anschließend sollte ein revolutionärer Generalstreik den Diktator Batista hinwegfegen.

Doch wie schon der blutige Angriff auf die Moncada-Kaserne misslang auch dieser Coup. Der Aufstand in Santiago wurde niedergeschlagen und auch die Landung von See verlief anders, als Fidel sie sich vorgestellt hatte. Batista hatte von der Sache Wind bekommen. Das Unternehmen wurde von Kanonenbooten und Patrouillenflugzeugen zerschlagen. Ein Teil der Aufständischen ergab sich, viele fanden den Tod. Mit nur zwölf Überlebenden gelang es Fidel, in die zerklüfteten Bergzüge der Sierra Maestra zu entkommen.

Naty blieb ihm treu und versorgte ihn mit französischen Leckerbissen und mit Literatur. Manchmal schickte sie auch ihre Mutter Natica als Kurier. Sie brachte den Aufständischen Geld und Schokolade. Der Comandante schenkte Naty zwei Gewehrpatronen vom Kaliber 75 als Andenken.

Als politischer »Robin Hood der Sierra Maestra«, wie ihn Herbert L. Matthews von der *New York Times* beschrieb, wurde Fidel von der kubanischen Jugend bald wie ein Held verehrt. Er gewann immer mehr Anhänger, Waffen und auch finanzielle Unterstützung.

»Fidels Geheimwaffe war Geld«, schrieb Stanley Ross, der Herausgeber von »*El Diaro de Nueva York*«. »Unglaublich viel Geld, mit dem er die Siege kaufte. Er bestach Batistas Offiziere in schwindelnden Höhen, sodass ganze Regimenter zu ihm überliefen. Bei einer Gelegenheit kaufte er für 650 000 Dollar in bar einen ganzen Panzerzug mit Kanonen, Munition, Jeeps und 500 Mann.«

Ein Vertrauter aus Fidels Umgebung berichtete, dass einmal zwölf Leute kamen, alle schwer mit Geldkisten beladen, in denen sich 800 000 Dollar befanden. Fidel triumphierte: »Jetzt ist der Krieg gewonnen.«

Im Januar 1959 war es so weit: Nach drei dramatischen Guerilla-Jahren zog Castro im Triumphzug in Havanna ein und wurde wie ein Erlöser von den Kubanern gefeiert. In der jubelnden Menge standen auch Naty und Fidels dreijährige Tochter Alina.

Doch der Comandante fühlte sich als Vater der ganzen Nation. Für Alina hatte er kaum Zeit. Er kam nur selten zu Besuch. Meistens im Morgengrauen. Dann kündigten ihn die quietschenden Bremsen der Jeeps und der schwere Schritt seiner Stiefel an. »Die Fee setzte mich auf den Fußboden in eine dichte Tabakwolke«, schrieb Alina später in ihrer Autobiografie. »Inmitten dieser stinkenden blauen Wolke saß der markanteste der Langhaarigen. Er bückte sich wie Papa Orlando zu mir runter und schaute mich prüfend an. »Sie sieht aus wie ein Lämmchen. Komm her, Lämmchen«, sagte er und gab mir eine Schachtel, in der eine Babypuppe lag, die aussah wie er: mit Bart, Sternchen aus schwarzroten Dreiecken auf den Schulterklappen, einer Mütze und Stiefeln. Ich wollte ihm keinen Kuss geben, weil er so viele Haare im Gesicht hatte …«

Naty liebte Fidel immer noch. Aber er war jetzt der »máximo

lider« und musste regieren. Jeder in Kuba erwähnte seinen Namen mindestens einmal am Tag. Und viele schöne Frauen drängten sich in seine Nähe.

Seine neue Revolutions- und Lebensgefährtin hieß Celia Sanchez. Sie hatte an Fidels Seite im Gebirge in der Sierra Maestra gekämpft. Jetzt leitete sie sein Büro und nicht nur Naty bekam ihre Macht zu spüren. Auch Alina fühlte sich von den »hinterhältigen Sticheleien und Attacken« der »Haus- und Hofhexe« ihres Vaters bedroht. »Sie zermalmte jeden, der versuchte, ihr ein Stück des Comandante wegzunehmen«, schrieb sie in ihren Memoiren. »Diese Frau war härter als Stein.«

Während Fidels einzige uneheliche Tochter unter der zunehmenden Zurückweisung ihres Vaters litt, fühlte sich ihre Mutter weiterhin seiner Ideologie und der Revolution verpflichtet. In seinem Auftrag reiste sie mit Alina nach Paris. Dort sollte sie sich als Chefsekretärin der kubanischen Botschaft ausgeben und unter diesem Deckmantel Geheimnisse der französischen Chemieindustrie ausspionieren. Später wurde Naty in Kuba zur Leiterin der Bibliothek des Nationalen Wissenschafts- und Forschungszentrums (CNIC) ernannt.

Der Comandante interessierte sich jedoch kaum noch für die Frau, die einst für ihn ihr Leben aufs Spiel gesetzt hatte. »Sie wurde immer entrückter und entwickelte sich zu einer Heldin, die Demütigungen nicht mehr spürte und keinen Groll empfand«, beobachtete Alina. Aber Fidels Ex-Geliebte blieb eine ungebrochene Befürworterin der Revolution, auch wenn sich ihr Leben wie für die meisten Kubaner hauptsächlich um den täglichen Kampf um Bezugsscheine drehte.

Fidel, der ausgezogen war, den Gewaltherrscher Batista zu stürzen, regierte bald selber mit harter, diktatorischer Hand. Revolutionsgerichte lichteten die Reihen seiner Gegner. Sein Sicherheitsapparat war allgegenwärtig. Das bekam auch Alina zu spüren: »Jedes Mal, wohin ich auch ging, tauchten Kontrolleure vom Sicherheitsdienst auf (…) Rund um die Uhr wurde ich beschattet, sogar mein Telefon wurde ständig abgehört (…) Eine Überwachungskamera war am Gebäude an der Ecke installiert und filmte, wie ich nach Hause kam, wegging, wer mich besuchte oder begleitete (…) Sie machten mir das Leben zur Hölle.«

Alina litt bald unter sämtlichen Traumata einer ungeliebten Tochter, die sich von ihrem Vater überwacht, missachtet und wie ein »Bastard« verstoßen fühlte. Seinen Namen gab er der Unehelichen nie. Als sie mit sechzehn zum ersten Mal heiraten wollte, tobte der Comandante, weil sie ihn nicht um Erlaubnis gefragt hatte. Warum hat sie es nicht getan? Nach ihren Angaben kannte sie noch nicht einmal seine Telefonnummer: »Und wie sollte ich mit Fidel über die Liebe reden, dem ewigen Junggesellen, der mit der Revolution verheiratet war.«

Bereits ein Jahr später wurde sie geschieden. Sie wollte Ärztin und Diplomatin werden, dann Tänzerin und Model. Aber sie wurde magersüchtig, wog schließlich nur noch vierzig Kilo und wurde ein Fall für die Psychiater. Auch ihre zweite Ehe mit einem kubanischen Legionär, der in Angola kämpfte, ging in die Brüche. Sie verließ ihn wegen eines Tänzers. Aus dieser leidenschaftlichen Episode ging ihre Tochter Mumin hervor. Danach folgte eine Affäre mit einem Italiener. Alina wurde verhaftet und der Prostitution beschuldigt. Der Comandante ließ sie unter Hausarrest stellen und sie verlor ihren Job als Lektorin. Sie war das schwarze Schaf der Familie und heillos mit dem Castro-Clan zerstritten.

Es begannen harte Zeiten: Um an Dollars zu kommen und das Existenzminimum für sich und ihre Tochter zu sichern, sammelte Alina alte Schuhe, verzierte sie mit Stoff und Spitzen und verkaufte sie dann auf den Straßen Havannas. Einmal schickte ihr der Comandante einen Umschlag mit achtzig Pesos, einen

Truthahn, ein paar Pfund schwarze Bohnen, vier Flaschen algerischen Wein und eine Stefan-Zweig-Biographie.

In dieser Zeit legte sich Alina einen algerischen Liebhaber zu: »Ich befand mich in einer Lebensphase, in der ich nicht mehr wusste, wer über mich und mein Leben bestimmte und an wen ich mich halten sollte.« Ihr nächster Verlobter war Mexikaner, er hatte in London studiert und war ein Anhänger der kubanischen Revolution. Zunächst war ihr Vater auch gegen diese Beziehung. Daraufhin schaltete Alina seinen Freund, den Schriftsteller Gabriel García Márquez, als Vermittler ein. Er konnte Fidel umstimmen. Alina heiratete an einem 12. April, aber auch diese Beziehung sollte nur von kurzer Dauer sein.

Nach der erneuten Trennung fühlte sich Alina wie »eine einsame Insel auf einer verwahrlosten, ausgebrannten Insel«. Sie war jetzt fast vierzig. Ihr Vater, der 1959 angetreten war, den »neuen Menschen« zu schaffen, lebte inmitten Havannas, abgeschirmt von ihr und seinem Volk: Für die einen immer noch der Comandante, der große Held, für die anderen längst eine Comicfigur. Nach der Aufbruchzeit überall drohende Zeichen des Zerfalls. Kubas »Hauptstadt der Träume« von Nässe und Salz zerfressen. Ehemalige Prachtbauten mit Brettern und alten Balken abgestützt. Tägliche Stromsperren. Toilettenpapier Mangelware. Aber Koks und Prostitution gegen Dollars erhältlich.

1993 floh Alina mit einer Perücke verkleidet und mit einem gefälschten spanischen Reisepass nach Madrid. Sie hatte kein Geld, keine Macht, kein Zuhause und keinen berühmten Namen. Nur ihre Erinnerungen an ihr Leben auf der Insel. Sie schrieb es auf: Eine bittere Abrechnung mit dem ungeliebten Vater, die pünktlich zum 40. Jahrestag der Revolution erschien.

Sie nannte Fidel einen »Diktator« und Kuba ein »Gefängnis«, sie beschuldigte ihn des Drogenhandels und politischer Morde.

Seitdem engagiert sie sich gegen das Regime des Comandante. »Es ist nicht leicht, Castros Tochter zu sein, ich habe ein ganzes Leben lang darunter gelitten«, sagt sie. »Als ich ein kleines Kind war (…) da habe ich ihn auch geliebt, glaube ich (…) Ich wollte immer nur ein Privatleben haben, aber ich musste fliehen, um es zu bekommen. Auf Kuba wäre ich verrückt geworden …«

Naty, ihre Mutter, blieb auf der Insel. »Sie war sehr lange in Fidel verliebt und ich glaube, sie ist es heute noch«, sagt Alina. »Die beiden hatten eine wunderbare Liebesgeschichte. Sie hat ihre Familie, ihr Haus und ihr Leben geopfert für diesen Mann, dessen Ideale und Energie sie so fasziniert haben (…) Nachdem Fidel sie verlassen hatte, wollte plötzlich niemand mehr mit ihr etwas zu tun haben. Sie war wie eine Aussätzige.«

Auch wenn Natalia und die Revolution in die Jahre gekommen sind: Sie ist mit 75 Jahren immer noch eine vitale Frau. Ungebrochen lebt sie weiter in der Hauptstadt ihrer Träume. Ihr Herz gehört Kuba.

VIII. Die Muse

Clara Petacci:
Die Geliebte Mussolinis

»Wenn Dich retten für mich hieße sterben,
so mögen sie mir das Leben an Deiner statt nehmen …«
Clara Petacci

»Den Vorrang im Leben der Frau hat immer die Liebe
zu den Kindern oder zu einem Mann. Liebt sie ihn nicht,
so hat sie schon gegen ihn gestimmt.«
Benito Mussolini

Dorina Mazzola hatte sich hinter einem Schrotthaufen im Hofe ihres Vaters verborgen. Das Herz schlug ihr heftig in der Brust, ihr Mund war trocken. Sie konnte ganz deutlich das verzweifelte Wimmern der Frau hören. Es kam aus dem etwa 100 Meter entfernten Nachbarhaus.

»Sei still, du Hure«, fluchte eine Männerstimme.

Aber das Wimmern hörte nicht auf. Dorina wusste, was es bedeutete. Das Schreckliche war, dass sie nichts tun konnte. Sie war wie gelähmt vor Angst. Zuvor hatte sie ganz klar sieben Schüsse vernommen, die auf dem Hof des Nachbarhauses der Familie De Maria gefallen waren.

Jetzt kamen mehrere Partisanen. Sie schleppten einen Mann in ihrer Mitte. Er hing leblos zur Seite, sein Kopf war mit einer Skimaske bedeckt. Dorina ahnte, dass der Mann tot war. Im gleichen Augenblick stürzte eine Frau aus dem Nachbarhaus. Eine kleine Brünette mit schwarzen Augen. Sie rannte zu dem Toten, warf sich zu seinen Füßen.

»Ben ...« – ihr Schrei erstarb in einem herzzerreißenden Schluchzen.

Mit einem irren Blick, der nichts Irdisches mehr an sich hatte, klammerte sich die Frau an den Toten wie an eine Heiligenfigur. Die Männer versuchten sie loszureißen. Einer stieß ihr seine Maschinenpistole in den Rücken. Aber sie wollte den Toten nicht loslassen. Dann ratterte eine Salve los, und Dorina sah in ihrem Versteck, wie die Frau getroffen wurde und blutend zu Boden sank.

Nicht erkennbar war für die Augenzeugin des schaurigen Dramas, dass die Erschossene eine Halskette aus Gold mit siebzehn Brillanten trug, die die Buchstaben C und B bildeten. Die Inschrift lautete: Clara io sono te, tu sei me, Ben 24-4-32, 24-4-41.

Das C stand für Clara, das B für Ben. Die Halskette war ein Geschenk des italienischen Diktators Benito Mussolini an seine Geliebte Claretta Petacci. Er war kurz vor ihr exekutiert worden. Man schrieb den 28. April 1945. Es war das grausige Finale einer Romanze, die 1932 begann und erst mit beider Tod endete. Sie war 33, er 61 Jahre alt. Für die einen war Claretta Petacci ein »hinreißender Engel«, für die anderen die »Hure des Duce«. Sicher ist: Sie war dem meistgehassten und mächtigsten Mann Italiens bis in den Tod ergeben. Er war ihr Abgott. Als er unterging, wollte auch sie nicht länger leben.

Clara war eine schöne Römerin und wurde von ihren Eltern wie eine Renaissance-Prinzessin erzogen. Sie entstammte einer einflussreichen Familie, die dem päpstlichen Adel angehörte. Ihr Vater Francesco Petacci war der Leibarzt von Pius XI. und verdiente am Vatikan ein Vermögen. Er hatte eine Verwandte des Heiligen Vaters geheiratet und dadurch seinen Einfluss am Papsthof noch vergrößert.

Als Pius XI. 1939 unter ungeklärten Umständen starb, entstanden Verschwörungstheorien, laut denen auch Claras Vater verdächtigt wurde, eine Schlüsselrolle gespielt zu haben. Der »Friedenspapst« hatte sich mit Hitler und Mussolini angelegt und zwischen 1933 und 1936 nicht weniger als 34 Protestschreiben an die deutsche Reichsregierung gerichtet. In der Enzyklika »Ardenti cura« (»Mit brennender Sorge«) protestierte er gegen die Nichtbeachtung des Reichskonkordats durch die Nazis. Als Hitler Rom einen offiziellen Besuch abstattete, zog sich der Papst nach Castel Gandolfo zurück und ließ die vatikanischen Museen schließen, um zu verhindern, dass die Nazis auch nur einen Fuß über die Schwelle der geheiligten Mauern setzten. Pius XI. betrachtete »den Herrn Hitler als den größten Feind Christi und der Kirche in der Moderne«.

Damals hatte auch Mussolini in Italien gerade antisemitische

Rassengesetze eingeführt. Der 81-jährige Papst wollte angeblich eine Ansprache gegen Faschismus und Antisemitismus halten. Zur gleichen Zeit wurde er von Claras Vater behandelt. Der Mediziner setzte dem Pontifex eine Spritze. Am nächsten Morgen war der Stellvertreter Christi eingeschlafen. Von dem Redetext fand sich keine Zeile. Die Frage, ob der Papst aus politischen Gründen sterben musste, konnte nie geklärt werden.

Claras Mutter Giuseppina Persichetti setzte drei Kinder in die Welt: Im Jahre 1910 wurde Marcello geboren, 1912 Clara und 1923 Miriam. Letztere wurde von der Familie Mimi genannt. Sie hatte naturblondes Haar und fiel schon als Kind durch ihr schauspielerisches Talent auf. Mimi träumte von einer Karriere als Filmstar. Ihr Bruder Marcello war ein passionierter Sportler, Autofahrer, und ihm haftete der Ruf eines Playboys an. Als »Pimpf« gehörte er den »Moschettierie del Duce« an. Später wollte er in die Fußstapfen seines Vaters treten und studierte Medizin. Bei Kriegsbeginn war er Unterleutnant in der Marine. Clara hatte faszinierende schwarze Augen und war den schönen Künsten zugeneigt. Sie liebte die Aquarellmalerei und die Lyrik und entwickelte in diesen Disziplinen ein beachtliches Talent. Schon als Teenager verehrte sie den Duce. Während ihre Schwester Bilder von Filmhelden sammelte, dekorierte Clara ihr Zimmer mit Fotografien des Faschistenführers. Sie schrieb Gedichte für ihn, die sie ihm zum Geburtstag schickte, und sie ging regelmäßig zu den Treffen seiner Partei. Meistens war sie schon stundenlang früher dort, um einen Platz in der ersten Reihe der Schwarzhemden zu ergattern. Während der Rede des Duce suchte sie den Augenkontakt zu ihm, sie wollte ihm unbedingt auffallen.

1932 verlobte sich Clara mit dem Fliegeroffizier Federici. Aber bevor das Paar heiratete, kam es zu einer schicksalhaften Begegnung, die Claras Leben eine dramatische Wende geben sollte. An einem warmen Apriltag war die ganze Familie nach Ostia gefahren. Nach einem Bad im Meer und dem Mittagsmahl beschloss man, weiter nach Castelfusino zu fahren. Claras Bruder Marcello steuerte den Wagen.

Unterwegs wurden sie von einem Alfa Romeo überholt. Als Clara das Kennzeichen sah, sprang sie auf und rief überschwänglich: »Duce, Duce.« Mussolinis Wagen stoppte. Der Staatschef stieg aus, reichte Clara die Hand und wechselte ein paar freundliche Worte mit ihr. Dabei verschlang er sie mit seinen Augen.

Mussolini war bekannt dafür, dass er eine Schwäche für schöne Frauen hatte und ihrem Reiz nicht widerstehen konnte. Clara war zwanzig, bildhübsch und strahlte eine natürliche Sinnlichkeit aus. Sie lächelte ihn selig an und gestand ihm, dass sie ihm seit Jahren selbstverfasste Gedichte geschickt habe. Mussolini schrieb sich ihren Namen auf und fuhr dann weiter.

Diese Episode im Jahr 1932 war der Beginn einer »Love Story« der besonderen Art. Vier Jahre später machte der Duce die junge Römerin zu seiner Geliebten. Er war ihrem Charme verfallen und sollte nicht mehr von ihr loskommen.

Benito Mussolini wurde am 29. Juli 1883 in Predappio in der Romagna als Sohn des Dorfschmieds und späteren Gastwirts Alessandro Mussolini und dessen Frau Rosa Maltoni geboren. Der Vater hatte den Vornamen Benito aus Heldenverehrung gewählt. Sein Erstgeborener sollte so heißen wie der mexikanische Präsident Benito Juárez. Der hatte 1867 die Franzosen aus Mexiko verjagt.

Benitos Vater war ein kleiner, untersetzter Mann mit hellen, intelligenten Augen. Er hatte den Ruf eines »Kneipenrevoluzzers«, der keinen Respekt vor der Obrigkeit besaß, weder vor König, Kirche noch Carabinieri. Er liebte es, endlos über politische Theorien zu debattieren. Sein Groll gegen die bestehende Gesellschaftsordnung und seine Rauflust sollten Benito prägen. Auch er war schon in seiner Kindheit ein Rebell und prügelte sich oft mit seinen Kameraden.

Freundschaft schloss er dagegen mit der »vecchia Giovanna«, einer alten Frau in Dovia mit dem Ruf einer Hexe. Sie lehrte ihn die schwarze Magie. Er blieb sein Leben lang abergläubisch und verließ sich oft auf seine eigenen Vorahnungen. Als Benito neun Jahre alt war, beschlossen seine Eltern, ihn auf das Internat der Salesianer-Brüder nach Faenza zu schicken. Wegen mangelnder Disziplin und einem Angriff auf einen Mitschüler, den er mit einem Messer verletzte, musste er jedoch bald die Klosterschule wieder verlassen und kam auf die Königliche Grundschule Forlimpopolo nahe seiner Heimatstadt.

Er war ein Einzelgänger, groß für sein Alter, mit einer hohen, blassen Stirn und flackernden schwarzen Augen. Auch durch seine Kleidung stach von den anderen ab. Er trug am liebsten dunkle Sachen. Die stets schlecht gebundene Krawatte war sozusagen sein Erkennungszeichen. Erste sexuelle Erfahrungen sammelte er in Ballsälen und im Freudenhaus.

Mit 18 erwarb Benito sein Lehrerdiplom und war danach für kurze Zeit als Volksschullehrer an der Grundschule in Gualteri für ein monatliches Gehalt von 56 Lire tätig. Um sich dem Militärdienst zu entziehen, setzte er sich in die Schweiz ab. Er arbeitete dort als Handlanger auf dem Bau sowie als Sekretär und Übersetzer. Nach seiner Amnestierung als Deserteur kehrte er nach Italien zurück und leistete den Militärdienst ab.

Seine politische Laufbahn begann Benito 1909 in Trient als Redakteur des sozialistischen »Popolo d'Italia«. Nachts schrieb er revolutionäre Leitartikel. Sein Lieblingsphilosoph war Nietzsche. In dieser Zeit begegnete er der 17-jährigen Rachele Guidi, Tochter eines armen Landarbeiters, die in Predappio als Bedienung arbeitete. Sie verliebte sich in den damals 24-jährigen Sozialisten. Standesamtlich geheiratet haben sie erst 1915, als sie schon Kinder hatten.

Benito war inzwischen in den Parteivorstand aufgestiegen und hatte als Chefredakteur die Leitung des Hauptparteiblattes, des »Avanti«, übernommen. In zwei Jahren kletterte die Auflage von 28 000 auf über 100 000. Er galt nun als der kommende Mann der Sozialisten. Als Italien im Mai 1915 in den Krieg eintrat, meldete er sich freiwillig an die Front. Er wurde zum Oberfeldwebel befördert und kurz darauf schwer verwundet.

Im Mai 1917 schied er aus dem Heer aus, stürzte sich alsbald wieder in die Politik und gründete den »Fasci di Combattimento« (Kriegsteilnehmerbund), aus dem dann die Faschistische Partei entstand. Er hatte einen Sinn für Inszenierungen und Dekorationen. Von den alten Römern übernahm er sein Herrschaftsemblem, die fasci, das Rutenbündel mit dem Beil. Er führte den »römischen Gruß« und das Kampflied »Giovinezza« (»Jugendlichkeit«) ein. Mal trat er in phantasievoller Uniform mit weißem Federbusch auf, mal mit Barett und schwarzen Troddeln oder mit blanker Brust beim Skilaufen. Außerdem kreierte er die schwarzen Uniformhemden für seine Schlägertrupps. Es folgte der legendäre Marsch auf Rom im Oktober 1922, der ein neues Kapitel in der Geschichte Italiens einleitete: Der Duce war bald das Maß aller Dinge. Er wollte Macht, Macht und noch einmal Macht.

Erstaunlich: Seine Frau misstraute von Anfang an dem neuen Glanz und den Verlockungen der Macht. Auch als sie im römischen Torlonia-Palast wohnte, spielte sie sich nicht als die »Erste Dame« auf, wollte keine Privilegien für ihre Familie und führte ein bescheidenes Leben in großer Zurückgezogenheit. Obwohl sie in Mussolinis »Kampfzeit« eine gläubige Mitstreiterin gewesen war, hielt sie sich bald ganz aus der Politik heraus. Sie warnte ihn allerdings vor falschen Freunden. Eine besondere Abneigung hatte sie gegen faschistische Höflinge. Ihre Hauptaufgabe sah sie darin, sich hingebungsvoll um ihre Kinder zu kümmern.

Wie die meisten Italiener war auch Benito sehr kinderlieb. Aber ein richtiges Familienleben interessierte ihn nicht. Er kümmerte sich auch kaum um Rachele, allerdings versorgte er sie materiell, und wenn er unterwegs war, rief er sie häufig an, um die wichtigsten Neuigkeiten mitzuteilen. Von seinen vielen Liebesabenteuern sagte er ihr nichts.

Seine »Eintagsfliegen«, so der Historiker Giovanni de Luna, waren Gattinnen der Parteibonzen, die Damen der großen Gesellschaft Roms, die ausländischen Journalistinnen, die er »rasch und ohne Gefühlsduseleien« auf der Steinbank vor dem hohen Fenster seines Arbeitsraumes im Palazzo Venezia genommen habe: »Sie waren Eroberungen, die seine Sehnsucht nach viriler Selbstbestätigung befriedigten.«

Nach de Lunas Auffassung gelang es Mussolini mühelos, mit »verschiedenen Frauenmodellen« zusammenzuleben: Seine Ehefrau Rachele war für ihn »Gattin« und »Mutter«, die nur als »sublimiertes Wesen« respektiert und geliebt wurde. Eine Farce: Sie musste fünfzehn Jahre warten, bis er sich bereit erklärte, mit ihr am 29. Dezember 1925 die kirchliche Trauung zu vollziehen. Und noch im fortgeschrittenen Alter, so de Luna, habe sie sich nicht ungefährlichen Schwangerschaften unterziehen müssen, um in den von der »Staatsraison« diktierten »bevölkerungspolitischen Schlachten« ein gutes Beispiel zu geben.

Dass der Duce sie betrog und viele Geliebte hatte, die sich gern seinen Begierden und Launen unterwarfen, blieb Rachele nicht verborgen. Doch den meisten seiner Mätressen maß sie keine große Bedeutung zu, solange diese keinen Einfluss auf ihn ausübten. Dies sollte sich ändern, als sie durch einen Spitzel von einem Verhältnis ihres Mannes mit Margherita Sarfatti, einer Witwe, erfuhr. Sie war Jüdin und früher mit Cesare Sarfatti, einem Anwalt, verheiratet gewesen. Als Mussolini beim »Popolo d'Italia« tätig war, arbeitete sie als Grafikerin für das Hauptsprachrohr der Faschisten. Später leitete sie die faschistische Monatszeitschrift »Gerarchia« und schrieb eine Biografie des Duce.

Über ihr Verhältnis mit dem Diktator wurde viel geklatscht. Unbestritten ist, dass sie einen »gewissen Einfluss« auf ihn hatte. Nach den Beobachtungen seiner engsten Vertrauten spielte sie allerdings nicht die Rolle der leidenschaftlichen Geliebten, sondern befriedigte als Intellektuelle eher seine schöngeistigen Begierden.

Dennoch ging Rachele eines Tages ihr südländisches Temperament durch. In einem Wutanfall soll sie gedroht haben, die »verdammte Jüdin« zu erschießen. Angeblich kaufte sie sich auch eine Pistole und übte sich im Garten im Gebrauch der Waffe. Aber sie beruhigte sich schnell wieder, als Mussolini 1934 die Beziehung mit Margherita Sarfatti abbrach. Nachdem auch in Italien Juden nicht mehr sicher waren, emigrierte seine Mitarbeiterin nach Frankreich und kehrte erst nach dem Krieg zurück. Bevor sie 1961 im Alter von 78 Jahren starb, soll sie angeblich einem ausländischen Interessenten eine große Anzahl von Briefen für über 60 Millionen Lire verkauft haben. Allerdings mit der Auflage, dass die Schriftstücke erst nach ihrem Tod publiziert werden durften.

Clara Petacci wurde 1936 die Geliebte des Duce, nachdem sie sich von ihrem Mann getrennt hatte. »Mit ihr entdeckte er wohl zum ersten Mal so etwas wie authentische Hingabe und Freude am Sex«, schreibt Mussolini-Experte de Luna. »Er brach aus seinem Rollenverhalten als Duce in ›humane‹ Dimensionen durch (...) Ihre gefühlsmäßige Übereinstimmung war sehr stark, und so konnte Mussolini mit dieser ›Liebe‹ einen menschlichen Kontakt ›alla pari‹ herstellen, der tief und dauerhaft war.«

Und der Publizist Paolo Monelli meint: »Vielleicht war es die Öde eines einsam verbrachten Lebens ohne Freunde und Entspannung, vielleicht war es ihre Jugend, ihr damals so lebhafter

Charakter, ihre Lachlust, Schlagfertigkeit und die Bereitschaft, sich zwanglos und in bescheidener, dankbarer Anschmiegsamkeit hinzugeben. Jedenfalls band er sich an das Mädchen mit einer Ungeduld und Zärtlichkeit, mit einer eifersüchtigen und heftigen Leidenschaft, die für ihn neu war.«

Der mächtigste Mann in Italien rief Clara jeden Tag an. Oft zitierte er sie aus heiterem Himmel in seine Privatwohnung im Palazzo Venezia. Geduldig wartete sie dort auf ihn, bis er Zeit für sie hatte. Oft wartete sie vergeblich. Aber sie begnügte sich mit dem Leben einer Schattengeliebten. Dessen ungeachtet wurde sie allmählich unentbehrlich für ihn.

Diese Tatsache führte zu zahlreichen Gerüchten. Ihre Bewunderer sahen in ihr eine »ganz außerordentliche Frau, von ungewöhnlicher Begabung«, dass ein Mann wie der allmächtige Duce an ihr hing. Ihre Feinde nannten sie eine Pompadour, die den Herrscher des »Neuen Römischen Imperiums« verhext habe. Ein Gerücht behauptete, sie sei eine Agentin jüdischer Freimaurer, in deren Auftrag sie Mussolini zugrunde richten sollte. Dann gab es noch die Version, sie handele im Auftrag des Vatikans, der sich dafür rächen wolle, dass Mussolini den Papst in den Lateranverträgen hereingelegt habe. Richtig ist: Clara hat sich nie in die Politik eingemischt. Die 2000 Lire, die sie jeden Monat vom Innenministerium erhielt, verteilte sie an Bedürftige.

Erst im Zweiten Weltkrieg geriet die Mussolini-Geliebte in den Strudel der Politik. Die Lage änderte sich schlagartig, als die Alliierten auf Sizilien landeten. Die Macht des »Duce del Fascismo« war nach 21 Jahren unumschränkter Herrschaft gebrochen. Am 24./25. Juli 1943 wurde er vom »Faschistischen Großen Rat« und von König Vittorio Emanuele III. abgesetzt, kurz darauf in der Villa Savoia verhaftet und an Bord der Korvette »Persefone« zunächst auf die Insel Ponza, eine bekannte Strafkolonie, gebracht. Ganz Italien bejubelte seinen Abgang von der Bühne. Seine Macht und seine Persönlichkeit waren gebrochen. Er hielt sich selbst für erledigt, fühlte sich alt, müde und schwach und konnte nicht verhindern, dass auch Clara wenige Tage später festgenommen wurde.

Durch Veröffentlichungen in der Presse war ihr verschwiegenes Verhältnis zum Duce inzwischen weltbekannt geworden. In reißerischen Schlagzeilen wurde sie als »Dubarry des zwanzigsten Jahrhunderts« und als »Hure, die Kaiserin werden will« bezeichnet. Es war die Rede von Aktfotos und Orgien im Palazzo Venezia. Und dem Duce wurden »Syphilis, Größenwahn und Blutdurst« bescheinigt.

Clara wurde ins Castello der Stadt Novara gebracht, wo Schwerverbrecher aus ganz Norditalien inhaftiert waren. Auf Papierfetzen, die sie auf dem Gefängnishof sammelte, schrieb sie ein Tagebuch über ihre 38-tägige Kerkerhaft.

»Ich hätte niemals geglaubt, Ben, dass ich meine Gespräche mit Dir an diesem schrecklichen Ort fortsetzen würde«, notierte sie am 12. August 1943. »Nach einer halben Stunde in Todesangst vor dem Kasernentor haben sie uns in ein schmutziges Zimmer geführt, das von Ungeziefer wimmelt (…) Alles wird uns abgenommen, Stecknadeln, die Uhr, und wird in Schachteln gelegt zugleich mit unserer Ehre und Menschenwürde …«

Am Mittwoch, den 18. August schrieb sie: »An diesem Morgen habe ich Dich heftig gefühlt, Ben, nahe. Ich hatte eine Stunde zarter Erinnerung. Eine Stunde süßer Wehmut, ich bin Dir dafür dankbar und habe besser die Qual grausamer Stunden hernach ertragen. Ich sehe Dich, ich fühle Dich: Du kannst nicht so enden! Wir werden uns wiederfinden, Du wirst noch siegen und ich werde immer Deine kleine, treue ergebene Gefährtin sein (…) Oder werden sie Dich erschießen, bevor Dich die Deutschen befreit haben? Ich weiß nichts, Gott allein weiß alles, ich weiß nur: Wenn Dich retten für mich hieße sterben, so mögen sie mir das Leben an Deiner statt nehmen. Wenn Du nur gerettet wirst, wenn Du nur zurückkehren kannst auf Deinen hohen Posten, mein Duce, meine einzige Liebe!«

Ihre Stimmung schwankte in den folgenden Tagen zwischen Hoffen und Bangen. Am 19. August notierte sie: »Ich habe vergeblich versucht, ein wenig Ruhe zu finden. Ich schließe die Augen und lebe wieder unser Leben der Liebe und des Kampfes, und ein heftiges Heimweh, eine tiefe Wehmut ergreift mich, schnürt mir die Kehle zusammen, und ich verliere die Empfindung für die grausame Wirklichkeit, um noch grausamer und schmerzlicher zur ihr zurückgerissen zu werden. Denkst Du an mich? Ich weiß nicht, ich verliere Dich immer mehr, das wird mich schließlich umbringen. Was tun sie mit Dir, wohin haben sie dich verschleppt?«

Wie sehr Clara und auch die anderen Gefangenen unter den Haftbedingungen litten, dokumentiert die folgende Tagebuchpassage: »Die Wanzen, die auf dem Eisen spazieren, dicke, schwarze Skorpione mit ihrem drohenden Stachel, die Flöhe, die Hitze (…) Welche Ungerechtigkeit, welches Elend! Die Gefangenen in den Zellen nebenan heulen, singen, pfeifen, schlagen auf die Eisenbetten, um die Wanzen herabfallen zu lassen, die sie dann mit den Füßen zerquetschen – und vom engen Korridor weht Modergeruch herein. Kein Tropfen Wasser. Warum diese Grausamkeit? Es ist seltsam, wie hier alle fromm werden. Man betet viel, betet gemeinsam den Rosenkranz und Litaneien (…) Es strömen Bäche von Schweiß, von Unrat, von Tränen …«

Und immer wieder kreisten ihre Gedanken um Benito: »Hier muss ich zugrunde gehen, nachdem ich mit Dir gelebt habe, Deine Worte gehört, die Seele an Deiner wunderbaren Geistigkeit getränkt (…) Wenn ich daran denke und nur einen Augenblick lang die Möglichkeit mich erschreckt, Dich nicht mehr zu sehen, nicht mehr Deine Stimme zu hören, packt mich eine entsetzliche Angst, mein Atem stockt und ich fühle mich dem

Tode nahe (...) Dann gerate ich in eine tiefe, verzweifelte Schwermut, die Erinnerung an den Strand wird in mir wach, an die Sonne, an Dich, und ich rieche geradezu den Geruch des Salzes, der Wellen, des Sands und der kleinen Krabben, an die wir uns auf den Fußspitzen herangeschlichen haben (...) Aber alle Gedanken sind wie im Meer verlorene Schiffe, die im Nebel nicht den Hafen finden ...«

Am 4. September erreichte ihr Selbstmitleid einen vorläufigen Höhepunkt: »Ich kann nicht mehr. Vergeblich rufe ich alle Nervenkraft auf, alle Reserven in mir, um dem allen Widerstand entgegensetzen zu können, vergeblich suche ich Illusionen, um diesen traurigen Schmerzensort auf Flügeln des Geistes zu entrinnen. Die Nerven versagen. Fieber verzehrt mich, die Gedanken werden stumpf (...) Noch niemals ist es geschehen, dass eine Frau, bloß weil sie geliebt hat, ins Gefängnis geworfen wurde. Niemals ist eine Frau so verfolgt worden, die im Leben eines Mannes etwas bedeutet hat!«

Am 7. September folgte noch einmal eine Liebeserklärung an den Duce: »Wie liebe ich Dich trotz Grausamkeit, Qual, Verzicht und schändlicher Kerkerhaft, die sie mir auferlegt haben, bloß weil ich die Deine gewesen bin und Dich geliebt habe! So wie Du meine einzige Liebe bist, mein Ideal, mein Glaube, meine Religion, so muss ich Deine kleine Geliebte, das angebetete Kind, der bessere Teil Deiner Seele, wie Du mich nanntest, sein. Ja, Ben, möge kommen, was auch immer kommen mag, nichts kann mich von Dir losreißen, ich kann nichts verstehen, was außerhalb von Dir ist. Dieses schreckliche Opfer bringe ich Dir als Brandopfer auf dem Altar meiner Liebe, damit es Dich rette, damit es Dir helfe zu leben (...)«

Clara wusste zu diesem Zeitpunkt nicht genau, wo sich der Duce befand: Auf Anordnung der Regierung Badoglio war er am 6. August von Ponza auf die abgelegenere Insel La Maddalena verlegt worden, einen kleinen Marinestützpunkt bei Sardinien.

Er wurde unter den Schutz des Admirals Brivoneri gestellt, weil man befürchtete, dass die Deutschen ihn befreien würden.

Während Clara in ihrem unterirdischen Verlies quälende Tage verbrachte, wurde der Duce in der Komfortvilla eines Engländers einquartiert. Er konnte sich relativ frei bewegen, durfte private Briefe schreiben und erhielt nachträglich zu seinem 60. Geburtstag von Hitler eine in Leder gebundene Luxusausgabe der gesammelten Werke Nietzsches mit eigenhändiger Widmung des Führers.

Bei seinem Lieblingsphilosophen tankte der gestürzte Diktator neue Energien. Einmal flog ein deutsches Flugzeug in geringer Höhe über die Villa und warf ein Paket für ihn ab. So war es nicht verwunderlich, dass er bald an einen anderen, geheimen Ort verlegt wurde. Am 28. August brachte man ihn mit einem Wasserflugzeug des Roten Kreuzes an den Braccianosee nördlich von Rom. In einem Krankenwagen ging die Reise weiter zu einem Gasthof bei der Talstation der Gran-Sasso-Seilbahn in den Abruzzen.

Aber die Wehrmacht spürte auch dieses Versteck auf. Darauf wurde der prominente Gefangene in das Albergo Campo Imperatore auf dem Gipfel des Gran Sasso gebracht, wo er eine luxuriöse Suite im zweiten Stock bezog. Das Hotel war vorher geräumt worden. Er war der einzige Gast. Ein Zug Carabinieri übernahm seine Überwachung. Der Duce hörte Radio London und erfuhr am 8. September, dass man in den Bedingungen der Kapitulation seine Auslieferung gefordert hatte. Man wollte ihn wie ein gefangenes Raubtier in einem eisernen Käfig zur Schau stellen und von Stadt zu Stadt führen.

Aber London hatte die Rechnung ohne den Führer gemacht. Er ließ Rom durch die Wehrmacht besetzen und beauftragte Hauptmann Otto Skorzeny mit einer geheimen Kommandosache: Eine SS-Sondereinheit sollte den Duce aus seinem Gefängnis auf dem Gran Sasso befreien.

Mit einem Aufklärungsflugzeug erkundete der SS-Mann das schwierige Terrain, dann entwarf er einen kühnen Plan: Zunächst musste die Talstation unter Kontrolle gebracht werden, dann sollten zwölf Segelflugzeuge auf dem Bergplateau landen und hundertzwanzig Fallschirmjäger absetzen, die das Hotel im Handstreich einzunehmen hätten.

Am 12. September gegen Mittag starteten vom deutschen Flugplatz in Pratica di Mare die Segelflugzeuge. Während sie sich dem Bergplateau näherten, besetzten SS-Leute die Talstation, ohne auf Widerstand zu stoßen. Und auch der zweite Teil der Operation lief generalstabsmäßig ab. Die Carabinieri, die den Duce bewachen sollten, flohen Hals über Kopf oder ergaben sich, als die Fallschirmspringer landeten. Kein einziger Schuss fiel.

Skorzeny erklärte dem Duce, dass er ihn auf Hitlers Befehl unverzüglich nach Deutschland bringen sollte, wo der Führer ihn erwarte. Ohne Widerspruch packte Mussolini seine wenigen Habseligkeiten zusammen und stieg in den »Fieseler Storch«. In seinem viel zu langen Mantel und dem schäbigen schwarzen Hut sah er aus wie ein trauriger Clown. Abgemagert, bleich und zitternd am ganzen Körper hatte er nichts mehr von dem großen Triumphator an sich, der einst hoch zu Ross die Paraden abgenommen hatte. Er war jetzt faktisch eine Geisel Hitlers.

Zu diesem Zeitpunkt befand sich Clara noch im Gefängnis von Novara. Fünf Tage später wurde sie ebenfalls von einem deutschen Kommando befreit. Jubelnd notierte sie in ihr Tagebuch: »Schluss, Schluss, Ben! Ich bin frei! Auf dem letzten Stückchen Papier, im großen Saal der Schule auf einem Feldbett, aber einem ganz anderen, schreibe ich dies (…) rede ich mit Dir frei, ohne Gitter, ohne Bewachung, ohne Ketten, ohne Schlüssel, frei. Ich kann das Fenster öffnen, wenn ich will, frei mich bewegen (…) Von Marcello erfuhren wir, dass der Befehl zur Enthaftung schon vor fünf Tagen eingetroffen war, aber die Carabinieri setzten uns nicht in Freiheit, in Erwartung eines Befehls aus Rom, uns zu erschießen. Sie sollten also die Freilassung möglichst lange hinausschieben, um mich als Geisel zurückzuhalten; sie hatten schon alles für das feige Werk vorbereitet. Sie wollten mich im Flugzeug als willkommenes Geschenk diesem Schwein Badoglio schicken, damit er mich hinter Glas für soundsoviel Dollar Eintrittsgeld zeige oder für noch üblere Zwecke. Die Frau des Hauptwachtmeisters, eine bissige Megäre, hatte Leute aufgehetzt, uns das Fortgehen zu vereiteln. Aber eine deutsche Uniform und ein Maschinengewehr kauften ihr schnell die Courage ab. Von einem deutschen Panzerwagen begleitet, sind wir zum Kommando hierher geführt worden.«

In Begleitung des SS-Unterscharführers Franz Spoegler reiste Clara nach Meran, wo der Duce eine Villa für sie reserviert hatte. Hier erfuhr sie die neuesten Nachrichten: Mussolini war inzwischen in München eingetroffen, wo er von seiner Frau erwartet wurde. Hitler hatte seinem italienischen Freund das frühere Prinz-Carl-Palais zur Verfügung gestellt. Am 14. September zitierte er den bankrotten Diktator in die »Wolfsschanze« und zwang ihn, an die Spitze einer neuen faschistischen Regierung zu treten, als Marionette von seinen Gnaden.

»Sosehr er sich auch danach sehnte, sich ganz aus der Politik zurückzuziehen – Mussolini blieb nichts anderes übrig, als sich Hitlers Wünschen zu fügen«, schreibt der englische Historiker Ivone Kirkpatrick. »Er wusste, wie gefährlich es war, sich seinen Plänen zu widersetzen ...« Am 15. September wurde in Rom in einem offiziellen Kommunique bekannt gegeben: »Benito Mussolini hat heute wieder die Führung des Faschismus in Italien übernommen.«

Nach dem Willen des Führers sollte der Duce von Salò am Gardasee aus versuchen, die Herrschaft über Italien wiederzuerlangen. Als Amtssitz bot man ihm die Villa Feltrinelli in Gargagno an, die etwa anderthalb Kilometer nördlich der Stadt in einem Park am Seeufer lag. Nachdem Mussolini dort Quartier bezogen hatte, ließ er in aller Heimlichkeit auch ein »Liebesnest« für seine Geliebte herrichten: Die elegante Villa Mirabella in Gardone, etwa 15 Kilometer von Gargagno entfernt. SS-Leute wurden zu Claras Bewachung abkommandiert.

Der Duce besuchte seine Geliebte häufig. Clara bemerkte seinen allgemeinen körperlichen Verfall. Er war erschöpft und verbraucht, litt unter Magenkrämpfen, unregelmäßigem Blutdruck und nahm fast nur noch Brei zu sich. Mit allen Kräften versuchte sie ihn aufzupäppeln. Sie sammelte Ausschnitte aller Zeitungen, die positiv über ihn berichteten, und legte sie ihm vor. Aber sie konnte seinen inneren Verfall nicht aufhalten. Er schien langsam vor sich hin zu sterben.

Der Frau des deutschen Presscattachés Maddalena Mollier gestand er: »Mit mir ist es aus. Mein Stern ist untergegangen. Ich arbeite zwar noch und gebe mir auch Mühe, doch ich weiß, dass alles nur noch eine Farce ist …«

Tatsächlich gab es nicht mehr viel für ihn in der Salò-Republik zu regieren. Er war ein Instrument Hitlers: Der Vorsteher eines Schrumpfstaates mit einem Marionetten-Kabinett, Phantasie-Ministerien und Sondergerichten. So ließ er am 10. Januar 1944 seinen Schwiegersohn Graf Galeazzo Ciano als »Verräter« zum Tode verurteilen.

Der Diplomat war der Sohn des Admirals und Grafen Constanzo Ciano in Livorno. Er hatte 1930 Mussolinis älteste Tochter Edda geheiratet. Sie hatte ihn auf einer Weltreise in Peking kennen gelernt, wo er als italienischer Konsul tätig war. Bis 1943 war Ciano als Außenminister und Sprachrohr des Duce tätig, dann wurde er auf den Botschafterposten im Vatikan abgeschoben. Später stimmte er als Mitglied des »Faschistischen

Großrates« gegen den Duce und wurde entsprechend als »Verräter« angeklagt.

Als der Prozess gegen Ciano begann, bemühte sich Edda verzweifelt, den Kopf ihres Mannes zu retten. Aber ihr Gnadengesuch rührte den Duce nicht. Darauf beschloss sie, mit ihren Kindern und den Tagebüchern ihres Mannes in die Schweiz zu flüchten. In einem Brief drohte sie ihrem Vater, intime Dinge und Staatsgeheimnisse zu veröffentlichen:

»Duce, bis zum heutigen Tage habe ich vergeblich auf eine Geste der Menschlichkeit oder der Freundschaft von Dir gewartet. Jetzt ist es genug. Wenn Galeazzo nicht binnen drei Tagen als freier Mann Schweizer Boden betritt – die Bedingungen habe ich den Deutschen bereits mitgeteilt –, nehme ich keine Rücksicht mehr und packe aus. Gehst Du auf meine Forderung ein und lässt uns in Frieden, stößt uns auch nichts zu (weder eine plötzliche ›Krankheit‹ noch ein ›Autounfall‹), so wirst Du nichts mehr von uns hören. Edda Ciano.«

Aber ihr Vater blieb hart. Am 11. Januar ließ er seinen Schwiegersohn erschießen. Der Bruch mit seiner Lieblingstochter war endgültig. Sie schrieb ihm einen letzten Brief: »Sie sind für mich kein Vater mehr. Den Namen Mussolini will ich nicht mehr tragen.«

Und auch das nächste Familiendrama war schon vorprogrammiert: Als Rachele erfuhr, dass der Duce sich heimlich mit »der Petacci« traf, forderte sie den örtlichen Polizeichef auf, das Haus ihrer Rivalin zu durchsuchen und kompromittierende Briefe zu beschlagnahmen. Es kam zu einer hässliche Szene zwischen den beiden Frauen, mit Beleidigungen und Handgreiflichkeiten, in deren Verlauf Clara ohnmächtig zusammengebrochen sein soll.

Der Duce hatte solchen Respekt vor seiner resoluten Frau, dass er sich zwei Tage lang nicht nach Hause traute. Aber er wusste auch, dass sie ihm trotz seiner vielen Affären immer wieder verziehen hatte. So kehrte er schließlich reuevoll zu ihr zurück und bat sie um Verzeihung. Eine Scheidung kam nicht in Frage. Inzwischen war auch die Kriegslage für ihn immer schwieriger geworden. Rom war in die Hände der Alliierten gefallen, die deutsche Front wackelte überall und im Führerhauptquartier war die Bombe geplatzt, die Hitler töten sollte. Mussolini glaubte jetzt immer weniger daran, dass der Führer im letzten Augenblick den »Endsieg« durch die Anwendung »teuflischer Waffen« erzwingen werde.

Im April 1945 beschloss er, mit seiner Regierung nach Mailand überzusiedeln. Er packte einige Privatakten zusammen, ein Teil wurde im See versenkt. Dann nahm er im Garten der Villa Feltrinelli Abschied von Rachele. Sie umarmten sich ein letztes Mal, anschließend stieg er in ein Wehrmachtsauto. Eskortiert von einer Begleitkolonne unter dem Kommando von Leutnant Birzer traf Mussolini abends gegen neun Uhr in Mailand ein, der Stadt, von wo aus er einst den Weg zur Macht angetreten hatte.

Als Clara von Benitos Abreise erfuhr, war sie wild entschlossen ihm zu folgen. Ihr Leibwächter, SS-Unterscharführer Franz Spoegler, versuchte sie davon zu überzeugen, dass es für sie sicherer wäre, wenn sie in ihrer Villa in Gardone bliebe. Aber Clara hörte nicht auf ihn. Auch nicht auf die Warnungen ihrer Familie: Sie dürfe ihr Schicksal nicht länger an einen Mann binden, der für so gut wie tot gelte. Dies sei glatter Wahnsinn. Aber nichts konnte ihre fanatische Liebe aufhalten. Noch am gleichen Abend fuhr sie nach Mailand. Sie wollte in der Nähe ihres Geliebten sein.

Der Duce hatte in der Präfektur sein Büro aufgeschlagen. Um ihn scharten sich die letzten führenden Gefolgsleute. Sie schlugen ihm eine Flucht in die Schweiz oder nach Spanien vor. Doch er lehnte alle Rettungsversuche ab. Inzwischen waren die alliierten Streitkräfte in der ganzen Po-Ebene vorgerückt, ohne auf Widerstand zu stoßen.

Am Nachmittag des 25. April verhandelte Mussolini auf Vermittlung von Kardinal Schuster im Erzbischöflichen Palais mit dem Nationalen Befreiungskomitee über einen Kompromissfrieden. Die Vertreter der Partisanen verlangten, dass er innerhalb von zwei Stunden kapituliere. Zu seiner Überraschung erfuhr der Duce bei dieser Unterredung, dass der deutsche General Wolff bereits seit zwei Monaten ebenfalls über das Netzwerk der Kurie mit den Alliierten über eine Kapitulation verhandelt hatte. Die Vereinbarung sollte noch am gleichen Tag unterzeichnet werden. Danach durften alle Deutschen mit ihren Waffen abziehen.

Der Duce wurde bleich. Er hatte nichts von diesen Kontakten gewusst. Er stand wütend auf, verließ den Konferenzraum und fuhr zur Präfektur zurück. Dort schnauzte er den Kommandeur seiner deutschen Leibwächter an: »Ihr General Wolff hat uns verraten.« Mussolini hatte begriffen, dass er nur eine Puppe am Draht Hitlers gewesen war. Jetzt hatte dieser ihn fallen gelassen.

Unverzüglich befahl er: »Alles bereitmachen. Wir fahren nach Como«, und ließ einen Konvoi zusammenstellen, etwa 30 Wagen, darunter zwei gepanzerte mit deutschem Begleitschutz. Dann wurden Geheimdokumente und eine größere Summe Bargeld auf einen Lastwagen verladen. Abends um 20 Uhr war es so weit, die Wagenkolonne rollte aus dem Hof der Präfektur. Unter den wenigen verbliebenen Helfern, die ihn auf seiner letzten Reise begleiteten, war auch Clara Petacci. Er hatte sie gebeten, in Mailand zu bleiben. Sie sollte in einer Klinik als »Kranke« untertauchen und dort die weitere Entwicklung der Dinge abwarten. Sie aber schüttelte den Kopf: »Du musst mich töten. Anders kannst du dich nicht von mir trennen, Ben! Oder ich töte mich selber, wenn du mich von dir stößt.«

Ohne Zwischenfälle traf der Konvoi am nächsten Morgen gegen neun Uhr bei der Präfektur in Como ein. Doch die Lage in der

Stadt war hochexplosiv, überall lauerten Partisanen. Mussolini beschloss, weiter in die Berge zu fahren. Vorher zog er sich in ein Zimmer zurück und schrieb einen Abschiedsbrief an seine Frau: »Liebe Rachele, ich bin jetzt hier an der letzten Station angelangt, die letzte Seite im Buche meines Lebens ist aufgeschlagen. Vielleicht werden wir einander niemals wiedersehen. Daher schreibe ich Dir diesen Brief. Ich möchte Dich um Verzeihung bitten, für all den Schmerz, den ich Dir, ohne es zu wollen, zugefügt habe. Du weißt, Du bist die einzige Frau, die ich jemals geliebt habe. Ich schwöre es Dir in diesem historischen Augenblick bei Gott dem Allmächtigen und bei unserem Bruno. Du weißt ja, dass wir ins Veltlin müssen. Nimm die Kinder und versuch die Schweizer Grenze zu erreichen. Dort kannst Du ein neues Leben anfangen. Ich glaube nicht, dass sie Dir das Asyl verweigern werden, denn ich habe mich ihnen gegenüber stets entgegenkommend gezeigt. Außerdem hast Du ja mit Politik nichts zu tun gehabt. Falls sie Dir aber doch das Asylrecht verweigern sollten, so stelle Dich den Alliierten; vielleicht sind sie großzügiger als die Italiener. Pass auf Anna und Romano auf, besonders auf Anna, die so hilflos ist. Du weißt, wie sehr ich an ihnen hänge. Bruno, Gott hab ihn selig, wird Dir Kraft geben. In herzlicher Liebe zu Dir und den Kindern Dein Benito. Como, den 27. April 1945, im XXIII. Jahr der Faschistischen Ära.«

Der Brief wurde noch in der gleichen Nacht seiner Frau zugestellt. Verzweifelt versuchte sie sofort, telefonisch Kontakt mit ihm aufzunehmen. Die Leitungen waren blockiert. Aber Rachele gab nicht auf und schließlich gelang es ihr, mit Benito zu sprechen.

»Du musst dich in Sicherheit bringen«, flehte sie. Doch alles Zureden half nichts. Er schien sich mit seinem Schicksal abgefunden zu haben: »Es ist alles aus.«

Dann wiederholte er noch einmal seinen letzten Wunsch: Sie solle mit den Kindern in der Schweiz um Asyl nachsuchen.

Am 26. April gegen drei Uhr früh ging die ziellose, verworrene Flucht des Duce weiter. Die Kolonne aus Parteiführern und Sekretärinnen rollte nach Menaggio. In der Stadt wimmelte es von Faschisten, die auf der Flucht waren. Zur selben Zeit tauchte dort auch Elena Curti auf. Sie arbeitete als Journalistin in Mailand. Nur wenigen war bekannt, dass sie die Tochter einer Geliebten des Duce war. Sie wollte sich dem Treck anschließen. Clara war rasend eifersüchtig auf sie. Aber der Duce konnte verhindern, dass es zu einer Szene kam.

Nur wenige Kilometer von Menaggio entfernt stieg er mit seiner Geliebten im Albergo Miravalle ab. Sie saßen im Garten und genossen zunächst die Pause. Doch die Meldungen im Radio wirkten auf die Flüchtlinge alles andere als beruhigend. Das Befreiungskomitee hatte in Mailand die Macht übernommen, von Volksgerichtshöfen und Kriegsgerichten war die Rede. Prominenten Mitgliedern der faschistischen Regierung drohte der Tod. Es gab keinen Fluchtweg mehr. Die Schweizer Grenze war von Partisanen besetzt.

Inzwischen waren 200 Mann einer deutschen Flakeinheit in Menaggio eingetroffen. Mussolini beschloss, sich der Truppe anzuschließen. Unter ihrem Schutz, so hoffte er, könne er sich in die deutsche Militärzone von Meran durchschlagen. Im Morgengrauen des 27. April brach der Konvoi auf. Clara saß neben ihrem Bruder Marcello Petacci, der mit einem gefälschten spanischen Diplomatenpass auf der Flucht war. Auch Elena Curti befand sich in der Kolonne.

Zunächst verlief die Fahrt ohne Zwischenfälle. Die Straße schlängelte sich am Seeufer entlang. Dünne Nebelschleier hingen über dem Wasser, die sich im Licht der aufgehenden Sonne langsam auflösten. Der 27. April versprach ein schöner Tag zu werden.

Plötzlich eine Straßensperre von Partisanen: Der Konvoi stoppte, dann fielen Schüsse, der Panzerspähwagen feuerte zurück.

Nach einem kurzen Schusswechsel ließ der deutsche Kommandant die weiße Fahne hissen und schickte Unterhändler zu den Partisanen.

Ein langes Palaver begann. Aus Dongo traf der Kommandant der 52. Garibaldi-Brigade, Pier Luigi Bellini de Stelle, ein, um mit den Deutschen zu verhandeln. Der deutsche Kommandant erklärte, dass seine Soldaten nicht die Absicht hätten, sich in einen Kampf mit den Partisanen einzulassen. Die Landser wollten nichts anderes als nach Hause, den freien Abzug nach Meran.

Nach sechsstündigen Verhandlungen waren die Partisanen einverstanden und garantierten den freien Abzug unter der Bedingung, dass sie die Fahrzeuge durchsuchen dürften. Der deutsche Kommandant war einverstanden. Aber wie sollte man den Duce durch die Kontrollen schmuggeln?

Mussolinis Leibwächter, Leutnant Birzer, kam auf die Idee, der gestürzte Diktator solle sich als Flakkanonier verkleiden. Er gab ihm einen alten Wehrmachtsmantel und einen deutschen Stahlhelm. Der Faschistenführer hüllte sich in den Mantel, dann kletterte er in einen Wagen. Clara wollte unbedingt neben ihm sitzen. Aber man schickte sie auf ihren Platz zurück, neben ihren Bruder, in einem Wagen am Ende der Kolonne.

Endlich durfte der Konvoi weiterfahren. Gegen 14 Uhr erreichte dieser den Marktplatz von Dongo. Die Partisanen begannen sofort damit, die Fahrzeuge der Reihe nach zu durchsuchen. Schließlich kamen sie an den Wagen, in dem sich Mussolini versteckt hatte. Sie sahen einen scheinbar schlafenden Mann in einer schlecht sitzenden Wehrmachtsuniform, das Gesicht verbunden.

»Lasst ihn schlafen«, sagte ein deutscher Soldat. »Der Mann ist verwundet.«

Aber die Partisanen waren misstrauisch. Einer riss den Schlafenden hoch. Seine Augen starrten ins Leere.

»Madonna«, zischte der Partisane. »Der Duce.«

Mussolini fuhr sich mit der Hand über die Augen, dann löste er langsam den Verband von seinem Kopf und stand auf. Seine Häscher starrten ihn einen Augenblick lang wie ein gefangenes Großwild an. Dann zerrten sie ihn aus dem Wagen und führten ihn durch eine wütend-erregte Menschenmenge zum Rathaus.

»Duce, jetzt wird man dich hängen«, schallte es dem Tyrannen entgegen.

Auch Clara, ihr Bruder und die übrigen faschistischen Funktionäre wurden festgenommen. Im Rathaus ließ sich Mussolini eine Tasse Milchkaffee servieren. Vom Fenster aus beobachtete er, wie die deutsche Kolonne abzog. Er schien ganz gefasst zu sein und sich mit seinem Schicksal abgefunden zu haben.

Da die Partisanen der Auffassung waren, dass Mussolini aus Sicherheitsgründen nicht im Rathaus bleiben könne, brachten sie ihn in die nahe gelegene Zollkaserne von Germasino. Er kam in eine Zelle und erhielt ein Abendessen. Clara blieb in Dongo. Sie war in großer Sorge um ihn und wollte ihn unbedingt sprechen.

Inzwischen war die Festnahme des Duce telefonisch nach Mailand gemeldet wurden. In den Reihen der Sieger begann ein heftiges Hickhack um das Schicksal des prominenten Häftlings. Die Alliierten verlangten seine Auslieferung. Mussolini sollte vor ein Kriegsverbrechertribunal gestellt werden. So war es zwischen dem Komitee für die Nationale Befreiung (CLN) und der Führung der alliierten Streitkräfte vereinbart worden. Die Partisanen von Dongo wollten ihre kapitale »Beute« lieber ihren eigenen italienischen Vorgesetzten überlassen als einem Gericht der Alliierten. Aber das Befreiungskomitee in Mailand war zerstritten und wusste zunächst nicht, wie man den Fall behandeln sollte. Nur die kommunistischen Mitglieder des Komitees waren sich einig: Man wollte sich von den Alliierten nicht das Vorrecht nehmen lassen, mit dem Tyrannen kurzen Prozess zu machen.

»Bedauern, Mussolini nicht ausliefern zu können«, hieß es in einem Telegramm aus Mailand, das um drei Uhr morgens bei den Alliierten eintraf. Ein Volkstribunal habe ihm bereits den Prozess gemacht und ihn hingerichtet. Das Telegramm war freilich eine Täuschung, denn zu diesem Zeitpunkt lebten der Duce und Clara noch.

Die Vollstrecker waren noch nicht am Comer See eingetroffen. Erst am frühen Morgen des 28. April entsandte das linke Befreiungskomitee den Partisanen-Chef Walter Audisio (Deckname »Oberst Valerio«) und den Vizekommandeur der Garibaldi-Brigaden, Aldo Lampredi (Deckname »Guido«), nach Dongo. Offiziell lautete ihr Sonderauftrag, Mussolini und seine Geliebte nach Mailand zu schaffen. Aber in Wirklichkeit war ein ganz anderes Szenario geplant.

Und das Versteckspiel ging weiter, denn die Partisanen von Dongo hatten inzwischen eine nochmalige Verlegung des Duce beschlossen. Mitten in der Nacht wurde Mussolini geweckt. Man teilte ihm mit, man werde ihn zu seiner eigenen Sicherheit in die Villa San Maurizio, drei Kilometer nördlich von Como, bringen. Er kleidete sich an und ließ sich ohne Widerspruch einen Kopfverband anlegen. Jetzt sollte er einen verwundeten Partisanen spielen. Eine junge Widerstandskämpferin sollte ihn als »Krankenschwester« begleiten.

Dann begann der letzte Akt der Irrfahrt. Mussolini nahm seine Aktentasche mit den Geheimpapieren an sich und stieg in einen Wagen. Man brachte ihn zunächst nach Dongo, wo Clara auf ihn wartete. Sie umarmte ihn überglücklich.

Er blickte sie überrascht an: »Warum willst du zu mir?«

»Ich will es eben«, sagte sie.

Clara nahm im ersten Wagen Platz, Mussolini und die »Krankenschwester« im zweiten. Auf der Fahrt in Richtung Como wurde der Konvoi mehrfach von Partisanen gestoppt. Mussolini mimte wieder den Verwundeten. Diesmal mit Erfolg. Er wurde nicht erkannt, man ließ ihn passieren.

Unterwegs erfuhren seine Bewacher, dass in der letzten Nacht eine alliierte Vorausabteilung in Como eingetroffen war. Sie wollten verhindern, dass der Duce den Siegermächten in die Hände fiel. Aber wo gab es in der Gegend ein sicheres Versteck? Einer der Partisanen kannte ein abgelegenes Bauernhaus in Mezzegra. Er schlug vor, den Gefangenen und seine Freundin dorthin zu bringen. Dort sei der Duce geborgen und sicher wie in Abrahams Schoß.

Sie fuhren bis zum Ortsausgang von Azzano. Von hier führte ein schmaler, steiniger Pfad zu dem Bauernhaus. Das letzte Stück mussten der Duce und Clara zu Fuß laufen. Inzwischen hatte es angefangen zu regnen. Clara trug Schuhe mit hohen Absätzen. Mussolini musste sie stützen, damit sie auf dem steilen Weg nicht ausrutschte. Sie waren beide total entkräftet, als sie schließlich das Haus der Familie De Maria erreichten.

Die Partisanen erklärten dem Bauern, dass es sich bei dem Gefangenen um einen Deutschen und seine Frau handle.

Man schenkte ihnen Kaffee ein, dann wurde für sie das Schlafzimmer des Ehepaars im zweiten Stock hergerichtet. Die »Krankenschwester« nahm Mussolini den Verband vom Kopf. Er konnte den penetranten Lysolgeruch des Verbandszeugs nicht länger ertragen. Dann zog er sich mit Clara in die Kammer zurück, bewacht von »Sandrino« und »Lino«, zwei jungen Partisanen. Seite an Seite schliefen der Duce und seine Geliebte ein. In den dreizehn Jahren, seitdem sie sich kannten, hatten sie nur zwölf Nächte zusammen verbracht. Diese dreizehnte Nacht sollte die letzte sein.

Sie erwachten gegen elf Uhr. Die Bauersfrau brachte ein einfaches Frühstück: Warme Milch, Polenta und Wurst. Nach der

Mahlzeit gingen der Duce und Clara nach draußen. Sie setzten sich auf eine Bank vor dem Haus. Es hatte aufgehört zu regnen. Sie sahen, dass tief unten über dem See Nebelschwaden wie über einem Höllenschlund waberten. Dass zu diesem Zeitpunkt das Exekutionskommando bereits auf dem Weg zu ihnen war, ahnten sie nicht.

Valerio und Lampredi waren inzwischen mit einer bewaffneten Eskorte in Dongo eingetroffen und hatten die sofortige Auslieferung des Duce gefordert. Die lokalen Partisanen der 52. Brigade zauderten: Sie wollten Mussolini ordnungsgemäß dem Befreiungskomitee übergeben.

»Davon kann überhaupt keine Rede sein«, erklärte Valerio. »Ich bin hergekommen, um ihn zu erschießen.« Dann machte er sich auf den Weg nach Mezzegra.

Gegen vier Uhr nachmittags vernahmen Mussolini und Clara Motorgeräusche. Sie sahen, wie unten am Berg zwei Fahrzeuge hielten. Einige Männer stiegen aus und kamen den steinigen Pfad empor. Valerio ging auf den Duce zu.

»Meine Leute und ich sind gekommen, um Sie zu retten«, sagte er. »Es ist höchste Eile geboten.«

Mussolini hatte gerade noch Zeit, seine gelbe Aktentasche zu ergreifen, die neben Geld und den diversen Geheimpapieren angeblich auch seine Briefwechsel mit Hitler und Churchill enthielt, sowie Unterlagen über mutmaßliche homosexuelle Neigungen des Thronfolgers, Umberto von Savoyen. Bei der mehrfachen Übergabe der Tasche zwischen verschiedenen Partisanen, einem Priester und einer Bank gingen später die wichtigsten Papiere verloren und von den angeblich 350 Dokumenten blieben nur 27 erhalten.

Der Duce und Clara folgten den Männern zu den bereitstehenden Wagen. Die Fahrt ging in Richtung Mezzegra. Nach etwa anderthalb Kilometern tauchte hinter einer Steinmauer ein Landhaus auf, die Villa Belmonte. Das Haus Nr. 14 der Gemeinde Giulino di Mezzegra gehörte dem pensionierten Ingenieur Nardo Bellini.

Vor dem Anwesen hielt der Fahrer plötzlich an. Valerio riss die Tür auf und zerrte Mussolini und seine Geliebte aus dem Wagen. Sie mussten links neben dem schmiedeeisernen Tor der Villa vor die Mauer treten. Clara klammerte sich an den Duce. Sie hatte plötzlich begriffen, worum es ging.

»Nein, Mussolini darf nicht sterben«, flehte sie.

Valerio hatte schon die Maschinenpistole angelegt. Doch als er abdrückte, klemmte das Schloss der Waffe. Darauf nahm er die Pistole von Lampredi. Wieder Ladehemmung. Wütend ließ Valerio die Waffe fallen und schnappte sich die Maschinenpistole eines anderen Partisanen.

»Zielt aufs Herz«, sollen Mussolinis letzte Worte gewesen sein. »Aus einer Entfernung von drei Schritten schoss ich fünf Kugeln auf Mussolini, der auf die Knie fiel, während sein Kopf auf die Brust sank«, berichtete Valerio später einem Reporter der Parteizeitung »l'Unità«. »Dann war die Petacci dran. Gerechtigkeit war getan.«

Dieses Erschießungsszenario basiert vor allem auf den offiziellen Berichten der kommunistischen Partisanen. Neue historische Erkenntnisse über Mussolinis Ende bieten ein ganz anderes Bild des Geschehens. Glaubt man der Kronzeugin Dorina Mazzola, die jetzt nach über 50 Jahren ihr Schweigen gebrochen hat, dann starben der Duce und seine Geliebte bereits am Vormittag des 28. April 1945 und nicht erst am Nachmittag desselben Tages. Und die Exekution fand nicht vor der Villa Belmonte statt. Mussolini und seine Geliebte waren zu diesem Zeitpunkt bereits tot. Auf die Leichen wurde noch einmal geschossen.

Auf 31 Seiten hat die Zeitzeugin niedergeschrieben, was sie gesehen hat: Wahrer Schauplatz der Exekution war der Hof der Familie De Maria. Die gellenden Hilfeschreie, die Dorina

Mazzola nach den Schüssen auf den Duce vernommen hatte, sprechen dafür, dass Clara Petacci vergewaltigt wurde. Bevor sie von den Partisanen aus dem Haus geführt wurde, soll sie hektisch nach ihrem Slip gesucht haben. Und als ihre Leiche in Mailand ankam, war sie unter dem Rock nackt. Ein Priester erbarmte sich und steckte das Kleid der Toten zusammen.

Gerüchte, dass sich Mussolinis Exekution zwei Tage vor dem Selbstmord seines deutschen Freundes Adolf Hitler anders abgespielt haben könnte, gab es seit langem. Auch darüber, dass Clara Petacci vergewaltigt worden sei. Aber viele Details konnten nicht aufgeklärt werden. Nicht zuletzt weil im Mai 1945 führende Mitglieder der 52. Garibaldi-Brigade, die Mussolini verhaftet hatten, von ihren eigenen Genossen umgebracht wurden.

Nach Donna Mazzolas Schilderung spricht vieles dafür, dass die Männer zum Schweigen gebracht wurden, weil sie Augenzeugen der Vergewaltigung und der ersten wirklichen Exekution waren. Es sollte später keine peinlichen Fragen geben. Ihre Aussagen wären kein Ruhmesblatt für die Widerstandsarmee gewesen. Im Namen der italienischen Resistenza sollte eine ehrenwerte Version der Ereignisse für immer in die Geschichtsbücher eingehen.

Makaber war auch die Odyssee der Leichen. Man warf sie auf einen beschlagnahmten Möbelwagen und brachte sie nach Mailand, wo die Toten zunächst Arm in Arm auf dem Piazzale Loreto, dem »Ort des Nichtvergessens«, hingesetzt wurden. Tausende von Schaulustigen kamen. Mussolinis Augen waren offen, die Lippen halb geöffnet, als ob er noch etwas sagen wollte. Vier Monate zuvor hatten ihm die Massen noch frenetisch zugejubelt, Hüte und Taschentücher geschwenkt. Jetzt ließ die Menge ihre Wut an dem toten Diktator und seiner Geliebten aus.

Um beide besser zur Schau zu stellen, band man ihnen die Füße zusammen und hängte sie mit dem Kopf nach unten wie Schlachtvieh an das fünf Meter hohe Eisengestänge einer Autowerkstatt. Claras linker Arm berührte im Schaukeln den Geliebten. Dann wurden auch die Leichen der anderen in Dongo hingerichteten Parteiführer hinaufgezogen. Die Szene ging als Foto um die Welt.

»Die Resistenza kennt sich in der Geschichte aus«, kommentierte Sergio Luzzatto das Bild. »Das Aufhängen an den Füßen war im Mittelalter das Zeichen höchster Verachtung.« Die Alliierten reagierten mit Abscheu. Auf ihren Befehl mussten die Leichen noch am Abend des gleichen Tages entfernt werden; sie waren unsäglich geschändet. Die Feuerwehr kam und musste die Toten von Spucke und Urin reinigen.

Auch im Tode sollten Benito Mussolini und seine Geliebte Clara Petacci nicht so schnell zur Ruhe kommen. Am Abend des 30. April wurden sie zusammen auf dem Mailänder Musocco-Friedhof in einem Armengrab verscharrt. Mussolini trug nur seine Hosen und Schaftstiefel. Fast ein Jahr lang ruhten er und Clara dort unerkannt und friedlich.

Am 23. April 1946 buddelten drei junge Faschisten Mussolinis Sarg aus. Sie wickelten den bereits stark verwesten Leichnam in eine Zeltplane. Bei dieser grausigen Prozedur vergaßen sie ein Bein samt Stiefel. Dann brachten sie die Überreste in ein Haus außerhalb von Mailand und vergruben den Duce provisorisch in einem Garten.

Die Nachricht vom Diebstahl der Mussolini-Leiche schlug wie eine Bombe ein. Zunächst wurde vermutet, die Grabräuber hätten den Toten ins Ausland geschafft. Die Polizei ermittelte in alle Richtungen. Doch vier Monate später wurden die sterblichen Überreste des Duce in einem Wandschrank des Franziskanerklosters Angelicum in Pavia entdeckt.

Nach den Recherchen der Ermittler hatten die Leichendiebe gleich nach dem Grabraub Kontakt zu kirchlichen Stellen aufgenommen. Unter dem Siegel des Beichtgeheimnisses waren die beiden Franziskanerpatres Zucca und Parini bereit gewesen, den Leichnam zu verstecken.

Als die Polizei auf ihre Spur kam, beriefen sie sich auf ihr Beichtgeheimnis und wollten zunächst nicht verraten, wo sie die Leiche in ihrem Kloster versteckt hatten. Pater Zucca kam in Untersuchungshaft. Erst nachdem der Vatikan der Auflösung des Beichtgeheimnisses zugestimmt hatte, erklärten sich die Patres zur Aushändigung des Leichnams bereit. Bedingung: Die Regierung sollte schriftlich eine geheime und »christliche Beisetzung« garantieren.

Nachdem die Formalitäten geklärt waren, wurden die sterblichen Überreste des Duce am 13. August 1946 dem Polizeipräsidenten von Mailand in einem kaum 70 cm langen Holzkoffer übergeben. Das vergessene Bein hatte man dazugepackt.

Die irdische Hülle des Duce wurde dann unter strengster Geheimhaltung im Kapuzinerkloster Cerro Maggiore beigesetzt. Die italienische Regierung hatte immer noch Angst vor dem Nimbus des Toten, der für Millionen Italiener Macht und Potenz verkörpert hatte. Sie verweigerte die Herausgabe der Leiche an die Familie.

Donna Rachele bat lange vergeblich darum, ihn auf dem Friedhof seiner Heimatstadt Predappio beisetzen zu dürfen. Nach Mussolinis Tod hatte sie versucht, mit den Kindern in die Schweiz zu entkommen. Sie wurde jedoch von ihren Kindern getrennt und in Terni interniert. Später lebte sie auf Ischia, wo sie ein Café betrieb. Erst nach Jahren kehrte sie in die heimatliche Romagna zurück. Ihr jüngerer Sohn Romano machte sich einen Namen als Jazzpianist. Tochter Maria sympathisierte mit den Neofaschisten.

Im August 1957, zwölf Jahre nach Mussolinis Tod, erreichte Donna Rachele schließlich die Freigabe der sterblichen Überreste ihres Mannes und ließ sie in der Familiengruft auf dem

Friedhof von San Cassiano zur letzten Ruhe betten, wo auch Mussolinis Sohn Bruno beerdigt ist. Es war der letzte Wille des Duce, hier bestattet zu werden. Nicht verhindern konnte die Witwe, dass Mussolinis Gehirn in einem Mailänder medizinischen Institut unter Formalin aufbewahrt wird. Weitere zehn Gramm davon befinden sich seit Mai 1945 im Elizabeth-Hospital in Washington.

In den Nachkriegsjahren kämpfte Donna Rachele mit Erfolg um den Privatbesitz des Diktators und um eine Pension. 1949 erschienen ihre Erinnerungen unter dem Titel »Mein Leben mit Benito«. Für die Historiker hatten die Aufzeichnungen keinen besonderten Quellenwert. Donna Rachele starb am 30. Oktober 1979 im Alter von 89 Jahren. Den Duce hatte sie um mehr als 34 Jahre überlebt.

An Clara Petacci erinnert ein kleines Marmorkreuz mit ihrem Namen und dem Datum ihres Todes: Es steht vor der Villa an der Straße von Azzano, wo sie nach offiziellen Angaben erschossen wurde.

IX. Die Lolita

Geli Raubal: Hitlers Nichte

»Mein Onkel ist ein Ungeheuer. Kein Mensch kann
sich vorstellen, was er mir zumutet ...«
Geli Raubal

»Es gibt doch nichts Schöneres, als sich ein junges Ding zu
erziehen: ein Mädel mit 18, 20 Jahren ist biegsam wie Wachs.
Einem Mann muss es möglich sein, jedem Mädchen seinen
Stempel aufzudrücken. Die Frau will auch nichts anderes!«
Adolf Hitler

Es lag was in der Luft. In München herrschte Föhn und direkt hinter den Türmen der Frauenkirche schien sich die Zugspitze zu erheben. Der warme, trockene Fallwind, ursprünglich lateinisch *favonius* (Frühlingswind) genannt, beschert zwar eine gute Fernsicht, sensiblen Menschen aber auch Kopfschmerzen und Nervosität.

Adolf Hitler war nervös an diesem Freitag, dem 18. September 1931, als er kurz vor 15 Uhr seine luxuriöse 9-Zimmer-Wohnung am Prinzregentenplatz Nr. 16 verließ und zu seinem auf Hochglanz polierten schwarzen 100-PS-Kompressor-Mercedes ging, der vor dem Haus wartete. Der Wagen war ein Geschenk der weltberühmten Automobilfirma an den »Führer«.

Hitler nahm neben dem Fahrer in dem offenen Mercedes Platz. Und während er sich die lederne Autokappe aufsetzte, blickte er zum Balkon in der zweiten Etage hinauf, auf dem eine junge Frau stand. Sie entsprach keineswegs dem blonden, nordischen Frauentyp der Nazis. Sie sah eher wie eine Jüdin aus. Sie war groß, schlank, hatte rehbraune Augen und dazu dichtes, nahezu schwarzes Haar.

Sie beugte sich über die Brüstung und lächelte ihm zu, aber es war eher ein gequältes Lächeln. Geli, so lautete Hitlers Kosename für die junge Frau, war 19 Jahre jünger als er und seine Nichte: Angela Maria Raubal, die Tochter seiner Stiefschwester. Hitler war Gelis Vormund und sie sollte die einzige Frau sein, von der er später behauptete, er hätte sie gerne geheiratet.

Er winkte Geli ein letztes Mal zu, dann gab er seinem Fahrer das Zeichen zur Abfahrt. Der schwarze Mercedes rollte durch den vornehmen Stadtteil Bogenhausen und verließ München in Richtung Nürnberg.

Hitler wirkte angespannt auf seine Begleiter. Der Fotograf Heinrich Hoffmann fragte besorgt: »Mein Führer, fühlen Sie sich nicht wohl?«

»Es ist der verflixte Föhn«, antwortete Hitler. »Er macht mich ganz krank und unruhig. Ich habe plötzlich ein Vorgefühl, als ob etwas Schreckliches passieren würde …«

Sie fuhren bis Nürnberg und Hitler übernachtete wie stets im Hotel »Deutscher Hof«. Am nächsten Tag verließ er die Stadt in Richtung Bayreuth. Aber unterwegs wurde der Führerkonvoi von einem Taxi eingeholt. Ein Hotelangestellter signalisierte Hitlers Fahrer, Julius Schreck, anzuhalten: Er habe einen dringenden Anruf aus München erhalten. Der »Führer« solle sofort zurückrufen.

Am Telefon erfuhr Hitler, man habe Geli angeschossen in seiner Wohnung aufgefunden. Er ließ sofort wenden und wies seinen Fahrer an, »so schnell wie möglich« nach München zurückzufahren. Mit welcher Geschwindigkeit dies geschah, steht in einer Strafanzeige, die Hitlerforscher Anton Joachimsthaler entdeckte. Danach geriet Hitler in Ebenhausen, Bezirk Ingolstadt, mit seinem Wagen in eine Polizeikontrolle:

»Am 19. September 1931, nachm. 13.37 Uhr«, notierte Hauptwachtmeister Probst, fuhr Hitlers Mercedes, polizeiliches Kennzeichen II A-19357, mit einer »Stundengeschwindigkeit von 55,3 km durch die geschlossene Ortschaft Ebenhausen, Bezirksamt Ingolstadt«, in Richtung München – fast doppelt so schnell wie es erlaubt war: »Die Geschwindigkeit wurde von zwei Beamten mit Stoppuhren festgestellt.«

Als Hitler nachmittags in seiner Wohnung eintraf, kam er zu spät: Geli war bereits tot. Man hatte sie ins Leichenschauhaus gebracht. Die Polizeidirektion München hatte inzwischen folgende Fakten ermittelt:

Der tödliche Schuss fiel am 18. September um ca. 17 Uhr. Die Kugel traf Geli oberhalb des Herzens. Es handelte sich um einen Nahschuss, der im Ausschnitt des Kleides unmittelbar auf der Haut angesetzt war. Abgefeuert aus einer Walterpistole 6,35 mm, der Waffe Adolf Hitlers.

Hitlers Nichte war 23 Jahre alt, als sie starb. Sie war Engel und Lolita zugleich. Sie flirtete gern, und nicht nur die jungen Männer ihres Alters verliebten sich reihenweise in sie. Auch Hitler war in Geli verliebt, und sie diente dem 19 Jahre älteren Onkel mit der Peitsche sogar als Aktmodell. Nicht zuletzt aus diesem Grund entstanden damals jene Spekulationen über Hitlers angeblich abnormes Sexualleben und sein tödliches Spiel mit den Frauen. Die Akte Geli ist zwar geschlossen, aber fast 70 Jahre nach ihrem Tod gibt es immer noch ungelöste Fragen.

Angela Maria Raubal wurde am 4. Juni 1908 in Linz geboren und war die Tochter von Hitlers sechs Jahre älterer Halbschwester Angela Raubal, geborene Hitler. Geli hatte einen um zwei Jahre älteren Bruder, Leo, und eine jüngere Schwester, Elfriede. Der Vater, ein Steuerbeamter, verstarb 1910.

Hitler kannte Geli aus der Zeit, als sie noch ganz klein war. Als junger Mann war er öfters im Hause Raubal in Linz zu Besuch gewesen. Aber er hatte keine gute Erinnerung daran. Ihr Vater hatte ihn stets geringschätzig behandelt und für seine künstlerischen Ambitionen nur Spott und Hohn übrig gehabt.

Im Juli 1924 sahen sich der Onkel und die Nichte wieder. Geli war jetzt 16, schlank und groß und ihr ovales Gesicht mit den hohen Wangenknochen verriet den slawischen Vater. Mit Mutter und Bruder fuhr sie nach Landsberg, wo Hitler nach seinem Putsch inhaftiert war.

Ein Jahr später besuchte sie ihn wieder in München auf einem Schulausflug. Der »Führer« war inzwischen aus der Haft entlassen und Geli hatte am Linzer Akademischen Gymnasium die Reifeprüfung abgelegt. Als Deutschthema wählte sie: »Drei Gnaden gab uns Gott in dieser Welt der Not: Ideal, Liebe und Tod.«

Eine symbolhafte Wahl, wie sich herausstellen sollte: Denn Liebe und Tod standen später über der explosiven Onkel-Nichte-Beziehung. Henriette Hoffmann, die Tochter von Hitlers Leibfotograf, beschrieb Geli als ein großes, heiteres und selbstbewusstes Mädchen: »Ihr Reiz war nicht fotografierbar, keines der Bilder, die mein Vater von ihr gemacht hat, gab ihn wieder. Sie hatte, was Hitler an Frauen schätzte ...«

Geli war stolz auf ihr dunkelbraunes offenes Haar und ihren Wiener Akzent. Sie besaß eine erotische Ausstrahlung, war fröhlich und lebenslustig und scherte sich nicht um Konventionen.

Schon bei ihrem ersten Aufenthalt in München wurde sie von ihrem Onkel wie ein Starlet behandelt. Während ihre Mitschüler auf verschiedene Quartiere verteilt wurden, brachte er seine Nichte in der luxuriösen Villa der Verlegerfamilie Bruckmann unter.

Im März 1927 bat Hitler seine Halbschwester, die Witwe Raubal, ihm in seinem Wochenendhaus »Wachenfeld« auf dem bayrischen Obersalzberg bei Berchtesgaden den Haushalt zu führen. Geli traf im Herbst in München ein, wo sie sich an der Universität als Studentin der Medizin immatrikulierte.

Sie wohnte zunächst in der Pension »Klein« in der Königinstraße 43. Nach kurzer Zeit brach sie das Medizinstudium ab und begann 1929 eine Gesangs- und Musikausbildung. Damit traf sie voll den musikalischen Nerv ihres Onkels. Hitler war von Wagner-Musik besessen, Bayreuth war sein musikalisches Mekka, und er ließ keine Gelegenheit aus, eine Opernaufführung zu besuchen. Auch besaß er die Mittel, um Gelis Unterricht zu finanzieren. Die Mutter hätte von ihrer kleinen Rente die Ausbildung nicht bezahlen können.

Zunächst wurde der Kapellmeister Adolf Vogel engagiert. Er hatte schon die Stimme der weltberühmten Bertha Morena ausgebildet, die Hitler bewunderte. Nachdem Vogel sich eine

Weile mit Geli ergebnislos abgemüht hatte, wurde als neuer Lehrer Hans Streck gewonnen. Aber auch Streck musste einsehen, dass er aus der Linzerin keine Wagner-Interpretin machen konnte, wie es sich Hitler offenbar erhofft hatte.

»Geli ist zweifellos die faulste Schülerin, die ich je gehabt habe«, erzählte Streck Hitlers Auslandspressechef Ernst Hanfstaengl. »Und täte ich es nicht auch Hitler zuliebe, so hätte ich sie längst hinausgeworfen. Die halbe Zeit ruft sie an und sagt, sie könne nicht kommen, und wenn sie mal erscheint, dann kommt sie ungeübt und profitiert von der Stunde so gut wie nichts. Ich bewundere nur Hitlers unglaubliche Nachsicht, mit der er Monat für Monat das Honorar für das Mädchen hinauswirft, ohne ein Ergebnis zu ernten. Und dass er sich gelegentlich wie ein verliebter Schulbub in meine Wohnung stiehlt, um heimlich von der Diele aus ihren stümperhaften Leistungen zu lauschen, das ist doch nicht normal …«

»Es gibt doch nichts Schöneres, als sich ein junges Ding zu erziehen«, erklärte Hitler in der Nacht vom 25. auf den 26. Januar 1942 in der »Wolfsschanze«. »Ein Mädel mit 18, 20 Jahren ist biegsam wie Wachs. Einem Mann muss es möglich sein, jedem Mädchen seinen Stempel aufzudrücken.«

Da lebte das »süße Wiener Mädel« (Ernst Hanfstaengl) nicht mehr. Aber getreu diesem Spruch hatte Hitler 13 Jahre zuvor versucht, Geli seinen Stempel aufzudrücken. Er betrachtete sie als sein »Spielzeug«. Einerseits hat er sie verwöhnt, andererseits eskalierte seine »Fürsorge« immer mehr zu Reglement und Zwang, eine Beziehungskrise war unausweichlich.

Zunächst war es aber Geli, die ihn mit ihrer süßen Jugend und ihrem Charme um den Finger wickelte. Viele Wochenenden verbrachte Hitler mit ihr in seinem Landhaus »Wachenfeld«. Hier feierte sie ihren 21. Geburtstag. Ein Foto zeigt sie zusammen mit ihrer Mutter am festlich geschmückten Tisch. Vor der Torte mit den Kerzen hockt eine große schwarze Bergdohle.

255

Geli hatte das Tier mit einem gebrochenen Flügel gefunden, gesundgepflegt und dressiert.

Ungezwungen ging es auch bei Hitlers Picknickausflügen an den Chiemsee zu. Emil Maurice steuerte den offenen, komfortablen schwarzen Mercedes. Hitler saß immer neben ihm. Der Chauffeur und sein Chef waren meistens zünftig gekleidet: Lederhose, weiße Leinenhemden, ausgeblichene hellblaue Leinenjanker mit Hirschhornknöpfen.

Parteifotograf Heinrich Hoffmann und Adjutant Wilhelm Brückner saßen auf den mittleren Autositzen. Hinten auf den Rücksitzen drängten sich die Mädchen: Geli, Henriette Hoffmann, die Spitzenschwimmerin Annie Rehborn sowie Hitlers Sekretärin Christa Schroeder. Der Mode entsprechend trugen sie im Sommer eng anliegende weiße Kappen aus Leinen, im Winter aus braunem Leder.

Henriette Hoffmann hat die ausgelassenen Waldpartys des späteren Diktators beschrieben. Während Maurice am Seeufer einen Grill baute oder seine Gitarre aus dem Kofferraum holte und irische Volkslieder sang, entfernten sich die Mädchen zu einem hinter Büschen versteckten Badeplatz: »Wir schwammen nackt und ließen uns von der Sonne trocknen; wir hatten den Ehrgeiz, ganz braun zu werden. Einmal setzte sich ein Schwarm von Schmetterlingen auf die nackte Geli.«

Derweil meditierte der »Führer« unter den Tannen und las Leo Trotzkis Lebensbeschreibungen. Oder er spazierte mit nackten Füßen im seichten Wasser umher. Er schwamm nie und meinte, das Foto von Reichspräsident Friedrich Ebert in der Badehose habe wenig zu dessen Popularität beigetragen.

Manchmal raste Hitlers Partygesellschaft im offenen Mercedes durch die Sommernächte. Auf seinen Wunsch schaltete Maurice dann den Kompressor ein und es wurde Vollgas gefahren. Einmal kamen sie im bayrischen Oberland in ein Dorf, wo junge Männer und Mädchen nach altem Brauch ein Johannisfeuer angezündet hatten. Einer der Burschen packte Geli an der Hand und forderte sie auf, mit ihm über die Flammen zu springen.

Hitler war von der Mutprobe seiner Nichte wenig erbaut. Jedenfalls konnte er seine Eifersucht nur schwer verbergen und drängte unverzüglich zum Aufbruch. Aber Geli war kein Kind von Traurigkeit und ging auch anderen Männerbekanntschaften keineswegs aus dem Weg.

Hitlers Leibwächter, der smarte, dunkelhaarige Maurice mit dem kleinen Bärtchen, hatte längst ein Auge auf das sinnliche Mädchen geworfen. Noch 40 Jahre später schwärmte er: »Sie war eine Prinzessin, nach der sich die Leute auf der Straße umdrehten (...) Gelis Augen waren Gedichte (...) Sie hatte wunderschönes schwarzes Haar, auf das sie sehr stolz war.«

Maurice stammte aus einer alten Hugenottenfamilie und begleitete Hitler seit 1921. Selbst Gerüchte, dass er jüdische Vorfahren habe, hatten ihre Freundschaft nicht beeinträchtigt. Der gelernte Uhrmacher zählte zu Hitlers seltenen Duzfreunden und war als Mitglied der »Stabswache« und des »Stoßtrupps Hitler« ebenfalls am Putsch 1923 beteiligt. Er verbrachte neun Monate in der Festung Landsberg. Nach der Entlassung war er als Fahrer des Führers tätig.

Aber Maurice diente Hitler nicht nur als Chauffeur, sondern in der so genannten »Kampfzeit«, den Anfangsjahren der Partei, auch als »Damenbeschaffer«. Da führte der böhmische Gefreite am Rande des Künstler- und Akademikerviertels von Schwabing ein bizarres Bohemien-Leben.

Fast immer wurde der »Führer« von einem großen Hund namens »Wolf« begleitet sowie von einer gut geschulten Gorillatruppe aus Viehhändlern, Chauffeuren, Rausschmeißern und ehemaligen Berufssoldaten. Zu dieser Truppe zählte auch eine junge, attraktive Frau, die nach seiner Peitsche tanzte: Jenny Haug, die schlanke, grazile Schwester seines ersten Fahrers.

Hitler hatte sie in dem Spielwarengeschäft Koller im »Rosenthal« kennen gelernt. Sie galt bei seinem Begleitkommando eine Zeit lang als seine »Braut« und als seine zu allem entschlossene Leibwächterin. Sie konnte mit der Pistole und den Fäusten umgehen.

Lange bevor Bonnie und Clyde als das meistgesuchte Gangsterpärchen in Amerika gejagt wurden, streiften Adolf und Jenny im ähnlichen Stil nächtelang durch das Münchner Avantgarde-Viertel. Zum Beweis ihrer Entschlossenheit waren beide bewaffnet. Er trug in der Gesäßtasche eine kleine Walter-PKK-Pistole vom Kaliber 6,35; sie eine Waffe im Schulterhalfter.

Hitler hatte den Ruf, ein trainierter Schütze zu sein. Man nannte ihn einen »Zwölferschützen«, auf den im Ernstfall Verlass sei. Auch Jenny hielt sich mit Schießübungen fit und hatte den Finger leicht am Abzug. Gemeinsam hatten sie auch ihre Vorliebe für schnelle Autos.

Eine Zeit lang wurde in München kolportiert, den Naziboss und die Revolver-Lady verbinde mehr als nur ihre Autoleidenschaft, und bei dem Juwelier Fueß in der Corneliusstraße habe ihnen ein »Liebesnest« zur Verfügung gestanden.

Paradox: Bis zu seiner Entlassung aus der Münchner Kaserne im April 1920 hatte Hitler in einer Männerwelt gelebt und war erotischen Beziehungen zu Frauen aus dem Weg gegangen. Sein Verhaltensmuster gegenüber dem weiblichen Geschlecht war von einem distanzierten und künstlichen Verhältnis geprägt. Erst in den 20er Jahren versuchte er sein sexuelles Defizit hektisch zu verbessern.

Wenn er nicht in der *Carlton-Teestube* ein halbes Dutzend Mohrenköpfe verschlang, ging »Herr Wolf« auf die Pirsch. Emil Maurice war bei den Jagdszenen dabei und hat das Ritual beschrieben: »Zusammen folgten wir manchmal den Mädchen. Ich war wie sein Schatten.«

Hitlers Jagdrevier waren abends die Straßen und Plätze München. Der smarte Maurice musste für ihn den Aufreißer spielen und nach attraktiven Mädchen Ausschau halten. Dann erst trat Hitler auf den Plan und lud die Eroberungen in seine »Wolfshöhle« ein. Er wohnte damals in einem düster wirkenden Haus bei der Witwe Reichert in der Thierschstraße 41 als Untermieter. Das Zimmer war spärlich möbliert und nicht viel größer als eine Gefängniszelle.

Maurice: »Er schenkte ihnen immer Blumen, auch wenn er völlig blank war. Die Tänzerinnen vom Ballett hatten es uns besonders angetan.«

Einer, der die Gier Hitlers nach gut gewachsenen jungen Mädchen beobachtete, war auch sein späterer Kammerdiener Heinz Linge: »Hitler sah gern flotte Revuen, in denen schlanke, temperamentvolle Tänzerinnen auftraten, die ihren guten Wuchs und ihre schönen Beine zeigten. Solche Vorführungen regten gewiss nicht nur sein künstlerisches und ästhetisches Gefühl an. Er glich in diesem Punkt den meisten Männern.«

Linge und Maurice berichteten auch, dass Hitler manchmal die Kunstakademie in München aufsuchte, um die Aktmodelle zu bewundern, die hier ihr Geld verdienten. Bei diesen Gelegenheiten habe sich Hitler »Herr Wolf« genannt und sich völlig ungezwungen bewegt wie schon in den Wiener Ateliers.

Linge: »Er bestand gegenüber den Schülern und Schülerinnen der Akademie darauf, dass jede einzelne Körperlinie des Modells aufs äußerste natürlich gezeichnet wurde. Dann wurde ihm das Mädchen – noch immer im Evaskostüm – vorgestellt, und er unterhielt sich längere Zeit mit ihr.«

Auffallend war Hitlers Sucht nach minderjährigen Mädchen. Wie sein Vater Alois bevorzugte er die ganz jungen Frauen. Und sie waren eine leichte Beute für ihn. So auch seine Nichte Geli, die er in den Tod trieb.

Aber zunächst spielte er den Heiratsvermittler und versuchte

Geli an Maurice zu verkuppeln. »Ich komme jeden Tag zu euch zum Essen, wenn du heiratest«, sagte er.

War er wirklich so ahnungslos und nicht im Bilde, dass sein Leibwächter und die Nichte zu diesem Zeitpunkt bereits ein Liebespaar waren? Oder waren beide nur willenlose Werkzeuge in seinen heimlichen Plänen?

Zwischen den Verliebten war es bereits mehrfach zu eifersüchtigen Szenen gekommen, weil Geli auch anderen Männern schöne Augen machte. Als Maurice sie einmal bei einem Flirt mit einem Studenten erwischte, bekam der Nebenbuhler seine Fäuste zu spüren.

Jedenfalls muss Maurice des »Führers« Heiratsdirektiven falsch interpretiert haben. In der Annahme, Hitlers Plazet für eine Heirat mit Geli zu haben, zögerte er nicht länger: »Ich folgte schließlich seinem Wunsch und bat Geli – nur sie kam für mich in Frage –, meine Frau zu werden. Wie alle war auch ich wahnsinnig in sie verliebt – und sie nahm freudig an.«

Aber als Maurice seinem Chef von der Verlobung mit Geli berichtete, lief der Diktator fast Amok. Dem Parteifotografen Hoffmann schilderte der Chauffeur später die Szene so: »Nie habe ich ihn in so einem Zustand gesehen. Er griff mich an ohne jeden Grund, ich glaube ernstlich, er wollte mich in diesem Augenblick erschießen.«

Der Zeitpunkt für Hitlers Abrechnung war gekommen. In inquisitorischer Weise diktierte der strenge Vormund der 19-jährigen Geli und ihrem fast 30-jährigen Freund die Bedingungen für ihre Liebe: Die Verlobung wurde annulliert. Man vereinbarte eine zweijährige Probezeit bis zu Gelis Großjährigkeit und eine strikte Geheimhaltung der Beziehung. Geli musste ihr sturmfreies Quartier in der Pension Klein räumen. Sie kam vorübergehend in »Liebesquarantäne« im Haus von Elsa Bruckmann, geborene Fürstin Cantacuzene. Sie musste sich verpflichten, ihr Studium fortzusetzen. Keine heimlichen Rendezvous mehr. Unter den wachsamen Augen von Frau Heß, die als Anstandsdame engagiert wurde, sollte Geli lernen, ihre Leidenschaft zu zähmen.

Sie und ihr Verlobter akzeptierten das Verdikt. Von diesem Zeitpunkt ab war Geli praktisch Hitlers Gefangene. Weihnachten 1927 schrieb sie ihrem Geliebten:

»Mein lieber Emil! Drei Briefe hat mir der Postbote von Dir schon gebracht, aber noch nie habe ich mich so gefreut wie über den letzten. Vielleicht ist der Grund darin zu sehen, dass wir in den letzten Tagen so viel Leid erlebt haben. Ich habe in diesen zwei Tagen so viel gelitten wie nie bisher. Aber es musste so kommen und es war bestimmt gut für uns beide. Ich habe jetzt das Gefühl, dass uns diese Tage verbunden haben für immer. Über eines müssen wir uns klar werden. Onkel Adolf verlangt, dass wir zwei Jahre warten. Bedenke, Emil, zwei volle Jahre, in denen wir uns nur hier und da küssen dürfen und immer unter der Obhut O. A. Du musst arbeiten, um für uns beide eine Existenz zu schaffen, und dabei dürfen wir beide uns nur in Gegenwart anderer sehen (...) Ich kann Dir nur meine Liebe geben und Dir bedingungslos treu sein (...) Ich hab Dich ja so unendlich lieb ...«

An anderer Stelle schrieb Geli über ihren strengen Vormund: »Onkel Adolf verlangt, ich soll weiterstudieren (...) Onkel A. ist jetzt furchtbar nett. Ich möchte ihm gerne eine große Freude machen, weiß aber nicht womit (...) Onkel A. sagt aber, unsere Liebe muss vollkommen geheim sein (...) Ich glaube, ich werde restlos glücklich sein. Ob wir uns erst abends beim Christbaum sehen oder vielleicht schon im Laufe des Nachmittags. Lieber, lieber Emil, ich bin ja so glücklich, dass ich bei Dir bleiben kann. Wir werden uns oft sehen und auch oft allein, hat mir Onkel A. versprochen. Er ist ja goldig. Stell Dir nur vor, wenn ich jetzt in Wien sitzen würde. Ich hätte nie von Dir auf lange Zeit fortkönnen. Ich kam mir in Wien so verlassen vor, obwohl meine Mutter in Wien ist. Du wärst ja hier in München geblieben. Und das verdanke ich hauptsächlich der Frau Heß. Anfangs habe ich mich gesträubt, dass sie zu mir kommen soll. Aber als sie bei mir war, war sie so lieb, sie war der einzige Mensch, der glaubt, dass du mich wirklich liebst, und aus diesem Grund habe ich sie lieb gewonnen. Hoffentlich bekommst Du den Brief heute abends. Viele Grüße von Deiner Geli. Ich freue mich schon.«

Kabale und Liebe: Nach außen hin tat Maurice weiter Dienst, als wäre nichts geschehen. »Aber jetzt unter Begleitumständen«, so Ernst Hanfstaengl, »wie sie dieser jahrelange Begleiter und Mithäftling Hitlers in den Landsberger Tagen zweifellos nicht verdient hatte.« Die ehemals »besten Freunde«, Maurice und Hitler, gingen sich aus dem Weg.

Hinter den Kulissen der Partei trieb der »Chef« das Ränkespiel weiter. Für Zeitzeugen aus Hitlers Umgebung war die Taktik in diesem Intrigenstück klar zu erkennen. Der Machtmensch wollte seinen langjährigen Schatten und Landsberger Mithäftling allmählich mürbe machen. Die perfide Rechnung sollte aufgehen. Hanfstaengl berichtete: »Durch bewusst schlechte Behandlung, die sich bis zur Verweigerung und Verschleppung von Lohnzahlungen steigerte, wurde Maurice so lange schikaniert, bis er von sich aus die Konsequenzen zog.«

Als Hitler ihn aufforderte, entweder sofort die Verlobung zu lösen oder seinen Dienst zu quittieren, weigerte sich Maurice. Darauf wurde er Ende 1927 fristlos entlassen. Hitler verbannte seinen Intimus aus der Partei, entzog ihm alle Ämter. Maurice verklagte den Parteichef im April 1928 auf Lohnfortzahlung von 3000 Reichsmark beim Arbeitsgericht München und erstritt sich eine Abfindungssumme von 500 Reichsmark. Mit dem Geld machte er sich als Uhrmacher in München selbstständig. Später erteilte Hitlers seinem Ex-Chauffeur allerdings

Dispens. Der 1933 zum Münchner Stadtrat aufgestiegene Duz-freund durfte bei der SS weiter Karriere machen.

Für Maurice war zu diesem Zeitpunkt klar, dass Geli für Hitler mehr als nur eine Nichte war, die er in »Vaterliebe« zu erziehen vorgab: »Er liebte sie, aber es war eine seltsame, uneingestandene Liebe. Hitler war viel zu stolz, um die Schwäche dieser seiner Leidenschaft einzugestehen.« Später heiratete Maurice. Über seine Ex-Geliebte sagte er: »Sie hätte mich in den Abgrund gezogen.«

Engen Parteifreunden gegenüber verteidigte Hitler damals hartnäckig seine besitzergreifende Form der Bindung an Geli und den Rausschmiss seines Chauffeurs. »Ich liebe sie«, soll er dem Fotografen Hoffmann anvertraut haben. »Aber ich glaube nicht an die Ehe. Ich behalte mir das Recht vor, über Geli zu wachen, bis sie einen Mann nach meinem Geschmack findet.«

Anni Winter, seine Haushälterin, erklärte: »Er wollte nur ihr Bestes, Geli war ein leichtsinniges Mädchen und probierte an jedem ihre Verführungskünste aus. Hitler wollte sie nur gegen schlechte Einflüsse schützen.« Später fügte sie hinzu: »Geli war wohl die erste Frau, die er geliebt hat.« Auch Hitlers Sekretärin Christa Schroeder bestätigte diese Vermutung. Einmal habe ihr Hitler gestanden: »Es gab nur eine Frau, die ich geheiratet hätte.« Sie habe keinen Zweifel gehabt, dass Geli diese Frau gewesen ist.

Hatte Hitler Angst vor einer zu engen Blutsverbindung? Geli war schließlich seine Stiefnichte und er selbst kam aus einem intimen Labyrinth von Verwandtschaftsehen und komplizierten Familienverhältnissen. Auch seine Eltern waren miteinander verwandt.

»Dass Hitler Geli heiraten wollte, ist absurd«, schrieb Henriette von Schirach. Aber während Hitler einerseits behauptete: »Ich habe durchaus nicht die Absicht, mein Leben noch mehr zu komplizieren (...) Weder mit Geli noch mit irgendeiner anderen«, fesselte er andererseits die Nichte immer enger an sich.

Mit Hilfe des reichen Verlegers Hugo Bruckmann hatte der inzwischen zum Bestsellerautor und Starredner der NSDAP aufgestiegene Parteichef Ende 1928 eine standesgemäße Wohnung im vornehmen Münchner Stadtteil Bogenhausen gefunden: Sie lag im 2. Stock eines großen, grauen, im Schatten hoher Bäume stehenden repräsentativen Eckhauses am Prinzregentenplatz 16, in unmittelbarer Nachbarschaft des Prinzregententheaters, das er oft besuchte.

Die Luxuswohnung gefiel Hitler. Henriette von Schirach, die häufig zu Gast war, erzählte er, dass er sein bisheriges Leben nur in Schützengräben, Kasernenstuben und engen Kammern verbracht habe. Er meinte, um sich zu entfalten, brauche ein Mensch Platz: »Man stelle sich nur Cäsar in einer engen, muffigen Stube vor: lächerlich.«

1938 empfing der Diktator in dieser Wohnung Daladier, Chamberlain und Mussolini anlässlich der Unterzeichnung des Münchner Abkommens zum historischen Frühstück. Das Appartement verfügte über neun Räume, die über zwei Zimmerfluchten verteilt waren. Lediglich ein diskretes kleines Messingschild an der Wohnungstür verriet den Namen des prominenten Mieters: Adolf Hitler.

Als Diener und Haushälterin engagierte Hitler das Ehepaar Winter. Georg Winter, ein ehemaliger Unteroffizier, war vorher im Haushalt des bayrischen Generals Franz Ritter von Epp beschäftigt gewesen. Jetzt bediente er den »Führer« einer Bewegung, die sich Arbeiterpartei nannte, mit tadellos weißen Glacéhandschuhen. Anna Winter, ehemalige Zofe der Gräfin Törring, war für das leibliche Wohl Hitlers zuständig und kochte für ihn. Beide galten als diskret und verschwiegen und besaßen das Vertrauen des Nazichefs.

Zum Personal gehörte auch Anna Kirmair. Sie war für die groben Arbeiten zuständig. Außerdem hatte Hitler seine ehemalige Vermieterin aus der Thierschstraße, Frau Reichert, sowie ihre Mutter als Untermieterin in seine Wohnung aufgenommen.

Die Möbel in Hitlers Luxuswohnung waren von dem Architekten Paul Ludwig Troost entworfen: groß, dunkel und streng. Schränke und Regale aus feinen Hölzern. Stehlampen mit seidenbespannten Lampenschirmen im Stil der Zeit. Neben Bildern der »Münchner Schule« mit bayrischen Voralpenlandschaften hingen Porträts von Otto Fürst von Bismarck in Kürassieruniform und Friedrich dem Großen mit blaugetupftem Taschentuch. Hitlers Arbeitszimmer schmückte ein früher Kupferstich von Albert Dürer: Ritter, Tod und Teufel.

Am 5. Oktober 1929 zog Geli zu ihrem Onkel in die Wohnung. Sie wurde als Untermieterin bei Frau Reichert angemeldet und bekam das schönste Zimmer der Hitler-Wohnung: Ein Eckzimmer mit hellgrünen Tapeten, das ganz nach ihrem Geschmack eingerichtet wurde. Die antiken Möbel (Bauernschränke, Truhen und Kommoden mit bemalten Motiven) stammten aus Salzburg. Das Einzige, was nicht zu diesem Stil passte, war ein Aquarell, das der Onkel während des Krieges gemalt hatte – eine belgische Kriegslandschaft.

Geli passte sich rasch der neuen Umgebung an. Sie rebellierte nicht mehr gegen die strengen Verhaltensregeln des Onkels. Hatte sie sich damit abgefunden, Hitlers »Privatbesitz« zu sein? Oder hatte sie sich in den Kopf gesetzt, ihn zu erobern? »Sie liebte Hitler«, erklärte Anni Winter. »Sie war ständig hinter ihm her. Natürlich wollte sie einmal ›Frau Hitler‹ werden.« Und Henriette Hoffmann schrieb: »Sie war eine Zauberin. Sie verwandelte Hitler.«

Glaubt man Hanfstaengl, dann war Hitlers Beziehung zu seiner Nichte von diesem Zeitpunkt ab eindeutig in ein neues Stadium getreten: »In Gelis richtungsloser Triebhaftigkeit hatte sein verklemmter Sexus offenbar eine erfüllungsbereite Ergänzung gefunden – ein Erlösungsvorgang, der ihn selbst in Gegenwart Dritter jetzt einem verliebten Jüngling verdächtig ähnlich machte.«

Andere Zeitzeugen aus Hitlers Begleitung haben bestätigt: Während der Tyrann seine spätere Geliebte, Eva Braun, hinter einer Mauer der Geheimhaltung verbarg, zeigte er sich mit seiner temperamentvollen Nichte in aller Öffentlichkeit. Er bummelte mit ihr durch die Schwabinger Kaffeehäuser, nahm sie mit ins Kino und Theater und besuchte mit ihr jede neue Operninszenierung, immer Reihe 6 Mitte. Anschließend ging er mit ihr in sein Lieblingslokal, die »Osteria Bavaria«.

Er begleitete sie bei ihren Einkäufen und trabte laut Heinrich Hoffmann wie ein »geduldiges Lamm« hinter ihr her. »Wie schön war das doch damals mit Geli«, schwärmte Hitler später seiner Sekretärin Christa Schroeder vor. Einmal hatte ihn Geli in einen Hutsalon geschleppt, alle Hüte ausprobiert und dann festgestellt, dass ihr keiner richtig gefiel. Er: »Aber das kannst du doch nicht machen und jetzt gehen, ohne etwas zu kaufen.« Sie: »Aber dafür sind doch die Verkäuferinnen da.« Er ließ es auch zu, dass sie in jüdischen Modehäusern auf seine Rechnung ihre neuesten Kleider kaufte.

Laut Hanfstaengl war Geli für Hitler ein »ideales Spielzeug«, weil er von dem »Wunder Liebe« in einer »zwar abnormen«, doch deshalb nicht »weniger beglückenden und erlösenden Spielart« eingefangen wurde. Im Residenztheater beobachtete der Pressemann einmal, wie der Diktator in einer abgelegenen Garderobennische von seiner »Poussage« einen Kuß erbettelte. »Ein halbwüchsiger Pennäler konnte kaum linkischer wirken«, kommentierte Hanfstaengl die Szene.

Sogar dem intimen Männerzirkel der Partei führte Hitler sein »Spielzeug« vor und erlaubte ihr, in dieser normalerweise geschlossenen Gesellschaft im Mittelpunkt zu stehen. »Hitler war überzeugt davon, seinen Parteikameraden mit Geli zu imponieren, denn er mochte deren Frauen und Freundinnen mit wenigen Ausnahmen nicht«, bestätigte Maurice.

Geli interessierte sich zwar nicht für Politik, dafür setzte sie aber in Hitlers »Männerkasino« ihr weibliches Kapital mit großem Erfolg ein. Sie spielte und gewann immer. Heinrich Hoffmann erzählte: »War Geli am Tisch, drehte sich alles um sie, und Hitler versuchte niemals, das Gespräch an sich zu reißen … durch ihre bloße Anwesenheit versetzte sie die ganze Stammtischrunde in beste Stimmung. Alle schwärmten für sie.«

Selbst der Frauenkenner Joseph Goebbels schrieb in sein Tagebuch: »Der Chef ist da mit seiner schönen Nichte, in die man sich fast verlieben möchte.« An anderer Stelle notierte der spätere Propagandachef: »Den Abend mit Hitler und Geli verbracht. Viel erzählt und gelacht.« Und Hanfstaengl philosophierte: »Was aber konnte man Hitlers besserem Ich mehr wünschen, als eine zu echter Liebesbeziehung gesteigerte sexuelle Bindung, mochte diese auch noch so weitab von der Norm liegen.«

Die entscheidende Wende in dem Onkel-Nichte-Verhältnis bahnte sich offenbar an, als sich Geli 1929 ihrem Vormund als Aktmodell zur Verfügung stellte. War dies der Beginn einer erotischen Eskalation, die im Inferno sexueller Abhängigkeit und bizarrer Perversitäten endete?

Der anfänglichen »Liebesidylle« folgten bald beklemmende Szenen. Hitler ließ Geli auf Schritt und Tritt beschatten und bespitzeln. Ihre Post wurde kontrolliert. Alleine ausgehen durfte sie nicht. Immer waren seine Gefolgsleute, Max Amann und Heinrich Hoffmann, an ihrer Seite. Bei einem Ball im Deutschen Theater saß sie von den beiden Leibwächtern flankiert in der Loge, trank Sekt und schaute gequält in die Kamera eines Fotografen. Henriette Hoffmann berichtete: »Am nächsten Tag zeigte Geli ordnungsgemäß dem Onkel das Foto.«

Ihr Vater Heinrich Hoffmann habe Hitler auf die Situation angesprochen: »Geli lebt so unfrei, sie leidet unter der dauernden Beaufsichtigung, sie ist tief unglücklich, ich habe es auf dem Ball bemerkt, es hat ihr kein Vergnügen gemacht, es hat ihr nur gezeigt, wie unerträglich das Leben ohne Freiheit, ohne die Möglichkeit, eigene Entscheidungen zu treffen, ist. Wollen Sie denn, dass sie so einsam, so isoliert von ihrer Generation lebt?« Hitler entgegnete Hoffmann: »Gelis Zukunft liegt mir so sehr am Herzen, das wissen Sie, sie ist das Kostbarste und Liebste, das ich habe, ich sehe meine Aufgabe darin, sie zu beschützen, ich nehme für mich das Recht in Anspruch, auf sie aufzupassen und die Bekannten für sie auszusuchen. Was Geli für Einschränkungen hält, ist weise Überlegung. Ich möchte nicht, dass sie in die Fänge eines Abenteurers gerät.«

Henriette Hoffmann will auch beobachtet haben, wie Geli in den Jahren, die sie bei Hitler verbrachte, verschlossener und ernster wurde: »Sie wollte gar nicht beschützt sein (...) sie war hungrig nach Erlebnissen. Hitlers politischer Kampf war für sie nicht wichtig.« Geli habe Hoffmann eines Tages ihr Herz ausgeschüttet und ihm ein Geheimnis anvertraut, was sie Hitler nie gestanden hätte: Sie liebe einen jungen Mann in Wien.

Die Identität dieses angeblichen Geliebten ist nie geklärt worden. Nach Gelis Tod kursierten Gerüchte, bei diesem Freund habe es sich um einen jüdischen Kunstmaler gehandelt, von dem sie ein Kind erwartet hätte. Ihre Mutter, Angela Raubal, erklärte amerikanischen Ermittlungsbeamten, Geli habe einen 16 Jahre älteren Geiger aus Linz heiraten wollen. Doch sie und ihr Halbbruder hätten ihrer Tochter verboten, sich mit dem Musiker zu treffen.

Interessant ist in diesem Zusammenhang die Aussage von Hitlers Sekretärin Christa Schroeder. Sie will kurz vor Kriegsende auf dem Obersalzberg einen Brief aus den Geheimakten des Führers gerettet haben, die Adjutant Julius Schaub vernichten sollte. Das Schreiben stammte angeblich von einem Kunstmaler aus Linz, war an Geli adressiert und hatte laut Christa Schroeder folgenden Inhalt:

»Jetzt sucht Dein Onkel, der sich des Einflusses auf Deine Mutter bewusst ist, ihre Schwäche mit grenzenlosem Zynismus auszunutzen. Unglücklicherweise sind wir erst nach Deiner Großjährigkeit in der Lage, auf diese Erpressung zu antworten. Er legt unserem gemeinsamen Glück nur Hindernisse in den Weg, obwohl er weiß, dass wir füreinander geschaffen sind. Das Jahr der Trennung, das uns Deine Mutter noch auferlegt, wird uns noch inniger aneinander binden. Da ich selbst stets bemüht bin, gradlinig zu denken und zu handeln, fällt es mir schwer, das von anderen Menschen nicht anzunehmen. Ich kann mir jetzt die Handlungsweise Deines Onkels nur aus egoistischen Beweggründen Dir gegenüber erklären. Er will ganz einfach, dass Du eines Tages keinem anderen gehören sollst als ihm.«

An anderer Stelle schrieb der unbekannte Geli-Freund: »Dein Onkel sieht in Dir immer noch das unerfahrene Kind und will nicht verstehen, dass Du inzwischen erwachsen bist und Dir selbst Dein Glück zimmern willst. Dein Onkel ist eine Gewaltnatur. In seiner Partei kriecht alles sklavisch vor ihm. Ich verstehe nicht, wie seine scharfe Intelligenz sich noch darüber täuschen kann, dass sein Starrsinn und seine Ehetheorien sich an unserer Liebe und an unserem Willen brechen werden. Er hofft, dass es ihm in diesem Jahr gelingen wird, Deinen Sinn zu ändern; aber wie wenig kennt er Deine Seele.«

Dafür hatte inzwischen aber Geli einen Blick in Hitlers dunkle Seele geworfen. Einer Freundin soll sie erklärt haben: »Mein Onkel ist ein Ungeheuer. Kein Mensch kann sich vorstellen, was er mir zumutet.«

Hat Hitler Geli körperlich misshandelt? Beweise gibt es nicht, aber Hanfstaengl war Zeuge einer bizarren Szene. Nach einem gemeinsamen Abendessen begleitete er Hitler und Geli auf dem Nachhauseweg. Als der »Führer« auf seine politischen Gegner zu sprechen kam, unterstrich er seine Drohungen mit einem pfeifenden Schlag einer Hundepeitsche.

»Zufällig geriet dabei Gelis Gesicht in den Lichtschein einer Straßenlaterne«, berichtete Hanfstaengl, »und ich gewahrte mit einigem Erschrecken den Ausdruck von Angst und Ekel, der beim Lautwerden dieses pfeifenden Geräusches ihr Gesicht verzerrte. Ich mochte den Gedanken, der mich bei diesem Anblick befiel, nicht zu Ende denken …«

Alle Zeugen haben berichtet, dass Hitler zu diesem Zeitpunkt extrem eifersüchtig auf jeden Mann war, der sich Geli näherte. Die Flüsterpropaganda über die angeblich abnorme Affäre kam ins Rollen. Nach einem vertraulichen Gespräch mit dem späteren Gauleiter Karl Kaufmann notierte Goebbels: »Er erzählt wahnwitzige Dinge vom Chef (Hitler). Er und seine Nichte Geli und Maurice. Die Tragödie Frau. Soll man denn verzweifeln? (…) Ich glaube fest an Hitler. Ich verstehe alles. Wahres und Unwahres.«

Mit den damals entstandenen Sensationsgeschichten und Anspielungen auf Hitlers Sexualleben hat sich seitdem ein Heer von Historikern, Psychologen und Publizisten beschäftigt. Laut Ian Kershaw wies Hitlers Verhalten gegenüber Geli alle »Merkmale einer starken, zumindest latenten sexuellen Abhängigkeit« auf.

Im September 1931 war für Geli offenbar die Situation unerträglich geworden. Verzweifelt versuchte sie, die Handschellen des herrschsüchtigen, besitzergreifenden Onkels abzustreifen. Der Psychologe Volker Elis Pilgrim glaubt: »Hitler hatte mit seinem Verhalten dazu beigetragen, dass Geli in eine Klemme geraten war, aus der sie nur noch durch den Tod herauskommen konnte.«

Haben ein Erpresserbrief und angebliche pornographische

Zeichnungen Hitlers von seiner Nichte dabei eine Rolle gespielt?

Spekulationen über Aktstudien sowie über eine Erpresserstory kursierten bereits vor Gelis gewaltsamem Ende. Hanfstaengl gab in seinen Erinnerungen ein vertrauliches Gespräch wieder, das er mit Franz Xaver Schwarz, dem Schatzmeister der NSDAP, geführt habe. Bei einer Zufallsbegegnung soll ihm der Führervertraute anvertraut haben: Er komme gerade von einem Erpresser, den er im Auftrag Hitlers aufgesucht habe, um ihm eine Mappe mit pornographischen Zeichnungen abzukaufen.

Laut Schwarz handelte es sich bei den Zeichnungen um Hitlers »ureigenstes Produkt«. Sie hätten Fräulein Raubal in »Stellungen und Detailstudien« gezeigt, wie sie »jedes Berufsmodell« ablehnen würde. Die Mappe sei vermutlich aus Hitlers Auto gestohlen worden. Für den Erpresser habe sich der Diebstahl finanziell gelohnt, erklärte Schwarz. Er sei von Hitler beauftragt worden, das »Zeug« im Panzerschrank des »Braunen Hauses« für ihn aufzubewahren.

Die von Hitler datierten und signierten »pornographischen Zeichnungen« existieren wirklich und befinden sich nun in Privatbesitz. Aus heutiger Sicht wirken die Studien schulbubenhaft. Trotzdem hätten sie Hitler damals in eine heikle Situation bringen können, wenn sie in die Hände seiner politischen Gegner gefallen wären. Er strebte nach dem Amt des Reichskanzlers. Für die Anti-Hitler-Front wären die Aktzeichnungen der nackten Geli explosive Wahlkampfmunition gewesen. Die kompromittierenden Bilder hätten ihm vor allem nach dem plötzlichen Tod der Nichte in seinem Appartement schaden können.

Am 19. September hatte Georg Winter um 10.15 Uhr dem Polizeibezirk 5 fernmündlich mitgeteilt, dass sich Angela Raubal in ihrem Zimmer Prinzregentenplatz 16/II erschossen habe. Die

Kriminaloberkommissare Sauer und Forster begaben sich sofort zum Tatort. Auch Polizeiarzt Dr. Müller traf kurz darauf ein.

In der Wohnung befanden sich folgende Personen: Georg Winter, seine Ehefrau Anna, Maria Reichert, Anna Kirmair sowie Stadtrat Franz Xaver Schwarz. Laut dem Ermittlungsbericht der Polizeidirektion an das Staatsministerium des Innern lag Gelis Leiche in dem Zimmer, das nur den einen Eingang und ein Fenster nach dem Prinzregentenplatz hat; mit dem »Gesicht auf dem Boden vor dem Sofa«, auf dem sich eine Walterpistole 6,35 mm befand.

Polizeiarzt Dr. Müller kam zu folgendem Befund: »Tod durch einen Lungenschuss, und zwar der Totenstarre nach schon vor mehreren Stunden (...) Es handelt sich um einen Nahschuss, der im Ausschnitt des Kleides unmittelbar auf der Haut angesetzt und oberhalb des jedenfalls nicht getroffenen Herzens eingedrungen war; das Geschoss war nicht aus dem Körper ausgetreten, aber auf der linken Rückenseite etwas über Hüfthöhe unter der Haut fühlbar.«

Weitere Verletzungen konnte der Arzt an der Toten nicht feststellen: »Im Gesicht fanden sich lediglich ausgeprägte dunkle, bläuliche Totenflecke, die davon herrühren, dass Raubal mit dem Gesicht zum Boden verschied und in dieser Lage etwa 17 bis 18 Stunden liegen blieb.«

Nach der »ganzen Sachlage«, so sein Bericht, musste Selbstmord angenommen werden. Die Kugel hatte Gelis Herz verfehlt und die Lunge getroffen. Die 23-Jährige war qualvoll gestorben: »Tod vorwiegend durch Erstickung.«

Die Ermittlungsbeamten haben in Gelis Zimmer keinen Abschiedsbrief oder ein anderes Schriftstück mit eventuellen Angaben über ein Selbstmordmotiv gefunden. »Nur ein angefangener Brief an eine Wiener Freundin, in dem nichts von Lebensüberdruss enthalten war, lag auf dem Tisch«, hieß es in dem Polizeiprotokoll.

In größter Heimlichkeit wurde die Tote aus dem Haus geschafft und in der Leichenhalle des Ostfriedhofs in einen Zinksarg gebettet. Auch für die Staatsanwaltschaft schien der Fall abgeschlossen. Eine gerichtliche Autopsie wurde nicht beantragt und auch nicht durchgeführt. Bereits zwei Tage später, am 21. September, gaben die Ermittlungsbehörden die Leiche zur Bestattung frei.

Hitlers Personal bestätigte in wesentlichen Punkten die Version vom Selbstmord seiner Nichte. Georg Winter erklärte in seiner Vernehmung: »Heute früh um 9.30 Uhr verständigte mich meine Frau, dass mit Raubal etwas vorgefallen sein müsste, weil ihre Zimmertüre abgesperrt und die Pistole Hitlers, welche im Nebenzimmer in einem offenen Schrank verwahrt war, nicht mehr da wäre. Ich klopfte daher wiederholt an der Zimmertür, bekam aber keine Antwort. Als mir die Sache etwas verdächtig vorkam, öffnete ich um 10 Uhr mit einem Schraubenzieher gewaltsam die geschlossene zweiflügelige Tür. Diese war von innen verschlossen und der Schlüssel steckte noch im Schlüsselloch. Als ich die Tür aufmachte, waren meine Frau, Frau Reichert und Anna Kirmair zugegen. Als ich die Tür geöffnet hatte, trat ich in das Zimmer und fand Raubal am Boden liegend als Leiche vor. Sie hatte sich erschossen. Irgendeinen Grund, warum sie sich erschossen hat, kann ich nicht angeben.«

Anna Winter gab zu Protokoll, sie habe Geli zum letzten Mal am 18. September gegen 15 Uhr gesehen. Das Mädchen sei sehr aufgeregt gewesen, in Hitlers Zimmer gegangen und dann wieder in ihr eigenes Zimmer zurückgeeilt. »Dies kam mir etwas sonderbar vor«, berichtete die Haushälterin. »Ich nehme nun an, dass sie sich die Pistole aus dem Zimmer Hitlers geholt hat. Warum sich Raubal erschossen hat, weiß ich nicht.«

Maria Reichert will gehört haben, wie Geli gegen 15 Uhr ihr Zimmer abgeschlossen habe. Hitler habe eine Viertelstunde vorher die Wohnung verlassen. Danach habe sie einen »kleinen Krach« wahrgenommen, als ob etwas umgestoßen worden wäre. »Ich schenkte dem keine besondere Bedeutung«, erklärte die Zeugin. »Gegen 22 Uhr wollte ich das Bett der Raubal herrichten, fand aber ihre Zimmertür verschlossen vor. Auf Anklopfen erhielt ich keine Antwort und dachte, Raubal wäre ausgegangen.« Aus welchem Grund sich Geli das Leben genommen hat, konnte Maria Reichert nicht sagen. Auch die Aussage von Anna Kirmair brachte nicht mehr Licht in die Affäre.

Waren die Zeugenaussagen abgesprochen?

Ernst Hanfstaengl äußerte den Verdacht, daß alle Hausangestellten vor der Vernehmung durch die Polizei von Hitlers Vertrauensleuten Gregor Strasser und Franz Xaver Schwarz entsprechend instruiert worden sind: »Um die Situation im Rahmen des Möglichen bis zum Eintreffen Hitlers unter Kontrolle zu bringen.«

Niemand konnte oder wollte etwas zu Gelis Motiven und den näheren Umständen des Selbstmordes angeben. Frau Reichert hatte zwar vernommen, wie Geli ihr Zimmer abschloss, den tödlichen Schuss hörte sie nicht. Nach Meinung der Historikerin Anna Marie Sigmund war das Personal »natürlich über die Vorgänge im Hitler'schen Haushalt informiert«, habe sich eine eigene Meinung gebildet und aus »Loyalität zu dem verehrten Arbeitgeber« geschwiegen.

Nach Angaben der Polizei schickte Hitler am 19. 9. gegen 15 Uhr einen Boten ins Dienstzimmer der Polizeidirektion und ließ den Beamten ausrichten, er stehe ihnen jetzt für eine Stellungnahme zur Verfügung. Kriminaloberkommissar Sauer machte sich sofort auf den Weg. Um 15.30 Uhr traf er in der Wohnung ein und notierte Hitlers Aussage:

Seine Nichte sei zuerst Studentin der Medizin gewesen, berichtete Hitler dem Kommissar, habe daran aber keinen Gefallen gefunden und sich dem Gesangsstudium zugewandt. Sie habe nun bald einmal auftreten sollen, sich aber dem nicht gewachsen gefühlt und deshalb bei einem Professor in Wien noch weitere Studien machen wollen. Er habe sich damit einverstanden erklärt unter der Voraussetzung, dass ihre in Berchtesgaden befindliche Mutter mit nach Wien ging, und als sie das nicht wollte, habe er sich gegen den Wiener Plan ausgesprochen. Sie sei darüber wohl ungehalten gewesen, habe sich aber nicht besonders aufgeregt gezeigt und sich auch bei seiner Abfahrt am Freitagnachmittag ganz ruhig von ihm verabschiedet. Sie habe früher einmal, nachdem sie in einer Gesellschaft an Tischrücken teilgenommen hatte, zu ihm geäußert, sie werde sicher einmal keines natürlichen Todes sterben. Die Pistole habe sie leicht nehmen können, da sie wusste, wo er seine Sachen aufbewahrt. Ihr Ableben gehe ihm sehr nahe, sei sie doch die einzige ihm nahe stehende Verwandte gewesen, die er um sich hatte, und nun müsse ihm das passieren.

Für Emil Maurice stand fest, dass Hitler damals sofort Druck auf die bürgerliche Presse ausgeübt hat, um die Veröffentlichungen brisanter Einzelheiten zu verhindern. Tatsächlich war die NSDAP bereits so mächtig, dass sie Einfluss auf die Presse ausüben konnte. Laut Hanfstaengl wurde in der Parteizentrale an einem Kommuniqué gefeilt: Ziel der Verlautbarung sollte es sein, den Selbstmord in der Öffentlichkeit als »bedauerlichen Unfall« zu kaschieren; eine Tragödie, die den Führer in tiefe Trauer versetzt habe.

Hitlers Kalkül, das schreckliche Ende seiner Nichte publizistisch herunterzuspielen, schien zunächst aufzugehen. In dem Bericht, den die »Münchner Neuesten Nachrichten« am 21. September im Lokalteil unter der Überschrift »Selbstmorde« veröffentlichte, wurde die amouröse Nähe zu seiner Nichte jedenfalls nicht erwähnt. Geli wurde als Untermieterin bei den Eheleuten Reichert bezeichnet, obwohl sie in der Wohnung ihres Onkels lebte.

Über die mutmaßlichen Motive der Tat schrieb das Blatt: »Die eine Auslegung lautet, Frl. Raubal habe in Wien einen Sänger kennen gelernt, ihr Onkel habe ihr aber weitere Reisen dorthin versagt. Andere wollen wissen, die Unglückliche habe sich getötet, weil sie demnächst als Sängerin öffentlich auftreten sollte und sich dieser Aufgabe nicht gewachsen fühlte.«

Die Gerüchteküche begann erst richtig zu brodeln, als die gegnerische sozialdemokratische »Münchner Post« ebenfalls am 21. September in provokanten Anspielungen über den rätselhaften Tod der »Lieblingsnichte« Adolf Hitlers schrieb: »Eine rätselhafte Affäre – Der Polizeibericht meldete am Samstag den Selbstmord eines jungen Mädchens in einer Wohnung am Prinzregentenplatz. Später wurde noch mitgeteilt: In einer Wohnung am Prinzregentenplatz hat sich eine 23-jährige Musikstudierende, eine Nichte Hitlers, erschossen. Das Mädchen hatte schon seit zwei Jahren ein möbliertes Zimmer in einer Wohnung auf der gleichen Etage inne, auf der sich Hitlers Wohnung befand. Was die Studentin in den Tod getrieben hat, ist noch unbekannt. Es handelt sich um Angela Raubal, die Tochter der Stiefschwester Hitlers. Zu der rätselhaften Affäre wird uns von informierter Seite gemeldet: Am Freitag, 18. September, kam es zwischen Herrn Hitler und seiner Nichte wieder einmal zu einer heftigen Auseinandersetzung. Was war die Ursache? Die lebenslustige, Musik studierende Geli wollte nach Wien reisen, sie wollte sich verloben. Hitler war entschieden dagegen. Darüber gab es unter den beiden immer neuen Streit. Nach einem heftigen Auftritt verließ Hitler seine Wohnung Prinzregentenplatz 16/II. Am Samstag, 19. September, wurde bekannt, dass Fräulein Geli in der Wohnung mit der Schusswaffe Hitlers in der Hand erschossen aufgefunden wurde. Das Nasenbein der Toten ist zertrümmert, die Leiche trug auch andere schwere Verletzungen. Aus einem Brief an eine in Wien wohnende Freundin geht hervor, dass Fräulein Geli die feste

Absicht hatte, nach Wien zu gehen. Zur Absendung des Briefes kam es nicht. Die Mutter des Fräuleins, eine Stiefschwester des Herrn Hitler, wohnt in Berchtesgaden; sie wurde nach München gerufen. Herren aus dem Braunen Haus haben dann beraten, was als Ursache des Selbstmordes veröffentlicht werden soll. Man einigte sich darauf, den Tod Gelis mit unbefriedigenden künstlerischen Leistungen zu begründen. Dabei wurde auch die Frage erörtert, wer, wenn irgendetwas passierte, der eventuelle Vertreter Hitlers sein solle. Es wurde Gregor Strasser genannt, der nun wieder vollkommen gesund und jetzt ein eifriger Schwimmer und Turner sein soll. Als Ursache, warum die Polizei in die Wohnung Prinzregentenplatz 16/II gekommen ist, wurde im Braunen Haus angegeben, dass die Polizei Haussuchung nach einem Geheimbefehl gehalten habe. Vielleicht bringt die nächste Zeit Licht in die dunkle Angelegenheit.«

Der Verdacht, dass Hitler die Nichte im Affekt getötet haben könnte, stand deutlich zwischen den Zeilen der Meldung. Gemäß Artikel 11 des Pressegesetzes verlangte Hitler von der »Münchner Post« eine Gegendarstellung, die auch prompt gedruckt wurde: »Es ist unwahr, dass ich mit meiner Nichte Angelika Raubal ›immer neuen Streit‹ bzw. eine heftige Auseinandersetzung am Freitag, den 18. September 1931 oder vorher hatte ... Es ist unwahr, dass sich meine Nichte in Wien verloben wollte oder ich gegen eine Verlobung meiner Nichte irgendetwas hatte. Wahr ist, dass meine Nichte von der Sorge gequält wurde, die zu einem öffentlichen Auftreten nötigen Anlagen noch nicht zu besitzen, nach Wien fahren wollte, um dort bei einem ersten Stimmpädagogen ihre Stimme neuerlich prüfen zu lassen ...«

Aber selbst mit dieser Richtigstellung konnte Hitler die einmal in Umlauf gebrachten Gerüchte und Spekulationen über den dubiosen Selbstmord seiner Nichte nicht mehr stoppen. Die Staatsanwaltschaft beauftragte Polizeiarzt Dr. Müller noch einmal, die Leiche auf Spuren zu untersuchen, die auf Einwirkung äußerlicher Gewalt hindeuten könnten. Der Experte konnte aber weder ein gebrochenes Nasenbein noch andere auffällige Blessuren erkennen: »Im Gesicht, besonders an der Nase, waren keine Verletzungen, verbunden mit irgendwelchen Blutungen festzustellen (...) Dass die Nasenspitze leicht plattgedrückt war, ist lediglich eine Folge des stundenlangen Aufliegens des Gesichts am Boden.«

Die beiden städtischen Leichenfrauen, die Geli gewaschen und aufgebahrt haben, wurden ebenfalls vernommen. Rosina Zweckl will sich die Leiche genau angesehen haben, »weil ich gehört hatte, dass die Verstorbene eine Nichte Hitlers war«. Einmütig bestätigte sie die Aussage ihrer Kollegin Maria Fischbauer: »Außer der Einschussöffnung auf der Brust habe ich keine Verletzungen wahrgenommen, insbesondere ist mir an der Nase nichts Verdächtiges aufgefallen.«

Für die Polizei war damit die »Haltlosigkeit der Darstellungen der Münchner Post« erwiesen. Der Fall Geli wurde zu den Akten gelegt. Die Eile, in der dies geschah, kommentierte Ernst Hanfstaengl so: »Der Fall sollte möglichst rasch vergessen werden. Und wohl aus guten Gründen.«

Damit entstanden damals die abenteuerlichen Legenden und Theorien, sexuellen Andeutungen und Skandalgeschichten, die sich bis heute um den Tod der Hitler-Nichte ranken. Doch außer dem Ingolstädter Polizeiknöllchen gegen Hitler wegen Geschwindigkeitsübertretung und dem Abschlussbericht der Polizeidirektion München vom 28. September 1931 sind alle anderen Unterlagen entweder beiseite geräumt worden oder im Krieg verkohlt.

So blieb alles, was Zeitzeugen, Biographen, Journalisten, Historiker und Psychologen bis heute über die Motive und verschiedenen Todesversionen der schönen Hitler-Nichte und ihre Beziehung mit dem Diktator geschrieben haben, Spekulation.

Eindeutiges Beweismaterial für die vielen Theorien existiert nicht. Laut Polizei war es Selbstmord. Dennoch blieben viele Fragen offen und die endgültigen Ursachen und Begleitumstände ihres Tods liegen weiterhin im Dunkeln. Die Wahrheit wird wohl nie ans Licht kommen. Dies sind die verschiedenen Versionen von Gelis Ende:

These Nr. 1: Geli, der eine Menge Verehrer angedichtet wurden, sei von einem unbekannten Liebhaber umgebracht worden. Dieses Gerücht soll Rudolf Heß im Parteiinteresse in die Welt gesetzt haben. Er behauptete, nachts sei ein eifersüchtiger Rivale in das Zimmer eingedrungen und habe Hitlers Nichte erschossen.

These Nr. 2: Ein tragischer Unfall. Geli habe mit Hitlers 6,35-Walter-Pistole gespielt und dabei habe sich der tödliche Schuss gelöst. Auch diese Parteiversion überzeugte nicht. Dagegen sprachen Berichte, nach denen Hitler ein ganzes Waffenarsenal besaß und seine Nicht ermuntert habe, den Gebrauch von Pistolen zu lernen, da er häufig Attentatsdrohungen erhielt.

Henriette von Schirach erklärte: »Seine Begleitung war auch mit Pistolen ausgestattet. Geli und ich konnten auch mit Pistolen umgehen. Auf einem Schießplatz in der Nähe Münchens lernten wir das, wir konnten die kleine Walter-Pistole auseinandernehmen, putzen, sie wieder zusammensetzen, laden und entsichern. Es machte uns Spaß, wie eine Szene aus einem Tom-Mix-Film.«

These Nr. 3: Selbstmord aus Liebeskummer. Geli war eifersüchtig auf Eva Braun, die Hitler im Fotostudio Hoffmann kennen gelernt hatte. Seine Nichte ist zwar der Rivalin niemals begegnet, aber nach Angaben von Anni Winter soll Geli unter der Situation gelitten haben.

»Bevor Geli sich in ihr Zimmer einschloss, half sie mir noch, im Zimmer ihres Onkels aufzuräumen«, erzählte Hitlers Haushälterin. »Ich sah, wie sie die Taschen in seiner Jacke durchsuchte und dabei einen Brief fand. Später konnte ich den Brief, der mit der Hand auf blaues Papier geschrieben war, lesen. Geli hatte ihn in vier Teile zerrissen und gut sichtbar auf ein Tischchen gelegt, offenbar in der Absicht, die Blicke ihres Onkels darauf zu lenken.« Dann sagte sie: »Wirklich, mit meinem Onkel verbindet mich nichts mehr.« Laut Anni Winter waren es ihre letzten Worte.

Anni Winter gab später den Inhalt des Briefes so wieder: »Lieber Herr Hitler, ich danke Ihnen nochmals für die wunderschöne Einladung ins Theater. Ich werde diesen Abend so bald nicht vergessen. Ich bleibe in Dankbarkeit für Ihre Freundlichkeit und zähle die Stunden bis zu einem Wiedersehen. Ihre Eva.«

Nerin E. Gun zog daraus die Schlussfolgerung: »Es war für Geli Raubal nicht schwer zu erraten, dass es sich um Eva Braun handeln musste. Geli muss sich wohl darüber klar gewesen sein, dass Eva Braun, die ihr – bis auf das blonde Haar – ähnlich sah, als Rivalin einen großen Vorteil besaß; sie war vier Jahre jünger. Das ist jedoch – selbst an einem Föhntag in München – kein Grund zum Selbstmord. Vielleicht aber lässt sich ihre Tat so erklären: Geli Raubal begriff, dass ihre Macht über ihren Onkel Adolf nachzulassen begann und seine Handlungen nicht einzig von Liebe zu ihr bestimmt waren. Hätte er sich sonst für Eva Braun interessiert?« Der Version »Selbstmord aus Eifersucht« mangelt es allerdings an Beweisen. Der von Anni Winter zitierte Brief wurde nicht gefunden.

These Nr. 4: Selbstmord, weil Geli von Hitler schwanger war. Diesen Verdacht äußerte ihr Bruder Leo Raubal. Er berichtete, dass seine Schwester von Hitler ein Kind erwartet hätte, aber sein Onkel Adolf an ihrem Tod absolut unschuldig gewesen sei. Leo Raubal hatte keinen Grund, seinen Onkel zu entlasten. Im Krieg wurde er mit der 6. Armee in Stalingrad eingeschlossen. Hitler lehnte es ab, ihn aus dem Kessel herausfliegen zu lassen.

Leo kam in russische Kriegsgefangenschaft. Angeblich wollte ihn Hitler später gegen Stalins Sohn Jakob austauschen, der sich seit 1941 in deutscher Kriegsgefangenschaft befand. Stalin lehnte dies ab: »Krieg ist Krieg.«

Für den Psychologen Pilgrim steht Gelis enges Verhältnis zu Hitler »außer Zweifel«. Alle Zeugen hätten ihre Beziehung als »Verhältnis von Verlobten oder engsten Liebespartnern« beschrieben. Aus der mehrfach von Hitler gegenüber Zeitzeugen geäußerten Absicht, dass er nicht heiraten und keine Kinder haben wollte, folgerte Pilgrim: »Und ein Kind aus fortgesetzter Inzucht, um das es sich zwischen ihm und Geli gehandelt hätte, musste er besonders fürchten.«

Diese Theorie wurde von Henriette Hoffmann bestätigt: »Er wusste, dass sein Vater eine um 24 Jahre jüngere Verwandte geheiratet hatte und dass vier seiner Geschwister als kleine Kinder gestorben waren. Er kannte die tragischen Ergebnisse der Inzucht in seiner Familie. Er selbst liebte seine um neunzehn Jahre jüngere Nichte – ein Teufelskreis. Zwei Charaktere prallten aufeinander. Einer wollten dem anderen wehtun, jeder wollte Recht haben, um jeden Preis.«

Für Pilgrim steht fest: »Letztlich wollte Hitler überhaupt keine Verantwortung für Kinder tragen. Er wollte nicht heiraten, um von der deutschen Frau als *ihr* Mann messianisch halluziniert zu werden, und er wollte keine Kinder, um seine Energie ganz auf die Politik zu verwenden.«

These Nr. 5: Geli konnte die bizarren Sexualpraktiken ihres Onkels nicht mehr ertragen. Die alliierten Geheimdienste fahndeten später nach dieser Schwachstelle in Hitlers Frauenbeziehungen. Sexualforscher und Psychologen wurden mit Studien über die »Basic Instincts« des Diktators beauftragt.

»Es gibt einen dokumentarischen Vorgang, der ein überraschendes Licht auf Hitlers Beziehungen zu Frauen wirft«, ermittelte Biograph Konrad Heiden. »Dieser Vorgang setzt es außer Zweifel, dass Hitler gegenüber geliebten Frauen in einer besonderen Art hörig war.« Kershaw glaubt: »Hitlers Abhängigkeit von ihr bedeutete für sie totale Abhängigkeit von ihm.«

These Nr. 6: Hitler als Affekttäter. In einem Anfall von Eifersucht habe er seine Nichte misshandelt, ihr das Nasenbein zertrümmert und sie dann erschossen. Seine emotionale Bindung zu Geli soll der Auslöser für einen solchen Amoklauf gewesen sein. Laut Kershaw war sie »intensiver als jede andere menschliche Beziehung«, die er zuvor oder später eingegangen sei. Henriette Hoffmann will besser informiert gewesen sein: »Aber alle, die mit der Tragödie zu tun hatten, wussten, dass es nicht sein konnte ... man braucht keine Pistole, um einen Menschen umzubringen. Manchmal genügt ein Wort.«

These Nr. 7: Geli wurde im Stil der Nazis zum Selbstmord getrieben. Ernst Hanfstaengl will im Frühjahr 1937 von der geschiedenen Frau von Hitlers Halbbruder Alois, Mrs. Brigid Hitler, in London folgende Version erfahren haben: Am 18. September sei es zwischen Hitler und seiner Nichte zu einem heftigen Streit gekommen. Geli wollte nach Wien, um ihr Gesangsstudium fortzusetzen. Hitler habe ihr dies inquisitorisch verboten. Darauf habe Geli alle Scheu und Vorsicht vergessen und ihm gestanden, schwanger zu sein, und zwar von einem jüdischen Maler. Hitler sei über die ihm und der Partei angetane »Rassenschande« hochgradig empört gewesen. Eine Abtreibung habe Geli entschieden abgelehnt. Als Fluchtweg sei ihr nur der Freitod übrig geblieben.

These 8: Ein bestellter und perfekter Mord in Hitlers Wohnung. SS-Himmler ließ Geli beseitigen, um eine für den »Führer« peinliche Affäre aus der Welt zu schaffen. Die Geschwängerte musste ohne weiteren Zeitverlust aus dem Weg geräumt werden. Das angebliche »Skandalkind« von dem jüdischen Zeichenlehrer durfte nicht geboren werden. Ein Indiz dafür, dass Hitlers Nichte seiner Entourage Sorgen bereitete, findet sich in einer Tagebucheintragung von Joseph Goebbels: »Warum müssen wir alle so an dieser Frau leiden?« Der These, Hitler habe den Mord selber begangen oder angeordnet, widersprach nach Ansicht Pilgrims der Totenkult, den er später inszenierte: »An eine ermordete Person will der Mörder nicht erinnert werden.«

Ob Freitod, Unfall oder Mord, so viel scheint sicher zu sein: Der Onkel hatte etliche Gründe, um die Ursachen und Begleitumstände des Todes seiner Nichte im Dunkeln zu halten und einen Skandal zu vertuschen. Wie NS-Reichsjugendführer Baldur von Schirach in seinen Memoiren berichtete, war Hitlers größte Sorge, »dass seine Gegner aus der Geli-Tragödie politisches Kapital schlagen würden«.

Hitler verfügte bereits über die entsprechenden Beziehungen, um den Schaden zu begrenzen und eine genaue polizeiliche Untersuchung des Falles zu verhindern. Der bayrische Justizminister Franz Gürtner, der später unter dem Diktator zum Justizminister aufstieg, operierte im Hintergrund als Freund der Hitlerbewegung. Seiner hilfreichen Regie dürfte es zu verdanken sein, dass die unbequemen Ermittlungen hastig abgebrochen wurden, vor allem eine Obduktion der Leiche unterblieb und die Überführung der Toten nach Wien umgehend genehmigt wurde. Der Fall Geli sollte möglichst rasch für die Öffentlichkeit aus der Welt geschafft werden.

Die Tote wurde am Nachmittag des 23. September auf dem Wiener Zentralfriedhof in dem Arkadengrab Nr. 9 gegenüber der Karl-Lueger-Gedächtniskirche beigesetzt. Der Onkel kam nicht zur Beerdigung weil er »dazu physisch und psychisch nicht in der Lage war«. In seinem Auftrag erwiesen Ernst Röhm und Heinrich Himmler der Toten die letzte Ehre und legten einen Kranz nieder.

Hitler war im Haus seines Verlegers Adolf Müller am Tegernsee untergetaucht, schien in tiefe Depressionen verfallen zu sein und sprach davon, die Politik an den Nagel zu hängen. Er war in ähnlicher Verfassung wie nach dem Scheitern seines Putschversuchs in München 1923. Er lehnte es ab, regelmäßig zu essen, und wollte niemanden sprechen. Seine Entourage befürchtete, er könne Selbstmord verüben. Damals entstand auch die Legende, dass er plötzlich zum Vegetarier geworden sei. Aber Hitler hatte schon vorher kaum Fleisch angerührt.

Doch bereits einen Tag nach Gelis Beerdigung erwachte der künftige Diktator unvermittelt aus seiner Depression und fuhr nach Hamburg zu einer Parteiveranstaltung. Die Zeit der Trauer war vorbei. Seinen Anhängern präsentierte er sich wieder in Höchstform. Er hielt eine furiose Rede und 10 000 Menschen jubelten stürmisch.

Wie ein Pharao, der um seine Nofretete trauert, begann Hitler jedoch einen Totenkult um Geli zu zelebrieren und stilisierte sie zur großen und einzigen Liebe seines Lebens. Einerseits verschloss er ihr Zimmer in seiner Wohnung wie eine ägyptische Grabkammer, andererseits diente es ihm als Kultraum. Nichts durfte angerührt werden, weder ihre Kleider, ihre persönlichen Gegenstände noch die Möbel. Außer ihm erlaubte er nur Anni Winter, den Sakralraum zu betreten, um turnusmäßig frische Blumen auf die Tische zu stellen.

Auch ihr Zimmer in Haus Wachenfeld verwandelte er in einen Totenschrein. Der Maler Adolf Ziegler erhielt von ihm den Auftrag, nach einer Fotografie ein Gemälde der Nichte zu schaffen. Das Werk wurde wie ein Heiligenbild auf dem Berghof platziert. Der Bildhauer Ferdinand Liebermann schuf eine Büste, die Hitler in der Neuen Reichskanzlei an zentraler Stelle gleich einem Ehrenmal aufstellen ließ.

Nicht wenige Hitlervertraute und Experten vertraten später die Auffassung, die Geschichte wäre möglicherweise anders verlaufen, wenn Geli überlebt hätte. Sie glauben, dass die Nichte in der Lage gewesen wäre, den Tyrannen von seinen ungeheuren Plänen und seiner Rach- und Zerstörungswut abzuhalten.

Auch Hanfstaengl hielt unerschütterlich an dieser These fest. Mit Gelis Tod sei aus Hitlers Leben die »einzig bannende Kraft« verschwunden, die seine zutiefst auf das »Abnorme und Maßlose gerichtete Triebdynamik« vor dem verhängnisvollen »Aggressionsstau« hätte bewahren können: »Entsprechend abnorm in ihren Auswirkungen musste sich auch die Trotz- und Vergeltungsreaktion seines paranoid entwickelten Fanatismus äußern, als er sein geliebtes Spielzeug für immer verlor und keine andere Frau sich als befähigt erwies, das erlebte ›Mysterium‹ zu erneuern.«

Der Geschichtsforscher Kershaw kam zu einer völlig anderen Beurteilung der Onkel-Nichte-Liaison: »Menschlich war es eine selbstzerstörerische Beziehung und politisch – abgesehen von einem kurzlebigen Skandal – ein Strohfeuer.«

LITERATUR

De Luna, Giovanni: *Mussolini*. Reinbek bei Hamburg 1978

Elisabeth of Toro: *Die Odyssee einer afrikanischen Prinzessin*. Leipzig 1993

Fernández, Alina: *Ich Alina*. Reinbek bei Hamburg 1999

Fest, Joachim: *Hitler*. Berlin 1998

Gun, Nerun E.: *Eva Braun – Hitler*. Velbert/Kettwig 1968

Hanfstaengl, Ernst: *15 Jahre mit Hitler*. München/Zürich 1980

Kirkpatrick, Ivone: *Mussolini*. Berlin 1997

Krause, Walter: *Soraya – Kaiserin aus Liebe*. München 1955

Kershaw, Ian: *Hitler 1889–1936*. Stuttgart 1998

Kunze, Thomas: *Nicolae Ceausescu*. Berlin 2000

Martin, David: *General Amin*. London 1974

Mussolini, Rachele: *La mia vita con Benito*. Mailand 1948.

Petacci, Clara: *Il mio diario*. Mailand 1946.

Schlomann, F.W. / Friedlingstein P.: *Tschiang Kai-schek*. Stuttgart-Degerloch 1976

Siegmund, Anna Maria: *Die Frauen der Nazis*. Wien 1998

Schirach, Henriette von: *Der Preis der Herrlichkeit*. Wiesbaden 1956

Schroeder, Christa: *Er war mein Chef*. Wien 1985

Spunda, Franz: *Clara Petacci*. Berchtesgaden 1952

Weyl, Nathaniel: *Die Verführten und die Schuldigen – Fidel Castro und Kuba*. New York 1960

Wiedemann, Erich: *Idi Amin – ein Held von Afrika?* Wien/Hamburg 1976

Wilson, Dick: *Mao Tse-tungs langer Marsch*. Wiesbaden 1978

Witke, Roxane: *Genossin Tschiang Tsching*. München 1977

Zeitungen und Zeitschriften

Allgemeine Deutsche Zeitung / Bild / Die Allgemeine Sonntags-Zeitung / Aachener Volkszeitung / Berliner Morgenpost / Berliner Zeitung / BZ Berlin / Frankfurter Allgemeine Zeitung / Financial Times / Focus / Geo / International Herald Tribune / Jungle World / Kölner Stadtanzeiger / Leipziger Volkszeitung / Mannheimer Morgen / Morgen-Post Berlin / Münchner Post / Neue Zürcher Zeitung / Quick / Rheinische Post / Rhein-Zeitung / Potsdamer Neueste Nachrichten / Salzburger Nachrichten / Süddeutsche Zeitung / Stern / Der Spiegel / Die Tageszeitung / Tages-Anzeiger / Der Tagesspiegel / Washington Post / Die Weltwoche / Die Welt / Welt am Sonntag / Wiener Journal / Die Woche / Die Zeit

Archive, Agenturen, Fernsehen, Datenbanken

DPA / GBI / Iran Now / Kubanet / mdr/windrose / Munzinger-Achiv / WDR Printarchiv / Report / Stern-Archiv / Spiegel-Archiv / 2000 Jahre Weltchronik / Textarchiv Berliner Zeitung Sibi Web / amana-news / international crisis group / bluewin news / Biographisch-Bibliographisches Kirchenlexikon

BILDNACHWEIS

Das Foto von Castros Geliebter Natalia Fernández ist dem folgenden Buch entnommen:
Alina Fernández, *Ich, Alina. Mein Leben als Fidel Castros Tochter,* Rowohlt Verlag: Reinbek bei Hamburg, 1999.

Alle anderen Fotos erscheinen mit freundlicher Genehmigung des SV-Bilderdienst, München.
Sie stammen von den folgenden Fotografen bzw. Urhebern:
Tschiang Tsching: Sven Simon, Bonn
Elena Ceausescu: Renate Flottau
Mira Markovic: Darko Vojinovic
Imelda Marcos: Pat Roque
Soraya: AP
Elisabeth von Toro: Camerapix, Nairobi
Clara Petacci: dpa
Geli Raubal: Süddeutscher Verlag